Tausend Tage auf Reisen

Die Sehnsucht nach Meer im Leben

SELINA RITTER

1. Auflage

ISBN 9798747654044

Kontakt: Selina Ritter,
c/o autorenglück.de Franz-Mehring-Str. 15, 01237 Dresden

Email: kontakt@autorinselinaritter.de

FÜR ALLE TRÄUMER

INHALT

DANKSAGUNG

Ich möchte mich von Herzen bei allen bedanken, die mich auf der Reise und bei meinen Buchprojekten unterstützt haben. Es waren so viele, dass ich hier keine Namen nennen will. Einmal weil es den Rahmen einer Danksagung sprengen würde und dann auch, weil ich Angst hätte, jemanden zu vergessen.

Dieses Buch ist das Ergebnis vom Wirken vieler Menschen. Menschen, die mich inspiriert, ermutigt und auch manches Mal wieder aufgebaut haben. Menschen, die mich konkret mit ihrem Wissen, oder durch Testlesen und vieles weitere unterstützt haben. Und auch Menschen, die mir dabei geholfen haben, meine Geschichte in die Welt zu bringen und daran zu glauben!

Einer Person möchte ich an dieser Stelle doch noch besonders danken. Denn ohne diese Person wäre ich vermutlich niemals auf diese Reise gegangen und das Buch wäre nie entstanden. Ich danke meinem Mann Daniel für seinen Mut, mit mir in dieses Abenteuer zu ziehen, seine Geduld, seine Liebe und auch sein Vertrauen, unseren gemeinsamen Traum wahr werden zu lassen!

Und dann danke ich auch dem Leben für seine Weisheit, seine Schönheit und all die Möglichkeiten, die es mir jeden Tag aufs Neue schenkt.

DANKE

VORWORT

Es gab diese Momente in meinem Leben, in denen ich versucht war, etwas Verrücktes zu tun. Manchmal habe ich es gewagt und dadurch aufregende und wunderschöne Augenblicke erlebt. Und dann gab es da diesen einen Moment, der mein gesamtes Leben verändert hat.

Ich hätte nie gedacht, was alles möglich ist, wenn ich damit beginne, meiner tiefen Sehnsucht zu folgen. Und ich hätte auch nicht erwartet, dass es mich nach dem ersten Schritt noch so viel Mut kosten würde, weiterzugehen. Es war der Beginn meines größten Abenteuers, meiner wohl längsten Reise.

Wie verrückt die Entscheidung war, mein altes Leben einfach hinter mir zu lassen, habe ich zum Glück erst im Nachhinein begriffen. Es war wohl das Unvernünftigste und auch das Beste, was ich je getan hatte. So lange hatte ich schon den Traum von einem Leben am Meer gehabt. Gleichzeitig hatte ich nicht gewusst, wie das jemals möglich sein könnte.

Es war diese Liebe zum Meer, die tiefe Sehnsucht, die der Ozean von jeher in mir ausgelöst hat, die mir schließlich einen Weg zeigte …

WIE ALLES BEGANN

4 Monate vor Abfahrt

Diese Geschichte nahm ihren Anfang, schon einige Zeit bevor meine Reise begann. Lass mich an einem Tag beginnen, der auf den ersten Blick vielleicht unscheinbar wirkt. Damals fühlte ich mich weit entfernt davon, meine Träume jemals leben zu können. Vielmehr war es ein Kampf mit den Umständen meines damaligen Alltags.

Es war der verzweifelte Versuch mich in ein Leben einzufügen, das so nie für mich bestimmt war. Manchmal sind es gerade die Situationen, die uns am schlimmsten erscheinen, die uns am Ende dabei helfen, unseren eigenen Weg zu finden. Manchmal brauchen wir tatsächlich einen Weckruf, um zu erkennen, dass wir unser Schicksal ändern können.

Es war einer jener Morgen, bei denen ich keine Lust hatte, aufzustehen. Das lag nicht daran, dass ich noch müde war und weiterschlafen wollte. Ich war von Natur aus Frühaufsteher. Ich liebte die Zeit am Morgen, wenn alles noch ruhig war und die Welt allmählich erwachte. Ich genoss es normalerweise ganz entspannt einen Kaffee zu trinken und dann im ersten Licht der Dämmerung mit dem Hund hinaus in die Natur zu gehen.

Aber heute war Donnerstag und donnerstags war es auf der Arbeit immer besonders stressig. Ich hatte das Gefühl, dass bereits eine endlos lange Woche hinter mir lag. Ich hatte einfach keine Lust auf diesen Tag. Am liebsten wäre ich bis zum Wochenende liegen geblieben. Es war sowieso immer das Gleiche. Ich würde nichts verpassen.

Ich erhob mich schließlich widerwillig mit einem Ruck. Leise verließ ich das Zimmer und schloss die Tür. Daniel lag noch im Bett und schlief friedlich. Irgendwie beneidete ich meinen Mann in diesem Moment dafür, dass er sich selbständig gemacht hatte und von zu Hause aus arbeiten konnte. Aber die Möglichkeit hatte ich auch gehabt. Er konnte ja nichts dafür, dass es bei mir bisher nicht funktioniert hatte.

Ich schlurfte ins Bad. Während ich mir die Zähne putzte, betrachtete ich mich im Spiegel. Meine braunen, langen Haare fielen weich über die Schultern, so als hätte ich sie schon frisiert. Die Haut war blasser als sonst. Ich hatte Schatten unter den Augen, obwohl ich gar nicht so wenig Schlaf hatte. Ich sah müde aus. Es war mehr als die normale Schläfrigkeit am Morgen. Ich kannte diesen matten Gesichtsausdruck. Er begleitet mich jetzt schon seit Wochen.

Ich legte die Zahnbürste beiseite und sah mir direkt in die Augen. Ich ließ mich hineinsinken in das Grün-Braun, dem an diesem Morgen jeglicher Glanz zu fehlen schien. Da war eine Traurigkeit in meinem Blick, die mir sogleich die Tränen in die Augen trieb. Ich sehnte mich danach, aus all dem hier auszubrechen und ein anderes Leben zu leben. Ein Leben voller Abenteuer, voller Freude und Abwechslung. Ein Leben, an dem ich morgens aus dem Bett sprang, weil ich mich auf den Tag freute und gespannt war, was mich alles erwartete. Es musste doch noch mehr geben als dieser sich ständig wiederholende Alltagstrott.

»Reiß dich zusammen, Bianca«, ermahnte ich mich innerlich selbst. »Irgendwann wirst du schon etwas finden, was dir wirklich Spaß macht. Jetzt sei einfach dankbar für das, was du hast.«

Aber echte Dankbarkeit wollte sich an diesem

Morgen nicht einstellen. Wie ferngesteuert machte ich mich fertig, holte leise unseren Hund Carlos aus dem Schlafzimmer und ging mit ihm die gewohnte Morgenrunde. Gedankenversunken tapste ich im Halbdunkel einen schmalen Waldweg entlang. Es war Mitte November und die dunkle Jahreszeit hatte gerade erst begonnen. In den letzten Wochen war es der Sonne nur selten gelungen, sich durch das matt-trübe Grau zu kämpfen. Der goldene Oktober war in diesem Jahr schlichtweg ausgefallen.

Ich vermisste die Sonne und die hellen Herbsttage, an denen das Licht so wunderschön zwischen den knallbunten Blättern hindurch schien. Über diese Art von Herbst hätte ich mich gefreut. Doch dieses Jahr erschien mir die Jahreszeit besonders dunkel und verregnet zu sein. Heute früh nieselte es schon wieder. Ich zog mir fröstelnd den Kragen meiner Jacke bis über die Nasenspitze. Carlos schien das Wetter nicht zu stören. Freudig wedelnd trabte er neben mir her. Seine kurzen, beigen Locken kringelten sich im Regen und er schüttelte sich zwischendurch immer wieder. Vergnügt sprang er dabei zwischen den Pfützen umher. Wie die meisten Königspudel liebte er es von klein auf, im Wasser zu spielen.

Nach einer Weile steckte er mich mit seiner Fröhlichkeit an. Ich weiß auch nicht, wie er das immer schaffte. Ich stampfte mit meinen Gummistiefeln am Rand der Pfütze entlang, so dass das Wasser hochspritzte. Wie ein Flummi hüpfte der Pudel nun vor mir auf und ab und animierte mich zum Spielen. Ich musste schmunzeln. Es war einfach toll, mit ihm jeden Morgen eine Runde zu drehen.

Ich hatte mir so sehr einen Hund gewünscht und war dankbar dafür, dass Carlos mich nun schon seit acht

Jahren begleitete. Ich hatte ihn damals als Welpen bekommen und war sofort verliebt in dieses sympathisch-verrückte Fellknäuel gewesen.

Da fiel mir ein, dass wir heute Morgen gar nicht so viel Zeit hatten. Ich musste Carlos noch vom Matsch befreien und mich fürs Büro umziehen. Ich wollte heute einen Bus früher nehmen, um eine halbe Stunde vor dem normalen Arbeitsbeginn in der Redaktion zu sein. Ich wusste, dass ich die Arbeit sonst niemals schaffen würde. Das hatte ich die letzten Wochen schon oft so gemacht, um einigermaßen die Kurve zu kriegen. Es war einfach unglaublich viel.

Bei dem Gedanken kamen mir wieder die Tränen. Was war nur los mit mir? Ich war ja schon ziemlich sensibel, aber normalerweise fing ich nicht gleich bei jeder Kleinigkeit an, zu weinen. Irgendetwas stimmte mit mir nicht. Und das passte gerade gar nicht. Ich konnte jetzt nicht krank werden oder den Job kündigen, nicht schon wieder. Das ging auf keinen Fall und wer weiß, was ich mir dann anhören musste. Das war in den vergangenen Jahren einfach schon zu oft passiert.

Seit dem Abitur war mein Lebenslauf eine Achterbahn gewesen. Ich hatte allein drei Mal mein Studium abgebrochen, bis ich schließlich einen Magisterabschluss in Philosophie und Germanistik gemacht hatte. Meine aktuelle Arbeitsstelle war sage und schreibe der sechsundzwanzigste Job, den ich seit der Schule gemacht hatte, und das obwohl ich gerade erst einunddreißig geworden war.

Angefangen hatte es mit ein paar Bürojobs. Dann war ich als Verkäuferin, als Empfangsdame und in der Eventplanung tätig gewesen. Ich hatte eine Ausbildung zur Tierarzthelferin begonnen, für verschiedene Zeitungen geschrieben und auch als Texterin gearbeitet.

Kellnern, Flyer verteilen und Putzen war dann während dem Studium dran gewesen. Einmal wurde ich sogar dafür bezahlt, dass ich auf Messen einen Truck bewachte. Und jetzt gerade war ich in einer Lokalredaktion angestellt und dort für mehrere Gemeinden zuständig.

Auf den ersten Eindruck war das ein Job, der gut zu mir passte. Mit meinem Germanistikstudium und meiner Liebe zum Schreiben war es eine naheliegende Wahl. Ich hatte mir lange gewünscht, in einer Redaktion zu arbeiten und mich gefreut, als ich die Stelle bekam. Meine Kolleginnen und meine Chefin waren nett, die Bezahlung war ok und ich konnte sogar mit dem Bus zur Arbeit fahren. Und doch gab es da wieder ein Aber, so wie jedes Mal. Ein Aber, das ich am liebsten ausgeblendet hätte und das mich doch von Tag zu Tag immer aufdringlicher verfolgte: Ich war unglücklich dort.

So unterschiedlich diese verschiedenen Jobs nämlich auf den ersten Blick wirkten, so war der Verlauf für mich doch immer derselbe gewesen. Und das musste man erst einmal hinbekommen.

Am Anfang war es jedes Mal großartig. Voller Begeisterung und Neugier stürzte ich mich in die Arbeit. Ich war motiviert und freute mich darauf, etwas Neues zu lernen. Meine Chefs und Kollegen waren mehr als zufrieden mit mir. Ich war schnell eingearbeitet und überaus bemüht, alles richtig zu machen. Überstunden und extra Arbeiten habe ich gern angenommen. Mit meinen Arbeitskollegen lief es gut und zu Kunden war ich sowieso extrem freundlich. Eigentlich hätte dann alles so weitergehen können, wenn nicht irgendwann das große Aber gekommen wäre.

Spätestens wenn ich alles einmal gemacht hatte und

es immer mehr zur Routine wurde, kam in mir unweigerlich der Gedanke hoch: »Und das war es jetzt? So soll es nun die nächsten Jahre weitergehen?« Und das war dann der Anfang vom Ende.

Es fiel mir von Tag zu Tag schwerer, mich zu motivieren. Es war unfassbar anstrengend, immer wieder monoton mehr oder weniger dasselbe zu machen. Täglich die alte Leier! Die Phase, in der die meisten aus meinem Umfeld erleichtert darüber waren, dass sie endlich alles konnten, erschien mir wie eine Qual, so sehr ich mir auch einredete, dass das nicht so wäre. Meist war ich dazu noch in sehr stressigen Jobs gelandet. Da hatte ich scheinbar echt ein Händchen für. Und so gut ich über einen kurzen Zeitraum mit Stress umgehen konnte, umso schlimmer wurde es, wenn es über längere Zeit so weiterging.

Am Ende war ich fast immer krank geworden und hatte gekündigt. Von Bandscheibenvorfall, einer Schulterentzündung, Reizdarm bis hin zur depressiven Verstimmung oder irgendwelchen massiven Infekten war alles mit dabei gewesen.

Nachdem ich das jetzt schon so oft erlebt hatte, war mir klar, dass das wohl ein Muster von mir war. Man musste kein Experte sein, um das zu sehen. Aber ich hatte keinen blassen Schimmer, wie ich das jemals verändern sollte. Ich hatte es echt versucht und dafür Unmengen an Büchern gelesen, Kurse über Persönlichkeitsentwicklung belegt und auch einige spirituelle Ausbildungen gemacht.

Das hatte mir gut getan, aber an meinem Jobproblem hatte es leider gar nichts geändert. Ich hoffte inständig, dass es nun nicht schon wieder darauf hinauslief, dass ich den Job in der Redaktion aufgeben musste. Dafür war die Stelle einfach zu gut. Viele wären überglücklich, diesen Job zu haben. Und es schmerzte mich, dass ich es nicht war.

Denn auch wenn mein Lebenslauf nicht danach aussah, so versuchte ich doch, in ein ganz normales Leben zu passen. Seit ich mich erinnern kann, hatte ich immer diesen klassischen Plan im Kopf gehabt: Heiraten, zwei Kinder, ein guter Job, nette Freunde, ein Haus, einen Hund und schöne Urlaube.

Doch mit den Jahren war diese Liste nach und nach immer mehr weggebröckelt. Aktuell war ich mir nicht sicher, ob ich das jemals so erreichen konnte. Meinen Mann hatte ich gefunden. Es war Liebe auf den ersten Blick gewesen und Daniel und ich hatten im selben Jahr noch geheiratet. Er war mein absoluter Traummann: ehrlich, authentisch, mit einem großen Herzen, so naturverbunden wie ich und immer voller neuer Ideen.

Ich fand es toll, dass er einen Kopf größer war als ich. Und ich liebte seine breiten Schultern, die blonden Haare und blauen Augen. So hatte ich mir immer meinen Ritter auf dem weißen Pferd vorgestellt. Und dann hieß er auch noch tatsächlich Ritter! Da hatte einfach alles gepasst.

Was das Haus auf meiner Liste betraf, so wohnten wir momentan zwar in einer Mietwohnung, aber diese war echt schön und wir fühlten uns wohl. Wir hatten einmal ein Haus besessen, doch das hatten wir vor einigen Jahren verkauft, als wir für ein halbes Jahr nach Ibiza gezogen waren.

Genau genommen war es unser erster Versuch gewesen, aus unserem Alltag in Deutschland auszubrechen. Wir waren schließlich daran gescheitert, dass wir keine Ahnung hatten, wie wir auf der kleinen Insel genug Geld verdienen sollten, um dort zu leben. Zudem hatte ich meine Familie damals sehr vermisst.

Einen Hund zu haben, war für mich persönlich ein äußerst wichtiges Kriterium. Den hatte ich mir wirklich von ganzem Herzen gewünscht und ich möchte ihn auch nicht mehr missen. Schöne Urlaube hatten wir meist auch. Das war etwas, was wir noch vielmehr ausbauen wollten. Wir träumten von langen Reisen, davon monatelang unterwegs zu sein, die Welt zu erkunden und währenddessen zu arbeiten. Vielleicht würde das irgendwann klappen. Momentan schien dieser Traum jedoch weit entfernt.

Bei den restlichen Punkten meiner Liste für das perfekte Leben wird es dann schon schwieriger. Zum Job bleibt nicht mehr viel zu sagen. Und was Kinder angeht, so hatte es bei Daniel und mir nicht geklappt. Wir hatten es einige Jahre versucht. Ich war sogar zwei Mal schwanger geworden, hatte aber beide Male das Kind in den ersten zwölf Wochen verloren. Das hatte mich damals tief erschüttert.

Beim ersten Mal hatte ich überhaupt nicht damit gerechnet. Ich wusste nicht, dass das passieren konnte. Ich habe damals Monate gebraucht, um darüber hinwegzukommen. Nach dem zweiten Mal hatten Daniel und ich damit abgeschlossen. Wir wollten es nicht weiter versuchen. Manchmal triggerte es mich noch, wenn jemand aus meinem Umfeld schwanger war, aber längst nicht mehr so wie am Anfang. Mittlerweile konnte ich mich wieder mit anderen darüber freuen.

Und was Freundschaften betraf, so kann ich sagen, dass ich eigentlich ganz nette Freunde hatte. Die Einschränkung »eigentlich« deshalb, weil ich, so sehr ich es mir auch wünschte, in Gegenwart anderer nie ganz ich selbst war. Ich konnte schon gut in Kontakt kommen und hatte auch Spaß dabei. Aber es blieb immer das Gefühl, dass ich mich doch irgendwie dabei anpasste.

Bei den meisten in meinem Alter ging es gerade vor allem um Kinder und alles, was dazu gehörte. Vielleicht auch mal um den Job, die Nachbarn oder Politik, irgendwelche gesellschaftliche Anlässe oder Mode. Und da war dann ich, die Träumerin, die über den Sinn des Lebens nachdachte, die auf der Suche nach dem Glück war und unbedingt ihre Berufung finden wollte. Diesen Teil von mir versteckte ich meist. Ich hatte Angst davor, belächelt zu werden.

Die einzige Ausnahme bildete da meine beste Freundin Kate. Sie war gut zehn Jahre älter als ich und echt eine verrückte Nudel. Sie war offen für alles und nahm mich so an, wie ich war. Da konnte ich auch meine verborgene, tiefgründige Seite zeigen. Kate war so ein kreatives Multitalent. Ich hatte manchmal das Gefühl, es gab fast nichts, was sie nicht konnte.

Ich hatte sie schon beobachtet, wie sie mit dem Schweißgerät im Garten an irgendwelchen Skulpturen arbeitete oder mit der Motorsäge Bäume auf ihrem Grundstück fällte. Momentan hatte sie sogar für eins ihrer Projekte eine Kreissäge im Gästezimmer stehen. Aber frag mich nicht für was. Im Sommer kletterte Kate dann irgendwo in den Bergen herum. Sie war unglaublich sportlich und fit. Ich hatte mal mit ihr trainiert und sie hatte mir einige Übungen aus ihrem Taekwondotraining gezeigt. Danach hatte ich tagelang kaum laufen können.

Leider war Kate momentan wieder einmal im Ausland, wie so oft. Sie arbeitete als Übersetzerin auf Konferenzen und Vorträgen. Und dieses Mal war sie echt lange weg. Sie blieb für mehrere Monate in Neuseeland und begleitete da Gruppen für eine deutsche Agentur. Kates zweite Muttersprache war nämlich Englisch. Ihr Vater stammte aus Kanada. Daher ist sie zweisprachig aufgewachsen. Das war so eine romantische Geschichte gewesen. Ihr Vater war damals für eine kanadische Firma, die Blockhäuser baute, nach Deutschland gekommen und hatte dabei Kates Mutter kennengelernt. Überraschenderweise waren die beiden dann hier geblieben. Ich wäre ja auf jeden Fall nach Kanada gegangen.

An solchen Tagen wie heute vermisste ich Kate besonders. Sie hätte bestimmt einen Rat für mich gehabt, was ich jetzt machen könnte, um wieder besser drauf zu sein. Wir sprachen in letzter Zeit viel zu selten miteinander. Und seit sie in Neuseeland war, erschwerte die Zeitumstellung das auch noch zusätzlich.

Ich blieb mit Carlos kurz auf dem Weg stehen und holte mein Handy raus. Etwas verkrampft versuchte ich, mich neben den Hund zu hocken und ein Selfie von uns beiden zu machen. Nach dem dritten Versuch klappte es schließlich. Carlos lange Nase wirkte zwar übergroß, aber egal. Ich schickte das Foto Kate per Whatsapp.

»Was geht bei dir? Hier ist alles grau in grau. Sind gerade auf der Morgenrunde. Miss you!«, tippte ich schnell noch unter das Bild.

Jetzt musste ich mich aber wirklich beeilen. Ich joggte die letzten Meter zurück, um dann mit Tempo Carlos sauber und mich büroschick zu machen und den Bus zu erwischen.

Als ich kurz darauf in der Redaktion ankam, war ich die Erste. Ich schaltete das Licht an und ließ den PC hochfahren. Ich hatte mich gerade erst hingesetzt und mir Kaffee aus meiner Thermoskanne eingegossen, da kam Andrea herein.

»Ui, du bist auch schon wieder so früh! Fleißig,

fleißig! Du weißt aber, dass du das nicht musst, oder? Das ist nicht deine Sache, dass wir hier gerade so unterbesetzt sind.«

»Ja, ich weiß«, murmelte ich und nahm einen großen Schluck Kaffee.

Während ich mich durch die scheinbar endlos vielen Texte forstete, kamen auch Dagmar, Tina und Renate ins Büro. Ich war mit Abstand die Jüngste in der Redaktion. Die meisten waren zwischen vierzig und fünfzig und arbeiteten schon mehr als zehn Jahre hier.

Als ich mich für die Stelle beworben hatte, dachte ich, dass ich hier auch kreativ schreiben könnte, doch zu 99 Prozent lag meine Tätigkeit im Formatieren und Korrigieren eingereichter Texte. Da es jede Woche hunderte von Einsendungen waren, kam es mir fast wie Fließbandarbeit vor. Aber diesen Gedanken schob ich immer schnell beiseite. Ich hatte ein schlechtes Gewissen, dass ich nicht glücklich mit meinen Aufgaben hier war.

Es war ein toller Job. Er passte zu meinen Fähigkeiten. Das sagten zumindest alle aus meinem Umfeld. Außerdem waren meine Kolleginnen super nett. Was wollte ich mehr? Ich fand es schön, Teil eines Teams zu sein, mit dazuzugehören, morgens mit dem Bus zur Arbeit zu fahren, in der Mittagspause mit meinen Kolleginnen zu plaudern und am Ende des Tages zu sehen, was ich geschafft hatte.

Es war eine verantwortungsvolle Aufgabe und viele Menschen lasen regelmäßig, was ich hier überprüfte. Ich wollte mich unbedingt eingewöhnen und damit glücklich sein, so wie es meine Kolleginnen waren. Klar, sie beschwerten sich auch gern mal darüber, dass es momentan viel zu viel Arbeit für zu wenig Mitarbeiter war, aber im Grunde genommen mochten sie ihren Job.

Ich hatte das Gefühl, dass sie wirklich gern hier waren. Und ich wünschte mir sehnlichst, dass es mir auch irgendwann so ging.

Als ich nach einer Weile auf die Uhr blickte, erschrak ich. Es war mittlerweile schon fast zwölf Uhr und ich hatte höchstens ein Drittel der Texte geschafft. Ich erinnerte mich wieder daran, wie sehr ich den Donnerstag hasste. Da war es immer am meisten. Egal wie sehr ich mich heute noch beeilen würde, das konnte ich gar nicht mehr schaffen, schon wieder nicht!

Neben mir erhob sich gerade Tina von ihrem Bürostuhl und nahm den Korb, der auf ihrem Schreibtisch stand. Darin befanden sich ein paar Leckereien, die sie sich am Abend für die Mittagspause vorgekocht hatte. Das machte sie fast jeden Tag. Tina hängte sich den Korb über den Arm und drehte sich zu mir um. Ihr mittellanges, blondes Haar fiel über ihre kantigen Schultern und ich bemerkte wieder einmal, wie schmal sie war. Mit ihren hellgrauen Augen schauten sie mich jetzt etwas besorgt an.

»Wie weit bist du denn, Bianca?«, fragte sie mich.

»Noch nicht so weit, höchstens ein Drittel«, antwortete ich etwas zerknirscht. Ich fühlte mich so unwohl dabei, zugeben zu müssen, dass ich meine Arbeit nicht schaffte.

Bevor Tina antworten konnte, meldete sich Renate energisch zu Wort: »Mach dir bloß keinen Stress, Bianca! Das fehlt noch. Die da unten können ruhig auch mal mitbekommen, dass das viel zu viel ist. Du kannst das gar nicht schaffen!«

Renate schnaufte etwas verärgert aus und schob sich ihre Brille auf der Nase zurecht. Ich mochte Renate. Sie hatte etwas Mütterliches, aber auch Kämpferisches an sich. Sie ließ sich nicht so schnell etwas gefallen und setzte sich gern auch einmal für andere ein. Ihre kurzen braunen Haare und der rote Lippenstift standen ihr gut. Meist trug sie dazu schicke, farbenfrohe Blusen, die ihrer weiblichen Figur schmeichelten. Mit »denen da unten« hatte sie übrigens die Geschäftsleitung gemeint. Die saß nämlich interessanterweise ein Stockwerk tiefer. Wir waren hier direkt unter dem Dach.

»Renate hat Recht. Du kannst das gar nicht allein schaffen. Du sagst Bescheid, wann dir die Mädels helfen sollen, ja?«, sagte Tina, während sie in Richtung Tür ging.

Ich nickte wortlos.

»Ich bin in einer halben Stunde wieder da!«, wandte sich Tina nun auch an die anderen.

»Mahlzeit!«, antworteten wir im Chor.

Tina hatte mir schon hundert Mal gesagt, dass ich mir keinen Stress machen und nach Hilfe fragen sollte. Mit »Mädels« bezeichnete sie die drei Kolleginnen aus dem Nachbarbüro, die auch alle schon um die fünfzig waren. Sie unterstützten uns immer ab nachmittags, damit wir vor Redaktionsschluss rechtzeitig fertig wurden.

Ich hasste es jeden Tag aufs Neue zu sagen, dass ich es nicht schaffen würde und Hilfe brauchte. Ich kam mir dabei wie eine Versagerin vor und beeilte mich dann am nächsten Tag noch mehr.

Der Tag verging wie im Flug und am Ende hatte ich natürlich doch wieder jede Menge Unterstützung gebraucht und das, obwohl ich extra meine Pause noch verkürzt hatte. Ausgelaugt und frustriert verließ ich am Abend die Redaktion und ging die schmale Straße zur Bushaltestelle hinunter.

Es war längst schon dunkel geworden. Und der Nieselregen von heute Morgen hatte sich verstärkt. Ich wollte jetzt einfach nur noch nach Hause.

Als ich kurz darauf im Bus saß, spürte ich wieder diese immense Müdigkeit. Ich lehnte meinen Kopf während der Fahrt ans Fenster und beobachtete, wie die Regentropfen die Scheibe entlang liefen. Das Gute war, dass morgen endlich Freitag war. Freitags hatte die Redaktion immer geschlossen. Das hieß für mich, dass ich morgen nicht arbeiten musste. Ein langes Wochenende lag vor mir. Ich fragte mich, ob ich da auch endlich mal wieder an meiner Buchidee weiterschreiben würde. Ich hatte im letzten Urlaub mit einer Fantasygeschichte begonnen und seitdem lag der Text unangerührt auf meinem Schreibtisch.

Seit ich denken kann, war das Schreiben immer das gewesen, was ich machen wollte. Aber ich hatte schon früh gelernt, dass man damit kein Geld verdienen konnte. Und nachdem ich vor ein paar Jahren dann doch ein Buch bei einem Verlag veröffentlicht hatte, hat sich diese Annahme nur bestätigt. Im ersten Moment war es für mich wie ein Sechser im Lotto gewesen und ich hatte tatsächlich gedacht, dass ich es jetzt geschafft hätte.

Aber dann lief es nicht so, wie ich es mir erträumt hatte und am Ende des Jahres erhielt ich gerade mal vierhundert Euro aus den Buchverkäufen. Das war weniger als ich für das Marketing und die Organisation einer Lesung ausgegeben hatte. Danach war für mich klar, dass ich zum Geld verdienen definitiv noch einen anderen Job brauchte. Schreiben konnte ich dann ja auch in meiner Freizeit.

Aber irgendwie funktionierte das mit dem Schreiben als Hobby bisher nicht wirklich. Meist war ich so stark bei meinen Jobs eingespannt, dass meine Kreativität total blockiert war. Ich hatte schlichtweg keine Inspiration. Vielleicht hatte mich aber auch mein erster misslungener Versuch, eine erfolgreiche Autorin zu werden, zu sehr eingeschüchtert, um jetzt wirklich noch einmal ernsthaft an einem Buchprojekt zu arbeiten. Meist schob ich das Schreiben nur vor mir her.

Oder es ging mir wie heute Abend: Ich war viel zu platt, um noch irgendetwas zu machen, geschweige denn meiner Fantasie nachzugehen. Mein Kopf war überladen von den vielen Texten, die ich bearbeitet hatte. Ich wollte jetzt einfach nur noch etwas Leckeres essen und danach zur Entspannung einen schönen Film gucken. Vielleicht würde es ja dann morgen besser passen …

Als ich etwas später die Haustür aufschloss, atmete ich entspannt aus. Endlich zu Hause! Ich stellte den Regenschirm in den Flur, hing meine Regenjacke auf und wechselte meine Winterschuhe gegen weiche Pantoffeln.

Drinnen hörte ich, wie Carlos schon aufgeregt vor der Wohnungstür auf und ab lief und Daniel in der Küche hantierte. Ich bemerkte, wie viel Hunger ich hatte. Außer einem Brot und einem Apfel hatte ich heute den ganzen Tag nichts gegessen.

Als ich die Wohnungstür hereinkam, schob Daniel schnell ein Blech in den Ofen und kam mir entgegen. Es gab sein Leibgericht, Pizza, natürlich selbstgemacht und von ihm perfektioniert.

»Hi Schatz!« Er gab mir zur Begrüßung einen Kuss.

»Hi! Das ist ja toll, dass du Pizza gemacht hast! Ich habe solchen Hunger!«

Ich bückte mich zu Carlos und streichelte ihn. Er lief wild wedelnd mit einem kleinen Kuscheltier im Maul um meine Beine herum und schnaufte dabei aufgeregt.

»Wenn du willst, können wir beim Essen einen Film

gucken. Meinetwegen auch so eine Liebesschnulze. Ich habe eben mal geschaut und da was gesehen, das dir gefallen könnte«, sagte Daniel, während er wieder in der Küche verschwand und Teller und Besteck aus dem Schrank holte.

»Das klingt gut.« Ich folgte ihm in die Küche und spähte durch die dunkle Scheibe in den Backofen. Die Pizza sah so lecker aus. Aber ein wenig musste ich mich wohl noch gedulden.

»Was riecht denn hier schon so gut? Ist das der Ofen? Du hast die Pizza doch erst vor einer halben Minute reingeschoben?«

Daniel grinste. Er nahm ein Körbchen von der Küchenablage und hielt es mir entgegen. »Pizzabrötchen mit Kräuterbutter! Ich dachte, du hast vielleicht schon Hunger!«

»Oh, wie toll ist das denn!«

Ich griff mir sofort eins der kleinen Pizzabrötchen, biss genüsslich hinein und ließ mich dabei auf einen der Küchenstühle sinken. Das Brötchen war noch warm und schmeckte herrlich, außen knusprig und innen weich.

»Lecker?«, fragte Daniel mit einem breiten Lächeln.

»Lecker!«, antwortete ich genüsslich schmatzend.

»Das ist aber wieder spät bei euch geworden. Das waren doch heute bestimmt zwölf Stunden, oder?«

»Elfeinhalb, wenn man die Mittagspause abzieht.« Ich griff erneut in das Körbchen und nahm mir ein weiteres Pizzabrötchen heraus.

»Du siehst echt fertig aus. Musst du denn solange machen?«

»Wir sind alle so lange geblieben. Und das bleibt ja auch kein Dauerzustand. Die wollen ja noch jemanden einstellen. Dann wird es sicher besser.« Das hoffte ich jedenfalls. Wirklich glauben konnte ich es mittlerweile nicht mehr. Das ging jetzt schon seit vier Monaten so und jede Woche hieß es, dass es sich bald ändern würde. »Wie war's denn bei dir?«, fragte ich und lenkte damit zu Daniels Business.

»Super! Ich habe dir doch gesagt, dass die Werkstatt wahrscheinlich sechs Wochen braucht, bis die Leute mit allen neuen Produkten eingearbeitet sind und es läuft. Und so war es auch. Es sind jetzt genau sechs Wochen und diese Woche hat das sowas von gut geklappt. Ach, was bin ich froh, dass ich den Schritt gegangen bin.« Er atmete erleichtert aus und grinste. »Ich war heute Mittag auch in der Werkstatt und habe mir das neue Material angeguckt. Das sieht richtig gut aus. Das ist top Qualität… Warte mal. Ich habe eine Ronde mitgebracht.«

Er ging kurz in sein Arbeitszimmer und kam dann mit einer Metallscheibe wieder.

»Hier nimm mal!« Er reichte mir die runde Scheibe.

»Wow, die ist echt schwer!« Ich wog das dicke Metallstück in meiner rechten Hand hin und her.

»Das ist die neue Ronde. Guck mal, wie ordentlich die verarbeitet ist! Damit wird das sowas von genial!« Mit leuchtenden Augen strich er über das Metall in meiner Hand.

Ich liebte es, wenn er so voller Begeisterung sprühte. Ich hatte das Gefühl, mit der Entwicklung der neuen Produkte war er wirklich in seinem Element. Es war jetzt gerade erst einmal zehn Monate her, dass er sich mit seinem Onlineshop selbständig gemacht hatte. Er stellte Befestigungsmaterial her und verkaufte es online. Die ersten Monate hatte er noch alle Produkte selbst zusammengebaut und verpackt. Unser ganzes Wohnzimmer hatte damit vollgestanden.

Irgendwann war dann klar gewesen, dass er das

allein nicht mehr schaffen konnte. Die Bestellungen wurden von Woche zu Woche mehr. Und dann hatte er eine Werkstatt gefunden, die für ihn die Montage, das Verpacken und sogar den Versand der Ware übernahm. Das war echt perfekt! Den Rest konnte Daniel fast komplett online erledigen.

Das heißt, theoretisch konnte Daniel sein Business von überall aus leiten, also auch wenn wir reisen würden. Jetzt musste das nur noch bei mir klappen. Dann wären wir komplett ortsunabhängig und unserem Traum ein ganzes Stück näher. Es wäre so toll, wenn wir tatsächlich monatelang am Meer sein könnten und dabei einfach übers Internet von unterwegs aus arbeiten würden. Dann könnten wir die Wintermonate im warmen Süden verbringen.

Ich hatte vor einiger Zeit deshalb begonnen, einen eigenen Onlinekurs zu erstellen. Der Kurs sollte Frauen dabei helfen, sich mehr mit ihrer Intuition zu verbinden und herauszufinden, was sie im Leben wirklich glücklich machte. Genau genommen war es ein Kurs, um seine Berufung zu finden. Da ich selbst aber immer noch im Dunkeln tappte und keine Ahnung hatte, was meine eigene Bestimmung sein könnte, hatte ich den Kurs erst einmal auf Eis gelegt.

Der Backofen piepste und meldete, dass die Pizza nun fertig war.

Wenig später saßen wir gemütlich auf dem Sofa, aßen Pizza und schauten dabei zu, wie Katherine Heigl und Gerard Butler sich amüsante Wortgefechte lieferten und man sowieso schon wusste, dass sie am Ende zusammenkommen würden.

Carlos räkelte sich währenddessen zufrieden auf dem Sessel neben uns. Den Arbeitstag und all den Stress hatte ich vergessen. Wir drei – irgendwie war das perfekt. Es passte einfach alles. Es war so herrlich entspannt und unkompliziert. Warum konnte das nicht immer so sein?

Am nächsten Morgen war Daniel schon früh weggefahren. Er hatte einen Termin mit einem neuen Lieferanten. Ich gönnte es mir, etwas länger zu schlafen. Normalerweise stand ich freitags immer mit Daniel zusammen auf und machte Frühstück. An diesem Morgen ging es mir jedoch nicht sonderlich gut. Und als Daniel leise den Hund mit rausnahm und mir zuflüsterte, ich könne ruhig liegen bleiben, da nahm ich das dankend an.

Als ich das nächste Mal wach wurde, war es halb neun. Mein Kopf schmerzte und mir war richtig elend. Verwirrt fasste ich mir an die Stirn. Sie war kalt. Was war das denn jetzt?

Ich krabbelte träge aus dem Bett und ging ins Bad. Ich fühlte mich, als ob ich gestern gefeiert hätte. Nach einer heißen Dusche und einem Kaffee ging es mir zum Glück aber wieder wesentlich besser. Als ich dann das Handy anschaltete, musste ich schmunzeln. Kate hatte mir ein lustiges Bild von ihr zusammen mit zwei Alpakas geschickt. Sie hatte so ein Faible für Lamas und Alpakas. In ihrem Haus fand man dutzende von den Viechern, egal ob als Deko, auf Tassen oder Postkarten.

Auf dem Foto fütterte Kate ein Alpaka mit einer Möhre, während sich ein anderes der Tiere von hinten näherte und ihr über die Schulter lugte. Am liebsten wäre ich gerade einfach zu ihr gefahren, hätte mich mit ihr zusammen auf die grünen Wiesen Neuseelands gesetzt und Tee getrunken. Mit einem Seufzer legte ich das Handy beiseite und ging zur Terrassentür. Ich ließ

Carlos in den Garten, schlurfte wieder ins Badezimmer und schminkte mich, während der Hund draußen rumturnte.

Heute war ich bei Lina zum Brunch eingeladen. Alle paar Wochen trafen wir uns mit einer kleinen Gruppe Frauen bei ihr zum Frühstück. Ich hatte Lina vor ungefähr zwei Jahren kennengelernt. Wir hatten uns durch Zufall beim Spazierengehen getroffen. Sie war total begeistert von Carlos gewesen und so waren wir ins Gespräch gekommen. Als wir dann festgestellt haben, dass wir gar nicht weit voneinander entfernt wohnten, haben wir uns öfter mal getroffen, auch zusammen mit unseren Männern.

Lina war ungefähr in meinem Alter. Ihren Mann Jan schätzte ich höchstens zwei oder drei Jahre älter als uns. Jan und Lina hatten auch wie Daniel und ich vor etwas mehr als zehn Jahren geheiratet. Im Unterschied zu uns hatten sie aber zwei Kinder. Ein Mädchen, im Alter von zehn Jahren, wahrscheinlich damals der Heiratsgrund, und einen kleinen Jungen, der gerade dieses Jahr eingeschult worden war.

Zu dem Frühstückstreffen kamen dann meist noch einige Freundinnen von Lina. Sie waren alle verheiratet und hatten Kinder. In den Gesprächen ging es dann auch vor allem um ihre Kinder und alles, was dazu gehörte wie zum Beispiel Kindergarten, Schule oder auch die Alltagsprobleme von berufstätigen Müttern.

Ich saß meist eher still dabei und lauschte ihren Gesprächen. Das waren alles Themen, mit denen ich in meinem Leben kaum Berührungspunkte hatte. Selbst die Filme oder Serien, die sie schauten, waren andere, als die, die ich mir anguckte. Es wäre vielleicht anders gewesen, wenn ich ihre Kinder besser gekannt hätte, aber so konnte ich meist wenig damit anfangen.

Aber was sollte ich machen? Die meisten in meinem Alter hatten Kinder und ich konnte gut verstehen, dass sich in den Gesprächen auch fast alles um die Kinder drehte. Das wäre vermutlich bei mir ähnlich, wenn ich Kinder bekommen hätte. Lina hatte den anderen zum Glück erzählt, warum Daniel und ich keine Kinder hatten. Dadurch stellte mir keiner irgendwelche unangenehmen Fragen.

Aber manchmal triggerte es mich trotzdem, dass es fast ausschließlich um Kinder ging. Ich kam mir da ein bisschen wie eine Außenseiterin vor. Zudem war das Kinderthema lange Zeit auch noch ein wunder Punkt gewesen und ich hatte überlegt, ob ich überhaupt noch zu den Treffen gehen wollte.

Ich war dann eigentlich nur wegen Lina weiterhin mit dazu gekommen. Mit ihr konnte ich auch mal über ganz andere Themen sprechen, wie über den Sinn des Lebens oder andere spirituelle Themen. Sie war da auch so offen und neugierig wie ich.

Heute hätte ich Lina aber am liebsten abgesagt. Ich fühlte mich irgendwie viel zu dünnhäutig für ein Treffen mit den Frauen. Aber erstens war ich dieses Mal für die Brötchen und Croissants zuständig und zweitens hatte ich Lina seit über einem Monat nicht mehr gesehen.

Ich holte also Carlos wieder herein, schaute ob er genug Wasser hatte und erklärte ihm, dass ich in einer guten Stunde wieder da wäre. Dann machte ich mich auf den Weg. Zu Fuß waren es höchstens zehn Minuten und ich kam automatisch beim Bäcker vorbei. So stand ich pünktlich um zehn mit einer großen Brötchentüte vor Linas Haus und klingelte. Lina öffnete die Tür und umarmte mich direkt freudig.

Sie hatte sich richtig schick gemacht. Ihre langen braunen Haare waren elegant hochgesteckt und sie trug eine beige Bluse mit dunklem Rock. Das stand ihr extrem gut. Lina war ziemlich schlank und sportlich. Sie achtete auch immer besonders auf ihr Äußeres. Ich glaube, sie würde nie ungeschminkt das Haus verlassen. Ganz im Gegenteil zu mir: Ich schminkte mich eigentlich nur für die Arbeit oder auch hin und wieder für solche Treffen wie dieses Frühstück.

Als ich sie sah, überlegte ich kurz, ob ich vielleicht etwas anderes als Jeans und Turnschuhe hätte anziehen sollen. Aber dafür war es jetzt eh zu spät.

»Hallo! Wie schön, dass du da bist! Komm rein!«, sagte Lina mit einem breiten Lächeln und nahm die Brötchentüte entgegen.

Ich folgte ihr ins Esszimmer und stellte überrascht fest, dass ich die Letzte war, die bei der Frühstücksrunde noch gefehlt hatte. Alle anderen saßen schon am gedeckten Tisch und unterhielten sich angeregt. Ich blickte auf die vielen Leckereien, die Lina vorbereitet und kunstvoll dekoriert hatte. Dafür hatte sie wirklich ein Händchen. Ich war schon beim ersten Mal erstaunt gewesen, als wir Jan und Lina besucht hatten, wie schön sie immer alles anrichtete.

Ich setzte mich auf den freien Platz neben Lina und begrüßte die anderen: »Hallo!«

»Hallo!«, antworteten sie mehr oder weniger im Chor.

Es waren insgesamt vier Frauen. Eine von ihnen war Esther. Mit ihr hatte ich öfter schon einmal gesprochen. Sie war wie Lina von Beruf Osteopathin. Die beiden hatten vor ein paar Monaten zusammen mit einem befreundeten Physiotherapeuten eine Praxis eröffnet.

Esther war mir von den vier Frauen am sympathischsten. Sie hatte so etwas Herzliches an sich. Ihre mittellangen, braunen Haare trug sie heute wieder zu einem Zopf zusammengebunden. Sie war ein Stück größer als ich und hatte ein ziemlich breites Kreuz und kräftige Arme. Esther war auch etwas älter als die anderen. Ihr genaues Alter wusste ich zwar nicht, aber ich schätzte sie auf Anfang vierzig. Ihre älteste Tochter war bereits im Teenageralter.

Die anderen drei Frauen kannte ich tatsächlich nur von den Frühstückstreffen. Ich wusste, ehrlich gesagt, nicht wirklich viel über sie. Die große Schwarzhaarige hieß Hannah. Sie beschwerte sich meist über ihre Schwiegermutter. Hannah hatte drei Kinder und weil sie vor einigen Monaten wieder im Büro angefangen hatte zu arbeiten, passte ihre Schwiegermutter jetzt jeden Tag für einige Stunden auf die Kinder auf. Und das klappte wohl nicht so toll.

Elke war einen Kopf kleiner als ich. Ihre blonden Haare hatte sie meist zu einem straffen Dutt eingerollt. Sie hatte zwei Mädchen, Zwillinge, wenn ich es richtig in Erinnerung hatte.

Und dann war da noch Stella. Wir waren nicht wirklich warm miteinander geworden. Nachdem sie bei unseren ersten Treffen eine halbe Stunde über ihre Schwester gelästert hatte, war der erste Eindruck nicht gerade der beste gewesen. Und dann gab sie wirklich jedes Mal damit an, wie sensationell ihr Mann gerade Karriere machte und wie hyperintelligent ihre Kinder waren. Totale Überflieger! Man muss dazu sagen, dass ihre beiden Kinder noch im Kindergarten waren. Aber Stella hatte sich schon überlegt, welche Studienfächer wohl am ehesten in Frage kämen.

Ich fand ja, dass ihre Kinder so richtig verwöhnte Satansbraten waren. Sie hatte sie zwei Mal mit zum Brunch gebracht und das war so was von anstrengend und nervig gewesen. Ich hatte mir meinen Teil gedacht und mich lieber bedeckt gehalten. Mit Stella wollte ich definitiv keine Diskussion anfangen. Diese Frau hatte Haare auf den Zähnen.

Was mich allerdings an Stella echt beeindruckte, war die Tatsache, dass sie, wann immer ich sie sah, top gestylt war. Da saß jedes einzelne Haar perfekt. Und auch heute Morgen hatte sie ihre langen, blonden Haare wieder zu einer kunstvollen Hochsteckfrisur wie aus einem der Modemagazine verarbeitet.

Während ich mir ein Croissant mit Butter bestrich, lauschte ich den Frauen bei einer Diskussion darüber, wie viel Zeit Kinder mit Tablet oder vor dem Fernseher verbringen dürften. Danach ging es um eine Lehrerin in der Grundschule und um die Hausaufgaben. Als ich mir aus Langweile noch ein Schokoladencroissant reinstopfte, sprachen sie gerade über das Basteln von Fensterbildern und wo man am besten das Material kaufen könne.

Ich bereute es, dass ich mich durchgerungen hatte, herzukommen. Diese Truppe passte so gut zusammen. Sie hatten einen sehr ähnlichen Alltag und die gleichen Interessen. Ich dagegen hatte so gut wie nichts mit ihnen gemeinsam. Ich war mal wieder die Außerirdische am Tisch, die mit Tarnkappe so unauffällig wie möglich dabei saß und still zuhörte.

Noch dazu saß mir Stella heute direkt gegenüber und mir wurde von ihrem penetranten Parfüm fast übel. Ich fragte mich ehrlich, wie man das nur den ganzen Tag über aushalten konnte. Das musste sie selbst doch auch riechen. Ich erinnerte mich daran, wie ich einmal Carlos zu einem Brunch mitgenommen hatte und wie lustig ich es fand, dass er sofort niesen musste, als Stella an ihm vorbeiging. Weniger lustig war allerdings der Blick gewesen, den mir Stella danach zugeworfen hatte. Sie konnte sich nicht sonderlich für Haustiere begeistern und wenn diese ihr auch noch ans Bein niesten, war es vorbei. Aber der Hund konnte ja schließlich nichts dafür, dass sie hier jedes Mal in einer solchen Duftwolke antanzte.

»Wie ist es eigentlich in der Redaktion? Macht es dir noch Spaß?«, riss mich Lina aus meinen Gedanken.

Überrascht schaute ich hoch: »Ähhh … ja, es ist ganz nett … alles okay … nur echt stressig.«

»Ach, stressig ist es überall. Das ist normal«, warf Hannah lautstark ein. »Mach so nen Job erstmal, wenn du auch noch Kinder hast. Dann weißt du, was Stress bedeutet.«

Ich schluckte. Da war es wieder dieses ätzende Gefühl, dass alle anderen hier am Tisch Kinder hatten und ich nicht. Wie schön, dass Hannah mich mit so viel Taktgefühl daran erinnerte, dass ich hier nicht mitreden konnte.

»Du hattest doch letztes Mal erzählt, dass ihr zu wenig Leute im Team seid und sie noch jemanden einstellen wollen. Kommt denn da jetzt endlich jemand?«, versuchte Lina wieder das Thema zurück auf meinen Job zu bringen. Ich hatte das Gefühl, dass sie als Einzige spürte, dass mir solche Aussagen wie die von Hannah etwas ausmachten.

»Ja, die wollen noch jemanden einstellen, aber bisher haben sie wohl niemanden gefunden, der geeignet ist«, hangelte ich mich weiter.

Wieder war es Hannah die antwortete: »Das ist doch überall so. Bei uns im Kindergarten suchen sie auch schon ewig eine Erzieherin für eine neue Gruppe und finden niemanden. Ich finde ja eh, dass die Kinder in viel zu großen Gruppen sind. Wie soll denn da jemand richtig auf die Kinder eingehen?« Sie schnaubte empört.

»Das stimmt!«, meldete sich nun Stella zu Wort. »Meine Elsa Maria hat sich letztens fast in die Hose gemacht, weil keiner Zeit hatte, mit ihr zur Toilette zu gehen. Das muss man sich mal vorstellen.«

Sogleich entstand ein hitziges Gespräch über die Zustände im Kindergarten. Ich war froh, nichts weiter erzählen zu müssen. Ich hatte keine Lust, über meine Arbeit zu reden. Ich lehnte mich zurück und aß in Ruhe mein Schokoladencroissant zu Ende.

Als ich mich kurz darauf verabschiedete, schien Lina sichtlich enttäuscht. Sie versuchte mich noch zum Bleiben zu überreden, aber ich erzählte ihr, dass ich noch mit Carlos raus musste, weil Daniel nicht da war. Das war eine glatte Lüge und das tat mir ehrlich leid. Aber ich wollte ihr nicht sagen, dass ich keine Lust mehr hatte, zu bleiben, weil mich die Gesprächsthemen nicht interessierten und ich das Gefühl hatte, hier sowieso fehl am Platz zu sein. Lina war jedes Mal so lieb und aufmerksam zu mir. Ich wollte sie nicht verletzen.

Auf dem Heimweg dachte ich darüber nach, ob alles anders gekommen wäre, wenn Daniel und ich Kinder bekommen hätten. Ich fragte mich, ob ich dann vielleicht nicht so viel über mein Leben nachdenken würde und auch glücklicher wäre. Ich hätte mit Sicherheit mehr das Gefühl, dazuzugehören und irgendwie normal zu sein. Aber das würde ich wohl nie erfahren. Wir hatten das Thema losgelassen und für mich war das eine endgültige Entscheidung gewesen. Und darüber war ich, ehrlich gesagt, auch sehr erleichtert.

Als ich damals erfahren hatte, dass es bei der ersten Schwangerschaft zum Abbruch gekommen war, da war ich in ein tiefes Loch gefallen und hatte lange nicht gewusst, ob ich da wieder herauskommen würde. Die Dunkelheit hatte mich völlig verschluckt. Da war so viel

Schmerz, so viel Wut und Traurigkeit gewesen.

Die Frage, warum das ausgerechnet mir passiert war, hatte mich innerlich zerrissen. Es hatte unglaublich wehgetan und mich an allem zweifeln lassen, was ich bisher über das Leben zu wissen geglaubt hatte. Ich hatte mich so machtlos gefühlt.

Was mich schließlich gerettet hatte, war die Hoffnung. Irgendwo in diesem Scherbenhaufen war noch etwas übrig geblieben von meinem Glauben daran, dass das Leben mich liebte und es immer gut mit mir meinte. Es half mir, daran zu glauben oder wenigstens zu hoffen, dass auch das, was mir da geschehen war, einen tieferen Sinn hatte, selbst dann, wenn ich ihn vielleicht niemals verstehen würde.

Beim zweiten Mal war ich dann nicht wieder so tief gefallen. Ich hatte mich an die Dunkelheit erinnert und mich davor gefürchtet, mich noch einmal in ihr zu verlieren und vielleicht ein weiteres Mal nicht mehr die Kraft zu haben, da wieder herauszukommen. Ich hatte mich an die Hoffnung auf einen tieferen Sinn geklammert und entschieden, dem Leben zu vertrauen. Denn ich wusste, wie viel Schmerz es bedeuten würde, wenn ich das nicht täte.

Aber heute Morgen fragte ich mich, was für einen Sinn mein ganzes Leben überhaupt machte. Ich hatte nicht das Gefühl, wirklich ich selbst zu sein. Ich funktionierte einfach nur. Und so sehr ich es auch versuchte, ich schien nirgends hineinzupassen.

Träge trottete ich weiter nach Hause. Es war noch nicht einmal Mittag und ich wäre gerade am liebsten wieder ins Bett gegangen, um diesen Tag einfach zu verschlafen.

Ich bog gerade in Richtung unserer Straße ab, da spürte ich, wie ich plötzlich mit einem heftigen Ruck nach hinten gezogen wurde. Im selben Augenblick fuhr ein Bus knapp vor meinem Gesicht vorbei. Ich spürte den Luftzug des Fahrzeugs vor mir. Fast hätte mich der Spiegel noch erwischt. Ein lautes Hupen dröhnte in meinen Ohren und eine heiße Welle schoss durch meinen gesamten Körper. Meine Beine wurden weich und gaben nach. Alles lief wie in Zeitlupe ab.

Ich merkte, wie ich weiter nach hinten gezogen wurde, das Gleichgewicht verlor und rücklings auf dem Bürgersteig landete. Mein rechter Ellbogen krachte mit einem beißenden Schmerz auf das Pflaster, während meine linke Hand verzweifelt versuchte, Halt zu finden. Da schlug auch schon mein Hinterkopf auf dem Boden auf und mir wurde schwindelig.

Ich versuchte mich zu orientieren. Was war hier gerade passiert?

Dumpf hörte ich eine Stimme neben mir.

»Geht es Ihnen gut?«

Ich brauchte einen Moment, um zu antworten. Mein Rücken tat weh und mein Kopf dröhnte. Ich drehte mich zur Seite und schaute in die Augen eines älteren Mannes. Er kniete besorgt neben mir und blickte mich dabei prüfend an.

»Ich glaube, es geht … Es ist okay«, antwortete ich schließlich.

»Haben Sie sich auch nicht verletzt? Sollen wir nicht lieber einen Arzt rufen?«

Ich setzte mich auf und versuchte meine Gedanken zu ordnen.

»Was ist passiert?«, fragte ich verwirrt.

Eine ältere Dame bückte sich nun auch zu mir herunter.

»Sie wären fast vor den Bus gelaufen. Da hat nicht mehr viel gefehlt. Wenn mein Mann sie nicht zurückgezogen hätte, wäre das nicht so glimpflich ausgegangen. Wo waren Sie denn nur mit ihren Gedanken, Kindchen?«, sagte die Frau mit deutlich besorgtem Unterton.

Ich atmete tief durch und stand dann langsam auf. Der Mann half mir dabei. Ich bewegte mich vorsichtig. Mein Rücken schmerzte und mein Ellbogen brannte, aber ich schien mir nicht ernsthaft etwas getan zu haben.

»Alles okay«, murmelte ich. »Ich bin nicht verletzt.«

»Sollen wir jemanden für Sie anrufen, der Sie abholt?«

»Nein, schon gut. Ich wohne direkt da vorn am Ende der Straße.« Ich zeigte in die Richtung.

»Kommen Sie, wir bringen Sie nach Hause«, bot mir die ältere Frau an.

Ich wollte gerade etwas erwidern, da legte sie auch schon ihre Hand auf meinen Rücken und fügte hinzu: »Wir lassen Sie doch jetzt nicht allein. Sie stehen ja noch total neben sich… Gott, da haben Sie uns aber wirklich einen Schrecken eingejagt!«

Wenige Minuten später stand ich mit den beiden vor unserer Haustür. Ich bedankte mich mehrmals und versicherte dem älteren Paar, dass es mir wirklich gut ginge und dass mein Mann jeden Moment nach Hause kommen würde und ich nicht lange allein wäre.

In der Wohnung begrüßte mich Carlos. Ich streichelte ihn kurz und ging dann ins Badezimmer. Ich zog mir vorsichtig die Jacke und den Pullover aus und betrachtete meinen Ellbogen. Es war nicht so schlimm wie erwartet. Nur eine Schürfwunde. Gut, den Pulli konnte ich wegwerfen. Er hatte ein Loch und auch ein paar Blutflecken abbekommen. Die Jacke war interessanterweise ganz geblieben.

Während ich mir den Ellbogen behutsam mit Wasser abspülte, begann ich allmählich zu begreifen, was da eben passiert war. Ich war einfach so auf die Straße gelaufen. Hätte der Mann mich nicht in dem Moment so ruckartig zurückgezogen, hätte mich der Bus wahrscheinlich voll erwischt.

Das war echt knapp gewesen. Ich glaube nicht, dass der Bus noch hätte bremsen oder ausweichen können. Ich erinnerte mich an den heftigen Luftzug direkt vor meinem Gesicht. Vermutlich hatte der Mann mir das Leben gerettet. Und selbst wenn ich das überlebt hätte, wer weiß, welche körperlichen Schäden ich davon getragen hätte. Ich hatte solches Glück gehabt, dass der Mann so nah hinter mir gewesen war und so geistesgegenwärtig reagiert hatte.

Ich bemerkte, dass meine Hände zitterten. Der Schreck saß tief. Ich setzte mich im Bad auf den Boden und atmete tief durch. Mir wurde schlagartig bewusst, dass ein einziger Moment alles jederzeit verändern konnte. Nichts war selbstverständlich. Vielleicht wäre heute mein letzter Tag gewesen. Vielleicht hätte ich auch nicht mehr laufen oder nie wieder etwas schreiben können. Dann wären meine Träume endgültig gestorben.

Jeder Tag war so kostbar und ich verschwendete meine Zeit einfach so. Es gab so vieles, was ich unbedingt noch tun wollte. Und stattdessen trieb ich ziellos umher und wartete darauf, dass sich endlich etwas verändern würde. Ich war die ganze Zeit nur damit beschäftigt, irgendwelche Erwartungen zu erfüllen. Dabei sollte ich doch das tun, was mir am Herzen lag.

Früher hatte ich mir oft die Frage gestellt: Was würde ich tun, wenn ich nur noch ein Jahr zu leben hätte? An diese Frage erinnerte ich mich jetzt. Die Wahrheit war, dass ich dann mein ganzes Leben über den Haufen werfen würde. Ich würde nicht einen einzigen Tag so weiter machen wie bisher. Da war diese tiefe Sehnsucht in mir, der Wunsch nach einem anderen Leben. Es war der ungelebte Traum vom Reisen am Meer, der schon so lange in mir schlummerte und mich nicht mehr losließ. Doch ich hatte keine Ahnung, wie dieser Traum bald schon wahr werden könnte. Klar, wir hatten die Idee, von unterwegs aus zu arbeiten, aber das wirkte alles noch nicht greifbar.

Ich wusste nicht, wie ich aus diesem Alltag hier ausbrechen sollte. Ich hatte es schon so viele Male versucht, doch am Ende war ich wieder am selben Punkt angelangt. Ich war so müde davon. Es kostete unglaublich viel Kraft. Ich wollte mich nicht länger ständig anstrengen müssen, irgendwo hineinzupassen und ja nicht groß aufzufallen oder anzuecken. Jeden Tag hoffte ich, dass sich etwas änderte, aber es war immer wieder das Gleiche. So hatte ich mir mein Leben nicht vorgestellt …

Als hätte der letzte Gedanke einen unsichtbaren Damm gebrochen, begann ich plötzlich zu weinen. Die Tränen liefen mir nur so über die Wangen und ich begann zu schluchzen. All die Gefühle, die ich in den letzten Monaten unterdrückt hatte, brachen nun über mir zusammen.

Tränen überströmt saß ich auf dem Boden und starrte vor mich an die Wand. Ich hatte das Gefühl, als würde mir jemand die Luft abschnüren. Der Kloß im Hals, den ich in den letzten Wochen immer wieder erfolgreich verdrängt hatte, ließ mich nun kaum atmen. Ich fühlte mich so gefangen, so entsetzlich unfrei. Alles in mir schrie danach, dass das hier nicht der richtige Weg für mich war. Ich wollte ausbrechen, einfach weg von all dem hier. Aber wie und wohin? Ich fühlte mich wie eine Gefangene in meinem eigenen Leben. Als würde ich das Leben einer Fremden leben. Ja, so als hätte das Leben jemanden aus mir gemacht, der ich so nie sein wollte.

Ich konnte nicht schon wieder kündigen, nicht schon wieder abbrechen. Ich wusste ja noch nicht einmal, was ich dann machen wollte. Wieder ein neuer Job, bei dem ich dann in ein paar Monaten doch hier sitzen würde? Was wollte mir das Leben denn nur sagen? Es musste doch einen Grund dafür geben, warum das alles bei mir nicht funktionierte. Ich verstand es nicht. Irgendwo musste doch auch jemand wie ich hineinpassen. Für irgendwas musste ich doch bestimmt sein.

Ich schämte mich dafür, dass ich mit meinem Leben so unglücklich war. Es gab auch so viel Gutes darin. Warum konnte ich nicht einfach zufrieden sein oder mich wenigstens damit abfinden? Alle anderen bekamen das doch auch hin. Irgendwie ging jeder seinen Weg. Entweder er machte sein Ding oder er hatte es zumindest akzeptiert, dass er mit irgendetwas Geld verdienen musste und machte das Beste daraus.

Nur ich bekam einfach nichts auf die Reihe. Ich irrte von einem Job zum nächsten und passte nirgends rein. Ich hatte schon so viel probiert und war doch keinen Schritt weitergekommen. Vielleicht hatten die Leute recht, wenn sie mich als Träumerin belächelten. Vielleicht musste ich realistischer werden und meine Sehnsucht vergessen.

Ich wischte mir die Tränen weg, aber ich konnte nicht aufhören zu weinen. Ich vergrub mein Gesicht in meinen Händen, kauerte mich auf die Badematte und ließ die Tränen schließlich einfach fließen.

Ich weiß nicht, wie lange das ging. Irgendwann hörte ich schließlich auf zu weinen und lag eine Weile bewegungslos am Boden. Ich hatte keine Kraft aufzustehen. Ich fühlte mich so leer und müde. Ich schloss die Augen und lauschte meinem Atem.

Etwas später hörte ich, wie die Wohnungstür aufgeschlossen wurde. Daniel musste zurück sein. Nun rappelte ich mich doch auf. Ich wollte nicht, dass Daniel mich so sah.

»Hallo!«, vernahm ich Daniels Stimme.

Carlos Halsband klimperte, als der Hund aufgeregt durch die Wohnung lief und sein Herrchen begrüßte.

»Hallo! Ich bin noch im Bad. Ich komme gleich!«, antwortete ich schnell.

Ich spülte mein Gesicht mit kaltem Wasser ab und trocknete es dann behutsam mit einem Handtuch. Meine Augen brannten, als ich sie schloss. Ich atmete tief durch und verließ das Bad. Daniel war im Wohnzimmer. Als ich durch die Tür trat, schaute er mich erschrocken an.

»Was ist denn mit dir los?«, fragte er unvermittelt.

Ich erzählte ihm von dem Vorfall auf der Straße und von dem Mann, der mich gerettet hatte.

»Hast du deswegen geweint?« Er sah mich besorgt an. »Du stehst vielleicht noch unter Schock.«

»Das ist es nicht«, antwortete ich und meine Augen füllten sich schon wieder mit Tränen. »Ich habe darüber nachgedacht, was gewesen wäre, wenn ich heute gestorben wäre. Da ist noch so viel, was ich machen wollte … was wir machen wollten. Was, wenn wir nie dahin kommen? Was, wenn wir unsere Träume mit ins Grab nehmen? Ich verbringe die meiste Zeit mit Sachen, die mir überhaupt keine Freude machen und wo ich auch das Gefühl habe, dass das nicht der richtige Weg für mich ist. Was, wenn das ewig so weitergeht und sich nie ändert? Wenn ich heute gestorben wäre, dann hätte ich vorher noch gar nicht wirklich gelebt. Dann hätte ich meine Zeit mit Warten verschwendet. Es hört sich vielleicht krass an, aber so habe ich mir mein Leben nicht vorgestellt.«

Daniel schaute mich eine Zeit lang schweigend an. Ich dachte schon, dass er gar nicht mehr antworten würde, da fragte er mich mit ernster Stimme: »Was willst du denn machen?«

»Das weiß ich ja eben nicht. Das ist ja das Schlimme. Nur so wie es jetzt ist, halte ich es nicht mehr aus. Ich hatte gedacht, ich könnte in der Redaktion viel kreativer sein oder wenigstens abends oder am Wochenende an meinem Roman schreiben. Aber jetzt bearbeite ich den ganzen Tag nur diese blöden Texte und dann ist mein Kopf danach so voll, dass ich keine Ideen mehr habe. Ich bin dann viel zu müde, um noch irgendetwas zu machen. Ich weiß, dass ich dankbar für diesen Job sein sollte. Aber ich habe das Gefühl, dass ich da nicht hingehöre. Was, wenn ich mein Leben verpasse?«

Daniel atmete tief durch.

»Ich weiß ... Das willst du jetzt wahrscheinlich nicht hören. Aber an dem Punkt waren wir schon einmal, eigentlich waren wir da schon oft. Warum machst du denn nicht endlich etwas, das dir Spaß macht?«

»Das will ich ja, aber ich weiß nicht was. Ich wäre gern am Meer und würde schreiben. Aber das geht nicht.«

»Noch nicht«, korrigierte mich Daniel. »Du kannst dich noch daran erinnern, dass wir mehr reisen und online arbeiten wollten? Ich verkaufe jeden Monat mehr. Wenn das so weitergeht, dann können wir mit dem Wohnwagen wochenlang reisen und haben die Whonung nur noch als Basis hier in Deutschland. Ach Bianca, du hast immer so tolle Ideen, bist dann Feuer und Flamme, aber dann bist du so ungeduldig und bleibst nicht dran. Du hast doch angefangen, einen Onlinekurs zu erstellen. Was ist denn damit?«

»Ich kann doch nicht Leuten dabei helfen, ihre Berufung zu finden und dann selbst nicht wissen, was meine ist!«

»Dann mach den Kurs doch für dich! Im Ernst! Mach ihn selbst einmal durch und wenn du danach deine Berufung kennst, dann machst du den Kurs für andere.«

Ich sah Daniel nachdenklich an. Das war echt eine gute Idee. Wenn das funktionieren würde, hätte ich mehrere Fliegen mit einer Klappe geschlagen. Ich wüsste endlich, was ich wirklich will und ich könnte anderen Menschen mit dem Kurs helfen. Außerdem hätte ich dann etwas, das ich von überall aus anbieten könnte. Doch dann erinnerte ich mich daran, wie platt ich jeden Abend war, wenn ich die Redaktion verließ. Wie sollte ich da noch an dem Kurs arbeiten? Ich hatte fast immer Kopfschmerzen, wenn ich heim kam.

Ich zögerte, bevor ich antwortete: »Das ist eine tolle Idee. Aber ich komme da momentan einfach nicht weiter. Mir fehlen die Ideen. Ich habe den Kopf so voll. Wenn ich da in der Redaktion hunderte Texte durchgearbeitet habe, dann ist die Kreativität irgendwie total lahmgelegt.«

»Dann kündige! Du läufst die letzten Wochen hier wie ein Zombie durch die Gegend. Ich wollte nichts sagen, aber das kann nicht so weitergehen. Es hat dir doch eigentlich schon nach zwei Wochen keinen Spaß mehr gemacht. Guck mal in den Spiegel. Du siehst echt voll fertig aus.«

»Danke!«, antwortete ich etwas beleidigt.

»Entschuldigung, aber es ist doch so, oder? Du gehst doch schon ewig auf dem Zahnfleisch. Ich würde dich gern auch mal wieder abends nicht halbtot neben mir auf dem Sofa liegen sehen.« Er sah mir jetzt direkt in die Augen.

»Und das Geld?«

»Das haben wir doch sonst auch immer hinbekommen. Versteh mich nicht falsch. Ich bin dir echt dankbar dafür, dass du die letzten Monate Geld heimgebracht hast. Das brauchten wir auch. Aber jetzt läuft mein Business so, dass wir davon leben können.«

Ich sah ihn wortlos an und überlegte, was ich machen sollte. Bei dem Gedanken, den Job zu kündigen und an meinem Kurs zu arbeiten, hatte ich das Gefühl, eine riesige Last würde von meinen Schultern fallen.

Ich seufzte. »Oh Mann, dann kann ich mir wieder alles Mögliche anhören. Die Leute denken doch, ich hab sie nicht mehr alle, wenn ich jetzt schon wieder kündige.«

Daniel lachte auf. »Das ist eh zu spät! Den Ruf hast du sowieso schon weg. Da kommt es jetzt auf einen Job mehr oder weniger auch nicht drauf an.«

Ich musste nun auch lachen. Da hatte er wahrscheinlich recht. Ich nahm ein Taschentuch vom Tisch und schnäuzte mir die Nase. Es ging mir schon wesentlich besser.

»Ist es wirklich okay, wenn ich kündige?«, fragte ich Daniel nun noch einmal ganz ernst.

»Das ist doch nur noch eine Frage der Zeit. Sei mal ehrlich. So wie du in den letzten Monaten rumgelaufen bist, wäre das doch eh nicht mehr lange gut gegangen. Dann doch besser jetzt.«

»Ich verstehe nicht, wieso die anderen das können und ich nicht.«

»Du bist nicht die anderen«, meinte Daniel sehr klar und energisch.

Ich ging auf ihn zu und schmiegte mich an ihn. Er legte seine Arme um mich und ich schloss die Augen. Seine Nähe tat so gut. Ich atmete erleichtert aus. Ein wohliger Frieden breitete sich in mir aus. Ich wusste nicht warum, aber wenn mich Daniel umarmte, schien alles immer gut zu sein. Alle Probleme waren vergessen. Da waren einfach wir beide und das war genug.

Daniel und ich sprachen an diesem Tag auch wieder über unseren Traum vom Reisen. Das hatten wir schon länger nicht mehr gemacht. Obwohl es uns eigentlich so viel bedeutete.

»Also diese Wohnung behalten wir ja als Basis«, ging Daniel mit mir unseren vorläufigen Plan durch. »Wir müssen dann nur gucken, wie wir das so machen, dass die Wohnung auch ein paar Monate leer stehen kann. Da müssen wir uns etwas wegen der Post überlegen.«

»Und mit den Blumen«, ergänzte ich.

»Ja, die vielen Pflanzen musst du dann vorher verschenken«, meinte Daniel dazu.

»Da freut sich meine Mutter bestimmt. Und die Bananenpflanze nimmt wahrscheinlich Lina gern.«

»Und dann machen wir das Schätzchen hübsch!« Daniels Blick verriet mir, dass er sich gerade schon vorstellte, wie alles aussehen sollte. Mit »Schätzchen« meinte er den alten Wohnwagen, den wir uns vor zwei Jahren gekauft hatten. Mit ihm wollten wir dann quer durch Europa reisen. Letztes Jahr hatten wir das auch schon einmal sechs Wochen lang gemacht. Das war arbeitstechnisch jedoch eher eine Katastrophe gewesen. In diesem Jahr hatte es dann leider nur für fünf Tage Holland gereicht, aber immerhin besser als nichts.

»Wir brauchen auf jeden Fall ein stabiles Internet. Sonst können wir das mit dem Onlinearbeiten vergessen«, erinnerte ich Daniel.

»Oh ja, mit dem lahmen Internet vom Campingplatz hat das ja gar nicht funktioniert. Da brauchen wir schon unser eigenes Internet. Sonst kann ich nicht richtig arbeiten.«

Ich nickte zustimmend. Als wir sechs Wochen unterwegs gewesen waren, hatten wir das WLAN auf den Campingplätzen genutzt. Es war meist so langsam gewesen, dass wir ständig rausgeflogen sind, wenn wir irgendetwas anderes machen wollten, außer E-Mails zu verschicken.

»Und wo wollen wir als Erstes hin?«, fragte ich aufgeregt.

»Also ich will dann endlich mal an den Lago Maggiore und in die Toskana«, schwärmte Daniel.

»Malerische Hügel, »la dolce vita« und das Meer. Das klingt doch gut«, stimmte ich zu. »Und ich will dann anschließend nach Rom und in die Abruzzen. Da oben in die Berge, wo es noch Wildpferde und freilebende Wölfe gibt.«

»Das machen wir! Wir fahren dann einmal quer durch ganz Italien. Vielleicht finden wir da ja sogar eine Ruine auf einem der Hügel mit Blick aufs Meer. Die könnten wir dann aufbauen!«

»Ich dachte, wir wollten erstmal reisen und die Welt entdecken«, entgegnete ich lachend.

»Stimmt auch wieder. Also dann für später. Dann suchen wir uns in der Toskana einen schönen Campingplatz direkt am Strand. Am besten in einem Pinienwald. Da arbeite ich dann draußen. Und dann gibt's jeden Abend Pizza.«

»Und ich sitze jeden Tag am Meer und schreibe.« Ich

schloss die Augen und stellte mir vor, wie ich da am Strand saß: mit einem Block auf dem Schoß, einem Stift in der Hand und den Blick in Richtung Meer. Ich konnte die Brise und die warmen Sonnenstrahlen auf meiner Haut regelrecht spüren, den Sand unter meinen Füßen und dieses wunderbare Gefühl, wenn der Stift in meiner Hand über das Papier strich und die Worte nur so aus mir heraus sprudelten...

Meine Traurigkeit und den Schreck über meinen Beinahe-Unfall mit dem Bus hatte ich in diesem Moment komplett vergessen. Es tat so gut, mit Daniel über unseren Traum zu sprechen. Es spielte keine Rolle, dass wir noch nicht wussten, wann das wirklich möglich sein würde. Es fühlte sich trotzdem echt an. So als würden wir gerade schon unsere Route planen und in ein paar Wochen losfahren.

Das Spannende war, dass es tatsächlich nicht mehr lange dauern sollte, bis wir in unser Abenteuer zogen. Aber das wussten wir zu diesem Zeitpunkt noch nicht. Es war schon seltsam. Obwohl wir diesen Wunsch schon so lange im Herzen trugen, sollte uns das Leben doch mit seiner Erfüllung überraschen und uns sehr plötzlich in unser neues Leben katapultieren.

ERSTE VERÄNDERUNGEN

Am Montag kündigte ich tatsächlich meinen Job in der Redaktion. Es war gar nicht so schlimm, wie ich mir vorgestellt hatte. Weil ich noch in der Probezeit war, konnte ich den Vertrag einfach auflösen und war von heute auf morgen raus. Meine Familie und Freunde reagierten auch nicht so überrascht, wie ich erwartet hatte. Wahrscheinlich hatte Daniel recht und sie hatten sich bereits daran gewöhnt, dass ich so oft die Arbeitsplätze wechselte.

Interessanterweise bekam ich kurz darauf durch Zufall einen Teilzeitjob in einem Klamottenladen. Sie suchten jemanden für die Weihnachtszeit, möglicherweise auch für länger.

Das Team war irgendwie ein bisschen verrückt und die Arbeit ziemlich lustig und abwechslungsreich. Es war etwas ganz anderes, als ich bisher gemacht hatte. Es hatte auch nichts mit meinem Studium oder meiner Liebe zum Schreiben zu tun, aber ich hatte zum ersten Mal etwas gefunden, was mir wirklich Spaß machte. Und ich hatte tatsächlich das Gefühl, da auch Gleichgesinnte gefunden zu haben. Ich freute mich jeden Tag auf meine Kollegen und lachte unglaublich beim Arbeiten.

Es tat gut, im grauen Winter von den schönen, bunten Klamotten umgeben zu sein. Und es bereitete mir echt Freude, wenn ich den Kunden dabei half, etwas für sich zu finden, mit dem sie sich hübscher fühlten.

Zudem ergänzte der Job im Laden sich auch erstaunlich gut mit meiner Arbeit am Onlinekurs. Ich war meistens für den Dienst am Wochenende eingeteilt und hatte dadurch mehrere Tage in der Woche frei. Da blieb viel Zeit, um an meinem Kursprojekt zu werkeln. Ich kam sogar so in den Flow, dass ich parallel damit anfing, wieder an meinem Roman zu schreiben. Zum ersten Mal seit langem schien meine Kreativität wieder zu fließen.

Ich folgte Daniels Idee und machte meinen Kurs erst einmal nur für mich. Ich recherchierte sehr viel und probierte Übungen aus. Ich war echt gespannt. Dem Kurs lag eine ziemlich verrückte Idee zu Grunde. Ich weiß gar nicht, wie ich damals darauf gekommen war. Es ging darum, von Tieren zu lernen.

Ich wusste, dass jedes Tier in freier Wildbahn so lebte, wie es von Natur aus war. Tiere versuchten eher nicht, jemand anderes zu sein. So etwas machten nur Menschen. Ich wollte gern wieder meine eigene Natur spüren und meine Instinkte wachrufen. Ich hatte die Hoffnung, dabei das Angepasste, was mich daran hinderte, wirklich ich selbst zu sein, loslassen zu können. Ein hochgestecktes Ziel! Aber was hatte ich zu verlieren? Wenn mich der Kurs nur ein kleines Stückchen näher zu mir selbst brachte, hatte ich schon gewonnen.

Ich widmete mich daher jede Woche einem bestimmten Tier und lernte es ausführlich kennen. Ich fand heraus, welche Fähigkeiten das Tier hatte, wie und wo es lebte und auch welche Sagen und Legenden es über dieses Tier gab. Ich recherchierte von früh bis spät, bis ich das Gefühl hatte, dass ich das Wesen des Tiers verstanden hatte und seine besondere Energie wirklich wahrnehmen konnte.

Dann überlegte ich mir, welche Übungen mir dabei helfen würden, die Fähigkeiten des Tiers in mir zu stärken, zum Beispiel so wie ein Wolf Respekt auszustrahlen und klare Grenzen zu setzen. Ich schrieb sogar geführte Meditationen für jedes einzelne Tier.

Das mit den Meditationen war eine ganz spontane Idee. Ich arbeitete gerade am Wolf und tauchte gedanklich mit ihm in den Wald ein. Ich spürte seine Kraft und Wachsamkeit. Und ich genoss es, mich auf so wunderbare Weise mit der Natur um mich herum verbunden zu fühlen. Ich verstand zum ersten Mal, was es wirklich bedeutete, gleichzeitig frei und doch auch Teil einer Gemeinschaft, eines Rudels zu sein. Ich habe dann eine Fantasiereise dazu geschrieben, in der man als Wolf durch den Wald streift und zu seinem Rudel zurückkehrt.

In der zweiten Woche widmete ich mich mit dem Delfin allem, was mir Freude bereitete. Und die Woche darauf ergründete ich gemeinsam mit dem Schmetterling, was da noch in mir verborgen lag und sich entfalten wollte. Ich verstand immer mehr, dass es nicht darum ging, mich zu verändern, sondern vielmehr darum, mich selbst so anzunehmen, wie ich war.

Ohne es zu merken begann ich, besser auf mich zu achten, liebevoller mit mir umzugehen und wenn es nötig war, auch Grenzen zu setzen. Ich hörte damit auf, so viel Zeit mit Dingen und Menschen zu verbringen, die mir nicht gut taten und nahm mir stattdessen mehr Zeit für das, was mir Freude bereitete und wirklich wichtig war. Irgendwie gab ich mir selbst durch den Kurs die Erlaubnis, mir das jetzt herauszunehmen.

Ein Teil von mir fand das Projekt schon noch ziemlich verrückt. Ich behielt es daher lieber erstmal für mich. Ich war noch nicht so weit, anderen Leuten davon zu erzählen, dass ich mich Woche für Woche in irgendwelche Tiere hineinversetzte. Daher war Daniel zunächst der Einzige, der in das Geheimnis eingeweiht wurde. Später traute ich mich dann auch, meinen Arbeitskollegen und meiner Mutter davon zu erzählen.

Zu meiner Überraschung fanden sie es gar nicht so seltsam, wie ich erwartet hatte.

Sechs Wochen später hatte ich dann tatsächlich zum ersten Mal eine Ahnung davon, wie es sich anfühlte, wirklich ich selbst zu sein. Ich bekam ein Gespür dafür, was mich glücklich machte, wo ich in meinem Element war und wo nicht. Und der klassische Plan mit Heiraten, Haus, Kinder und Job gehörte definitiv nicht dazu. Ich war so voller Neugier. Ich wollte die Welt entdecken! Ich sehnte mich nach Abenteuer und Freiheit! Und ich liebte es, in der Natur zu sein und zu schreiben.

All die Jahre hatte ich verzweifelt versucht, mich an das Leben und die Umstände anzupassen. Ich hatte alles dafür getan, normal zu sein. Aber was, wenn ich es genau andersherum machen könnte und sich mein Leben an mich anpassen würde? Was wenn ich nie dazu bestimmt war, ein »normales« Leben zu führen? Und mal ehrlich, was bedeutete es denn schon, normal zu sein? Einfach das, was die meisten Menschen machten?

Ich konnte zum ersten Mal erkennen, wie wichtig es mir gewesen war, dazuzugehören. Ich hatte es so machen wollen wie die anderen, wie meine Eltern und die Generationen vor ihnen, wie meine Freunde und Kollegen.

Aber der Preis dafür war zu hoch gewesen. Zu lange hatte ich dadurch gegen mich selbst gekämpft. Zu lange hatte ich mich verbogen und in gewisser Weise selbst eingesperrt.

Diese Stimme in mir, die an manchen Tagen leise flüsternd die Sehnsucht in mir geschürt hatte und die ich immer wieder zum Schweigen gebracht hatte, weil sie für mich zu schmerzhaft gewesen war, diese Stimme war nun klar. Und sie machte mir Mut. Mut, jetzt endlich damit zu beginnen, meinen Weg zu gehen.

Ich hatte nichts zu verlieren. Das war mir seit dem Tag, als ich fast vor den Bus gelaufen war, klar. Irgendwann würde ich sterben. Und ich wusste nicht, wann das sein würde. Meine Zeit war begrenzt. Und wenn ich weiter warten würde, könnte es sein, dass ich niemals meinen Weg ging.

So kam es, dass ich im Januar alles dafür vorbereitete, meinen Kurs im März mit den ersten Teilnehmern zu starten. Ich wollte unbedingt weitergeben, was ich da erfahren hatte. Ich erstellte einen Mitgliederbereich mit vielen Videos und Texten.

Ich baute sogar mit Daniel zusammen einen kleinen Akustikraum in unsere Besenkammer ein. Nachts, wenn alles still war, saß ich dann in der winzigen Kammer zwischen dicken Schaumstoffmatten und sprach die geführten Meditationen mit einem Mikro ein.

Wir waren zufrieden. Daniel arbeitete weiter an seinem Business. Ich genoss die Zusammenarbeit mit meinen Kollegen im Laden, schrieb an meinem Roman und baute den Onlinekurs immer weiter aus. Es wirkte so, als würde jetzt alles planmäßig laufen und wir uns endlich Schritt für Schritt unserem großen Traum nähern. Aber wenn ich eins gelernt habe, dann dass es meist doch anders kam, als ich dachte.

Das Universum hielt noch eine Überraschung für uns parat. Es hatte unseren Wunsch erhört und würde uns bald schon eine Gelegenheit schenken, um ihn zu erfüllen.

Es öffnete uns eine neue Tür, die uns direkt mitten in ein neues Leben führen könnte, auch wenn es im ersten Moment nicht danach aussah.

Manchmal war es wirklich verrückt, welche Umstände einen am Ende zu seinem Glück brachten. Bei uns war es ausgerechnet ein kaputtes Dach, das uns dabei half, unseren Traum endlich wahrwerden zu lassen.

UNERWARTET

Vier Wochen vor Abreise

Als ich an diesem Morgen den Rollladen hochzog, fiel mir auf, dass das Fenster komplett beschlagen war. Verwundert wischte ich es mit Haushaltspapier ab und lüftete etwas länger. Es war gerade Anfang Februar und ziemlich kalt und feucht draußen.
Es regnete schon seit Tagen in Strömen. Ich vermutete daher, dass das beschlagene Fenster durch die Kälte und die hohe Luftfeuchtigkeit kam. Als ich Daniel darauf ansprach, erklärte er mir, dass das nun mal sehr alte Fenster wären und dass das auch daher kommen könnte, dass wir zwei mit Carlos in dem kleinen Schlafzimmer lagen und da die ganze Nacht Wärme abgaben.

Am Nachmittag entdeckte ich dann aber einen dunklen Fleck in der linken oberen Ecke des Schlafzimmers. Jetzt war klar, dass etwas nicht stimmte. Und doch ahnten wir nicht, welche Kettenreaktion diese unscheinbare, graue Stelle dort oben bewirken würde.

Zwei Tage später wussten wir deutlich mehr. In der Dachwohnung über uns hatte es einen Wasserschaden gegeben. Weil die Wohnung derzeit nicht vermietet war, war es keinem aufgefallen. Bis der Fleck aufgetaucht war, hatte sich bereits die gesamte Außenwand von unserem Schlafzimmer voll Wasser gesogen. Ein befreundeter Maler, der für mich sofort eine Probe genommen hatte, bestätigte meinen Verdacht. Es hatte sich Schimmel im Mauerwerk entwickelt.

Der Gedanke, dass wir die ganze Nacht mit dem Kopf ausgerechnet an dieser Wand lagen und im Schlaf irgendwelche Schimmelsporen einatmeten, hinterließ ein widerliches Gefühl.

Carlos lief seit einer Woche mit geschwollenen Mandeln herum. Der Tierarzt hatte den Grund dafür nicht herausfinden können. Ich war in den vergangenen Tagen meist mit starken Kopfschmerzen aufgewacht. Ich war mir sicher, dass das alles Reaktionen auf den Schimmel waren. Ich wollte keine Nacht länger in diesem Raum schlafen. Wir mussten so schnell wie möglich eine Lösung finden.

Als erste Maßnahme behandelten wir die Wand mit einem Mittel und verbrachten eine Nacht im Hotel. Unser Bett in einen anderen Raum zu stellen, war schwierig, da das Bett ziemlich groß war und nirgends reinpasste. Klar war, dass die Wand komplett saniert werden musste und das Risiko bestand, dass der Schimmel dennoch vielleicht nie ganz weg sein könnte. Ich verspürte einen extrem starken Widerwillen, mich weiter nachts in dieses Zimmer zu legen.

Daniel und ich setzten uns also zusammen, um eine gute, dauerhafte Lösung für unser neues Problem zu finden. Ich hatte einige Zeit vorher von der sogenannten Disneymethode gelesen, mit der man sehr leicht und schnell viele gute Ideen finden sollte. Das wollte ich jetzt unbedingt ausprobieren. Nach ein paar Anläufen, konnte ich Daniel auch davon überzeugen, es wenigstens einmal mit mir zusammen zu testen.

Ich erklärte Daniel die Methode, bevor wir loslegten: »Also, man nimmt dafür verschiedene Rollen ein. Walt Disney hatte dafür sogar extra Räume. Der erste Raum ist der Raum des Träumers. Da ist einfach alles möglich. Hier können wir unserer Kreativität freien Lauf lassen. Der Fantasie sind keine Grenzen gesetzt und du kannst die verrücktesten Ideen aufschreiben.«

»Also quasi dein Raum!«, meinte Daniel lachend.

»Haha! Es geht ja noch weiter. Dann kommt nämlich der Raum des Realisten. Hier prüft man, was davon tatsächlich umsetzbar ist. Das wäre dann vermutlich dein Raum«, fügte ich mit einem Schmunzeln hinzu.

»War ja klar. Und der dritte?«

»Der letzte Raum ist der Raum des Kritikers. Da geht es dann um die Probleme und Hürden bei jeder einzelnen Idee.«

»Und das willst du jetzt wirklich so machen?«, entgegnete Daniel immer noch skeptisch.

»Ja. Es sind jeweils nur fünf Minuten pro Rolle. Also haben wir, wenn alles klappt, in einer Viertelstunde die Lösung!« Ich grinste. »Ein Versuch ist das doch wert.«

So kam es, dass Daniel und ich dort saßen und als Träumer alles aufschrieben, was uns gerade in den Sinn kam. Den Timer meines Handys hatte ich dafür auf fünf Minuten gestellt. Fünf Minuten, die unser komplettes Leben für immer verändern sollten. Das war schon verrückt.

Als wir unsere Ideen miteinander verglichen, kamen wir auf folgende Möglichkeiten: Wir könnten in der Wohnung bleiben und während der Sanierung auf Matratzen im Wohnzimmer schlafen. Wir könnten uns auch schnellstmöglich eine andere Wohnung suchen oder vorerst in eine Ferienwohnung ziehen.

In der Zeit, wo die Wand neu gemacht werden würde, im Wohnwagen zu schlafen, war zwar auch eine Option, aber im Februar hatten wir darauf eher weniger Lust.

Und dann war da noch eine verrückte Idee: Wir würden ausziehen, alles verkaufen und verschenken und mit dem Wohnwagen dorthin fahren, wo es jetzt schon warm genug war. Wir würden quasi ganz spontan das verwirklichen, wovon wir schon so lange träumten, nur dass wir die Basis in Deutschland weglassen würden.

Im ersten Moment klang das ziemlich waghalsig und abgefahren. Aber überraschenderweise bestand diese Idee viel besser die prüfenden Blicke des Realisten und des Kritikers, als wir erwartet hätten.

Keine Wohnung mehr in Deutschland zu haben, bedeutete, dass wir wesentlich niedrigere Kosten hatten. Zudem hielten wir beide mittlerweile nicht mehr so viel davon, eine Wohnung zu behalten, die dann monatelang leer stand. Das machte irgendwie nicht viel Sinn.

Wir wollten ja vor allem über die Wintermonate weg und dann müssten wir auch noch die Heizung laufen lassen. Niemand würde mitbekommen, wenn in der Wohnung ein Wasserschaden oder sonst etwas wäre. Und Zwischenmieter zu suchen, fühlte sich für uns auch nicht besonders gut an. Wir wollten ja dann auch jederzeit selbst die Wohnung nutzen können.

Das Einzige, was uns eine Wohnung in Deutschland wirklich bringen würde, wäre das Gefühl von Sicherheit. Das beruhigende Wissen, dass wir jederzeit zurückkommen könnten und ein Zuhause hätten. Die Frage war, ob wir das wirklich brauchten. Vielleicht mussten wir die Sicherheit loslassen, um in die große Freiheit ziehen zu können. Vielleicht war das der Preis dafür, unseren Traum jetzt wahrmachen zu können.

Denn wenn wir tatsächlich alles in Deutschland auflösen würden, hätten wir damit auch einige Probleme weniger. Wir konnten so schnell wie möglich hier ausziehen. Wir müssten keine neue Wohnung suchen und auch kein weiteres Mal umziehen.

Statt Miete hätten wir die Reisekosten. Wir müssten uns keine Gedanken über die leerstehende Wohnung machen und könnten Versicherungen, Strom, Telefon und vieles weitere kündigen. Das alles würde uns die Möglichkeit geben, jetzt schon ohne sehr viel Geld unseren Traum vom Reisen wahrzumachen.

Es war wirklich überraschend, wie viele Vorteile das hatte. Das Einzige, was dagegen sprach, war die Angst. Die Angst davor, die Sicherheit loszulassen und sich voll in dieses Abenteuer zu stürzen. Wenn etwas schief gehen würde, könnten wir nicht von heute auf morgen zurück in unser Zuhause. Aber trotz dieser Angst fanden wir die Möglichkeit überaus faszinierend.

Einmal ausgesprochen hatte die Idee eine geradezu magische Anziehungskraft auf uns. Es war verlockend, alle Einwände über Bord zu werfen. Was wäre, wenn wir es einfach tun würden?

Selbst wenn es am Ende nicht funktionieren sollte, könnte uns diese Zeit niemand mehr nehmen. Und wie lange sollten wir noch warten? Mein Erlebnis mit dem Bus hatte mir gezeigt, wie schnell alles von jetzt auf gleich vorbei sein konnte. Die Frage war also: Warum sollten wir es nicht wagen?

Eigenartigerweise fiel es uns nicht besonders schwer, die Entscheidung zu treffen. Wir taten es noch an diesem Abend. Einfach so. Ohne viel darüber nachzudenken. Wir waren zu fasziniert von der Tatsache, dass es wirklich möglich erschien, als dass wir uns jetzt auf irgendwelche Hindernisse konzentrieren wollten.

Denn obwohl wir den Wunsch nach einem Leben auf Reisen schon so lange hatten, war es das erste Mal, dass wir einen Weg sahen, wie es jetzt sofort machbar wäre und nicht erst in einer fernen Zukunft.

So kam es, dass aus unserer großen Vision an diesem Abend ganz spontan der Entschluss wurde, tatsächlich aufs Ganze zu gehen.

Unsere Wahl fühlte sich überraschend leicht an. Nicht wie eine Entscheidung, die das gesamte Leben veränderte, sondern vielmehr so, wie wenn man überlegt, was man am nächsten Wochenende gern machen möchte. Es war echt verrückt!

Die unbändige Neugier und diese wilde Sehnsucht nach Freiheit waren einfach stärker als die Angst. Die Schönheit dieses Traums trug uns in diesem Moment einfach über all die Zweifel und Sorgen hinweg und schenkte uns ein unvergleichliches Gefühl von purer Lebensfreude, elektrisierend und aufregend. Es war ein Vorgeschmack auf das, was uns erwarten würde.

Und ich war sehr froh darüber, dass wir uns so wenig Gedanken machten. Hätte ich geahnt, welche Herausforderungen diese Reise für mich bereit hielt und wie sehr mir manches Mal doch noch die vermeintliche Sicherheit fehlen würde, hätte ich vermutlich gezögert.

Ohne es zu wissen, hatte ich mich entschieden, mich meinen inneren Dämonen zu stellen und dabei mehr als nur einmal über mich hinauswachsen zu müssen. Es war der erste Schritt, einen vollkommen anderen Weg zu finden und es würden viele weitere solcher Schritte folgen. Diese Entscheidung war erst der Anfang.

Gesagt, getan. Innerhalb eines Tages wurde aus unserer ungewöhnlichen Idee ein Plan. Wir schrieben auf, was nötig war, um alles aufzulösen und unsere Reise vorzubereiten. Und das war enorm viel!
Dennoch wollten wir keinen Tag länger als nötig in der Wohnung mit dem Schimmel bleiben. Wir setzten uns daher eine Frist und besprachen das mit dem Vermieter. Binnen zwei Wochen verkauften und verschenkten wir all unsere Möbel und Habseligkeiten.

Ob Schreibtisch, Teller, Blumen, Deko oder Bücher – alles kam weg. Wir sortierten unsere Kleidung aus, ordneten den Papierkram, fotografierten alles, was man verkaufen konnte, für Ebay – vom größten Möbelstück bis zum kleinsten Utensil. Das alles ging unglaublich schnell. Manchmal hatte ich etwas erst wenige Sekunden online gestellt, da gab es auch schon einen Käufer.

Immer wieder stellten wir uns beim Ausräumen dieselben Fragen: Was brauchen wir wirklich? Was kommt mit auf die Reise? Es war das große Aussortieren, ein bisschen wie das Spiel »Ich packe meinen Koffer und nehme mit …«. Ich fand es extrem befreiend und herausfordernd zugleich.

Welche Bücher will ich unbedingt dabei haben? Welche Schuhe trage ich am liebsten? Wenn ich nur drei Jacken fürs ganze Jahr einpacken kann, welche wären das dann? Gibt es Haushaltsgeräte, die auch im Wohnwagen Sinn machen?

Was passiert mit Erinnerungsstücken oder Reisesouvenirs? Und was mache ich mit den Dingen, die ich nur sehr selten benutze, aber ungern weggeben möchte?

Am Ende blieb nur noch sehr wenig übrig. Für den Wohnwagen war es dennoch zu viel und wir mussten mehrfach nachsortieren. Jeweils eine Kiste lagerten Daniel und ich bei meinen Eltern ein. Bei ihnen konnten wir zum Glück auch die zwei Wochen verbringen, in denen wir schon ausgezogen waren, aber noch alles für die Reise vorbereiten mussten.

Es war ein unbeschreibliches Gefühl, als ich noch einmal durch unsere leere Wohnung ging und mir bewusst wurde, dass alles weg war – nirgends eingelagert oder in eine neue Wohnung gebracht, sondern tatsächlich weg.

Alles, was wir nun noch an Möbeln hatten, war ein

Campingtisch mit Stühlen und das, was im Wohnwagen eingebaut war: ein Bett, eine Eckbank mit Tisch und eine winzige Küche. Das war´s. Noch nicht einmal ein Badezimmer.

Alle Klamotten, die ich jetzt noch besaß, würden locker in einen einzigen Koffer passen. Und statt einem riesigen Bücherregal, war mir ein kleiner Kindle geblieben.

Für Carlos hatte ich einen Rucksack gepackt und ein passendes Hundebett für den Wohnwagen gekauft. Für ihn schien das Loslassen und Aussortieren weniger schwer. Hauptsache er war bei uns und hatte seinen Tennisball und genügend Essen. Dann war er glücklich. Reisen mit leichtem Gepäck – So fühlte sich das also an. Echt seltsam!

Ich stand gerade im leeren Schlafzimmer, dem Ort, wo alles begonnen hatte und schaute nachdenklich auf den dunklen Fleck oben in der Ecke, da hörte ich hinter mir eine vertraute Stimme.

»Dich kann man auch keine fünf Minuten allein lassen!«

Ich drehte mich um und sah Kate in der Zimmertür stehen.

»Kate! Du bist wieder da! Ach, wie schön!«, rief ich aus und umarmte sie. »Ich dachte, du bist noch bis Mitte März in Neuseeland und wir sehen uns gar nicht mehr vor unserer Abfahrt.«

»Es gab eine Planänderung und ich bin früher zurück. Ich habe auch gut zwei Wochen frei, bevor es dann nach London geht.« Kate blickte sich in der leeren Wohnung um. »Wie es scheint, waren deine Nachrichten wohl kein Witz. Ganz sicher war ich mir da ja nicht. Es ist euch also wirklich ernst damit?«

»Ja, das ist es. Ich mache heute nur noch das Bad und

den Boden sauber und dann ist Schlüsselübergabe.«

»Krass! Und wann geht´s dann los?«

»In zwei Wochen.«

»Das passt ja gut. Echt abgefahren!« Kate grinste.

»Ja, das stimmt! Irgendwie ist es auch noch gar nicht richtig angekommen, was das alles hier bedeutet.« Ich betrachtete Kate. Sie war anscheinend noch einmal beim Friseur gewesen, bevor sie zurückgeflogen ist. Ihre kurzen, schwarzen Haare fielen ihr lockig über die Stirn und betonten dabei ihre hellgrünen Augen.

Seit ich sie kannte, hatte sie immer dieses Leuchten in ihrem Blick, das ich bei mir so vermisste. Vielleicht würde sich das bei mir jetzt auch verändern.

»Ach, ich habe dich echt vermisst die letzten Monate und jetzt bin ich bald weg. Ich hoffe, wir sehen uns trotzdem immer wieder mal und telefonieren oft«, sagte ich etwas wehmütig.

»Klar. Ich komme euch besuchen. Ich wollte schon länger mal wieder nach Italien. Da geht´s doch als Erstes hin, oder?«

»Ja, erst an den Lago Maggiore und dann in die Toskana. Das wäre so cool, wenn du vorbei kommst. Dann setzen wir uns zusammen an den Strand.« Ich schaute sie nachdenklich an.

»Hör mal. Werde mir jetzt bloß nicht sentimental«, sagte Kate grinsend. Sie griff in ihre Tasche. »Für solche Fälle habe ich dir übrigens etwas mitgebracht.«

»Oh echt?« Ich schaute neugierig zu, wie sie ihre Hand wieder aus der Tasche nahm und ein Coffee-to-go-Becher zum Vorschein kam. Es war ein großer, sehr stabiler Thermobecher in rosa. Auf der Vorderseite war ein lustiges Lama mit Lampions abgebildet. Als Kate die Tasse mir entgegenhielt, konnte ich die Aufschrift unter dem bunten Tier lesen. Da stand in großen schwarzen

Buchstaben »No Drama Lama«.

Ich schrie auf. »Du bist so geil!« Ich musste laut lachen.

»Ich dachte mir, so denkst du morgens an mich und kannst deinen Kaffee mit an den Strand nehmen und dort entspannt trinken.«

»Du bist echt die Beste!« Ich umarmte sie.

Wir standen einen Moment lang einfach da und genossen diesen Augenblick. Als wir uns wieder aus der Umarmung lösten, grinste mich Kate frech an: »Und jetzt? Was stellen wir noch mit der verbliebenen Zeit an, bevor du dich vom Acker machst?«

»Also heute nicht mehr so viel. Da muss ich ja die Bude noch fertig machen, damit ich nachher den Schlüssel abgeben kann. Daniel ist mit dem Wohnwagen gerade in der Werkstatt, um noch ein paar Kleinigkeiten reparieren zu lassen.«

»Wo fangen wir denn an mit dem Saubermachen? Ich habe den ganzen Nachmittag Zeit. Ich helfe dir natürlich und dann erzählst du mir alles ganz genau. Stimmt es eigentlich wirklich, dass du deine ganzen Schuhe aussortiert hast?«

»Oh ja. Das war echt heftig. Ich habe jetzt nur noch fünf Paar Schuhe plus Flip Flops.« Ich blickte in Kates entsetztes Gesicht. »Also die Schuhe und die Bücher auszusortieren, das ist mir echt am schwierigsten gefallen.«

»Das glaube ich dir gern«, meinte Kate nickend, während sie mir in den Flur folgte und ich die Putzsachen holte.

Etwas später ertönte Gute-Laune-Musik aus Kates Handy und wir beide wienerten das Bad. Während wir beide den Rest sauber machten, alberten und quatschten wir zusammen. Es war total schön, nochmal Zeit mit

Kate zu verbringen, bevor es losging und wir Abschied nehmen würden.

Sie erzählte mir von ihrer Zeit in Neuseeland. Sie war im Hobbitdorf gewesen und hatte auf ihren Touren Delfine und Seelöwen gesehen. Sie zeigte mir auch stolz Fotos von einer Höhle mit Glühwürmchen. Die Höhlendecke wirkte wie ein zauberhafter Sternenhimmel.

Kiwis, die winzigen Vögel, an die ich sofort bei Neuseeland gedacht hatte, waren Kate zwar auch begegnet, aber fotografiert hatte sie die Laufvögel nicht. Ganz im Gegenteil zu den Alpakas. Von ihnen gab es Kate reichlich Bilder gemacht. Eins lustiger als das andere.

Ich berichtete ihr von den letzten zwei Wochen und unserem großen Ausmisten. Sie war geschockt, als sie erfuhr, dass ich die meisten meiner Klamotten tatsächlich verschenkt oder in die Altkleidersammlung gegeben hatte.

Auch bei den Vorbereitungen für unsere Reise half Kate mir. Ich freute mich darüber, ein paar besondere Sachen aus unserer Wohnung extra für sie aufgehoben zu haben. Ich wusste, dass sie meine Buddhafigur liebte und unseren großen Spiegel aus dem Bad.

Meinen original italienischen Nudeltopf gab ich ihr bei unserem letzten Treffen. Ich hatte den Topf damals zusammen mit Kate in einem kleinen Laden gekauft und sie hatte sich später geärgert, dass sie sich selbst keinen geholt hatte. Sie war nämlich genauso wie ich ein mega Pastafan.

Als ich ihr den Nudeltopf zum Abschied überreichte, grinste sie übers ganze Gesicht.

»Bist du sicher, dass du den Topf in Italien nicht brauchst?«

»Nein, der ist zu groß für die Küche im Wohnwagen.

Außerdem finde ich es schön, wenn du ihn jetzt hast. Dass du da aber auch ja nur leckere Nudeln reintust!« Ich lachte.

Wir umarmten uns ein letztes Mal.

»Ich werde dich vermissen«, sagte ich leise.

»Ich dich auch«, flüsterte Kate.

Die letzten zwei Wochen waren wie im Flug vorbeigerauscht. Zwischen Packen und Vorbereitungen, hatten wir uns bemüht, Familie und Freunde alle noch einmal zu besuchen.

Und obwohl ich mich so sehr auf die Reise freute, fiel mir das Abschiednehmen doch auch schwer. Wir wussten noch nicht, wann wir das nächste Mal in Deutschland sein und alle wiedersehen würden.

Ich hätte nie gedacht, wie kurz sich zwei Wochen anfühlen konnten. Mir kam es so vor, als hätten wir gerade erst die Wohnung verlassen, da stand auch schon der Wohnwagen fertig bepackt in der Einfahrt und wartete auf seinen Einsatz. Jetzt gab es kein Zurück mehr.

ITALIEN – LAGO MAGGIORE

Und dann war er tatsächlich da – dieser Moment, an dem wir losfuhren. Mit vollgepacktem Wohnwagen verließen wir die Einfahrt vom Haus meiner Eltern und bogen nach links auf die Straße. Und obwohl ich diese Straße schon unzählige Male entlang gefahren war, fühlte es sich heute vollkommen anders an.
Ein Kribbeln durchströmte meinen Körper. Es war der Aufbruch ins Abenteuer, hinein ins Unbekannte. Wir wussten nicht, was uns erwarten würde. Ich fühlte mich, wie ein Vogel, der hinaus in die weite Welt flog, plötzlich umgeben von scheinbar grenzenlosen Möglichkeiten, aber auch ohne sicheren Halt.

Noch war mir nicht klar, wie es für mich sein würde, keinen festen Wohnsitz, kein vertrautes, eigenes Heim mehr zu haben, sondern immer dort zu Hause zu sein, wo ich mich gerade befand. Ich blickte neben mich zu Daniel. Er lächelte. Es war schön, dass wir gemeinsam auf diese Reise gingen: Zwei neugierige, lebenshungrige Abenteurer, die sich nach Freiheit sehnten.

Unser erstes Ziel war der Lago Maggiore, wie es sich Daniel gewünscht hatte. Von dort aus sollte es dann weiter in die Toskana, nach Rom und in die Abruzzen gehen. Weiter hatten wir noch nicht geplant, wir wollten uns überraschen lassen und spontan entscheiden, wie es danach weiterging.

Ich hatte etwas suchen müssen, bis ich einen Campingplatz gefunden hatte, der direkt am Ufer des Lago Maggiores lag und auch schon im März geöffnet hatte. Wir würden bald schon herausfinden, warum um diese Zeit die meisten Plätze dort geschlossen hatten, aber ich will noch nicht zu viel verraten. Unser Campingplatz lag in dem kleinen Ort Lesa auf der italienischen Seite des Sees. Das waren gut achthundert Kilometer Fahrt von unserer Heimat. Da wir es gemütlich angehen wollten, hatten wir ein Zwischenziel gewählt, bevor wir Deutschland verlassen und durch die Schweiz fahren würden.

Was unserer Reise eine besondere Würze verlieh, waren die vielen unvorhersehbaren Ereignisse und auch kleinen Pannen, die wir erlebten. Gerade im Nachhinein konnte ich oft eine gewisse Ironie darin entdecken. Aber hinterher ist man ja meistens schlauer. Eine dieser Begebenheiten erwartete mich gleich am allerersten Morgen unserer Reise.

Ich wachte schon früh auf und kletterte gut gelaunt aus dem Bett heraus. Noch fühlte sich unsere Reise wie ein Urlaub an. Es war noch nicht wirklich bei mir angekommen, dass das hier unser neues Zuhause war. Ich tapste verschlafen in Richtung Kaffeemaschine. Wir hatten unsere Senseo im Wohnwagen eingebaut. Ich liebte es, morgens zuallererst einen Kaffee zu trinken, um wach zu werden. Kate hatte mir nicht umsonst den tollen Kaffeebecher geschenkt.

Ich legte ein Pad ein, befüllte Kates To-Go-Becher mit etwas Milch und drückte dann den Knopf an der Senseo. Während die Maschine sich mit einem leisen Surren aufwärmte, räkelte ich mich müde und überlegte, was ich denn nun in der ersten Nacht unserer Reise geträumt hatte.

Doch ehe ich mich erinnern konnte, wurden meine Gedanken jäh unterbrochen. Mit einem lauten Knall und einer beachtlichen Rauchwolke verabschiedete sich die Kaffeemaschine klangvoll.

Nach vielen Jahren treuer Dienste hatte sie scheinbar

nicht vor, uns auf dieser Reise zu begleiten.

Obwohl ich wusste, dass es keinen Sinn machte, drückte ich noch einmal auf den Knopf. Nichts passierte. Dieses Gerät hatte zum letzten Mal einen Laut von sich gegeben. Ich zog den Stecker heraus und blickte missmutig in die rosa Lama-Tasse, wo ein Schluck Milch auf den schönen, heißen Kaffee wartete.

Daniel hatte sich mit einem Brummen umgedreht und schlief anscheinend noch. Carlos hingegen hatte die Dramatik der Lage wohl klar erkannt. Er war sogleich aufgesprungen und stand nun mit hektischem Blick vor der Tür, bereit den Ort des Grauens so schnell wie möglich zu verlassen. Gut, sehr wahrscheinlich hatte er sich eher vor dem Knall erschreckt und war weniger daran interessiert, ob Frauchen an diesem Morgen ihren Kaffee bekam oder nicht. Auf jeden Fall hatten der Hund und ich uns den ersten Morgen etwas anders vorgestellt.

»Das fängt ja toll an«, murmelte ich. Mürrisch zog ich mir etwas Warmes über, um mit Carlos rauszugehen.

Als ich die Wohnwagentür öffnete, schlug mir ein eisiger Wind entgegen. Ich zog mir sogleich noch meine dicke Winterjacke und die Wollmütze an, bevor ich mich nach draußen wagte. Während der Spazierrunde wurde ich dann zumindest auch ohne Kaffee wach.

Durchgefröstelt kam ich zehn Minuten später wieder mit Carlos zurück. Im Inneren des Wohnwagens war die Situation unverändert. Die Maschine stand trostlos in der Ecke und ich vermisste meinen Kaffee.

Drei Stunden später stand ich dann ungeduldig vor dem nächsten Elektrogeschäft und wartete darauf, dass es endlich öffnete. Manchmal ist es ein Fluch, ein solcher Frühaufsteher zu sein. Zugegeben, das Warten versüßte mir der schmackhafte »Coffee to go«, den ich mir auf dem Weg bei einem Bäcker gekauft hatte und jetzt genüsslich schlürfte.

Punkt zehn öffnete ein Mann die Ladentür. Ich ging zielstrebig zu den Küchengeräten, schnappte mir eine neue Senseo, zu der es sogar noch zwei Tassen gratis gab – nicht dass wir diese gebraucht hätten. Und ein paar Minuten später war die neue Maschine eingebaut und wartete auf ihren Einsatz.

Die Ironie der Situation begriff ich allerdings erst ein paar Tage später. Als wir in Italien nämlich zum ersten Mal im Supermarkt waren und dort feststellten, dass man in Italien weder Padmaschinen noch Pads kaufen konnte. Der Italiener als Liebhaber des «Café crema« hatte wohl wenig Sinn für eine Maschine, die lauwarmes Wasser durch ein dünnes Pad spülte. Ich hatte somit eine nagelneue Maschine, aber keine Pads dafür.

Ich kam nicht umhin, mich zu fragen, ob dieser skurrile Zufall, dass die Senseo ausgerechnet auf dem Weg nach Italien ihren Dienst quittiert hatte, vielleicht ein kleiner Wink des Universums gewesen war, den ich leider erst im Nachhinein verstanden hatte. Aber was soll ich sagen, etwas mehr Hinweise wären schon hilfreich gewesen. Ich sollte mit der Zeit zum Glück die kleinen Wegweiser des Universums immer schneller entschlüsseln. Entweder wurde das Universum gnädiger mit mir und gab mir in Zukunft deutlichere Zeichen oder ich erkannte sie tatsächlich leichter.

In diesem Fall blieb mir jedoch nichts anderes übrig, als die neue Kaffeemaschine für unsere Zeit in Italien einzulagern und mir stattdessen eine der kleinen, silbernen Espressokannen zu kaufen, die es an jeder Ecke gab.

Mit dem Kaffee, den man darin brühte, war man dann auch definitiv wach. Daniel hat sich jedes Mal beim ersten Schluck geschüttelt, weil der Kaffee so stark war.

Ich weiß noch, wie überrascht wir waren, als wir den Lago Maggiore erreichten. Dicke graue Wolken hingen über dem See und das Thermometer im Auto zeigte acht Grad an.
Wir gingen über den kleinen Campingplatz. Er schien verlassen. Kein Camper war weit und breit zu sehen. Die Wiese lag trostlos vor uns. Wir gingen über einen Kiesweg auf den See zu und schauten uns dabei weiter wortlos um. Die Enttäuschung war uns ins Gesicht geschrieben.
Am Ufer ragte eine Reihe Platanen blattlos in den Himmel. Es gab sogar einen kleinen Strand. Dort steckten viele nackte Eisenstäbe zwischen den Kieselsteinen. Ich vermutete, dass hier im Sommer Sonnenschirme und Liegen aufgebaut waren. Das graue Wasser schwappte in Wellen über die Steine. Ich ließ meinen Blick über den See schweifen und dachte bei mir, dass wir doch weiter Richtung Süden hätten fahren müssen.

Daniel und ich wählten einen der Stellplätze am Seeufer aus und begannen alles aufzubauen. Währenddessen fing es dann auch noch an zu regnen. Eilig machten wir alles fertig und verkrochen uns schnell ins Innere des Wohnwagens.

Mit einem Tee und extra warmen Socken saßen wir etwas später auf der Eckbank und arbeiteten mit unseren Laptops. Der Regen prasselte auf das Wohnwagendach und gegen die kleinen Plastikscheiben. Ich blickte hinaus und konnte verschwommen den See erkennen. Wir standen höchstens zwanzig Meter vom Ufer entfernt.

Wir hofften, dass das Wetter bald schon besser werden würde, doch es wurde sogar eher noch kälter. Nachdem wir fünf Tage fast nur im Wohnwagen gehockt hatten, tat mir der Rücken weh. Die harte Eckbank war nicht dafür ausgelegt, dass man den ganzen Tag darauf saß. Mir kam es wie eine Art Bewährungsprobe vor. Als wollte das Leben testen, wie ernst es uns mit unserem Traum war.

Der Alltag war definitiv anders, als wir es uns vorgestellt hatten. Trotzdem blieben wir. Nach den Vorbereitungen für die Reise war bei uns beiden viel Arbeit liegen geblieben. Diese versuchten wir jetzt aufzuholen. Wir waren viel zu beschäftigt mit unserer Onlinearbeit, um über andere Möglichkeiten nachzudenken. Wir harrten lieber erstmal in dieser Situation aus. Es konnte ja schließlich nicht ewig regnen.

So verging die erste Woche und wir sahen nicht wirklich viel vom Lago Maggiore. Richtig bewusst wurde mir das erst, als ich mit Kate telefonierte. Sie rief mich aus London an.

»Hey, das ist ja schön von dir zu hören!«, begrüßte ich Kate freudig.

»Hi, ja, ich wollte längst schon anrufen. Wie geht's dir denn? Wie ist das Leben auf Reisen so?«, fragte mich Kate direkt neugierig.

»Herrlich! Wie ich es mir vorgestellt habe. Ich sitze hier gerade entspannt mit meinem Laptop in der Sonne, esse ein paar Oliven und schlürfe ein Glas Rotwein. Die warme Brise streift mir durchs Gesicht. Und direkt vor mir sehe ich das funkelnde Wasser des Sees mit ein paar Segelbooten darauf«, schwärmte ich ihr vor. »Ach, ich sag dir »La Dolce Vita«, pure Lebensfreude!«

»Boah krass, echt? Das hört sich ja toll an!«, rief Kate begeistert aus.

»Okay. Die Realität sieht anders aus! Hier ist es arschkalt und es regnet schon seit Tagen. Mir tut der Rücken weh, weil ich den ganzen Tag auf der harten Eckbank im Wohnwagen hocke. Die Duschen auf dem Campingplatz sind nur lauwarm. Wir sind die einzigen Gäste hier. Draußen sieht es noch voll nach Winter aus, alles kahl und grau. Und eben hat mich auch noch eine Ente ausgelacht!«, schilderte ich ihr meine Situation.

Kate lachte. »Na toll. Für Regen hättest du auch mit mir nach London kommen können! Hast du eben gesagt, dich hatte eine Ente ausgelacht? Oder hab ich das falsch verstanden?«

»Das hast du schon richtig verstanden. Ich kam gerade vom Duschen und bin durch den Regen marschiert. Dabei ist mir dann auch noch mit den Flipflops der Matsch hinten an die Waden gespritzt. Und dann hat da diese dumme Ente unter unserem Wohnwagen gehockt und mich ausgelacht.«

Ich versuchte das Geräusch der Ente nachzumachen: »Mägmägmäg …«

Kate prustete los. »So machen Enten nun mal!«, sagte sie lachend.

»Halt mich für verrückt, aber wenn du dabei gewesen wärst, hättest du auch gesagt, dass sie lacht!« Ich wiederholte noch einmal das Schnattern: »Mägmägmäg!«

Kate lachte wieder.

Ich stöhnte und konnte mir gleichzeitig das Schmunzeln nicht verkneifen. »Ach, ich weiß nicht, es ist irgendwie blöd. Es läuft überhaupt nicht so, wie ich mir das vorgestellt habe. Das Wetter ist so bescheiden und ich habe auch total Stress mit meinem Onlinekurs.«

»Wieso das denn?«, fragte Kate jetzt überrascht.

»Ich habe das total unterschätzt und den Kurs schon

gestartet, obwohl er noch nicht komplett fertig war. Ich dachte, das wäre eine gute Idee, weil ich dadurch die Lektionen dann direkt auf die Fragen der ersten Teilnehmer anpassen könnte. Aber jetzt bin ich jede Woche extrem unter Zeitdruck. Obwohl ich so viel vorbereitet habe, komme ich nicht nach. Es ist irgendwie viel mehr Arbeit, als ich gedacht hätte. Und vor zwei Tagen hatte ich dann auch noch einen leichten Hexenschuss. Jetzt hänge ich total hinterher«, erklärte ich Kate die Lage.

»Oh Mann. Du kündigst deinen Job, löst alles in Deutschland auf, um mit Daniel euren großen Traum zu leben und jetzt hockst du den ganzen Tag im Wohnwagen und stresst dich, weil du mit deinem Onlinekurs nicht nachkommst. Ist das dein Ernst oder was?«

»Wenn du das so sagst, klingt das voll dämlich!« Ich lachte.

»Weil es dämlich ist. Mann, überleg doch mal, was ihr für Möglichkeiten habt! Was ihr da für einen Schritt gegangen seid! Du hast doch selbst gesagt, dass das Leben zu kurz ist, um nur durchzuhalten«, sagte Kate jetzt etwas energischer.

»Ja, aber mit irgendetwas müssen wir auch Geld verdienen!«, entgegnete ich.

»Wie viele Teilnehmer sind denn jetzt in deinem Kurs?«

»Neun.«

»Und hast du die mal gefragt, ob die den Kurs vielleicht langsamer machen wollen, vielleicht nur alle zwei Wochen eine Lektion statt wöchentlich?«

»Äh nein …«, gab ich etwas kleinlaut zu.

»Hey, ihr seid meine Helden. Das ist so geil, was ihr da macht. Das ist so mutig. Vergeude die Zeit doch jetzt nicht, indem du dich mit so etwas stresst! Im Ernst, frag die Leute in deinem Kurs doch einfach mal.«

»Du hast vollkommen Recht! Es ist aber auch schwer, seine alten Gewohnheiten abzulegen. Irgendwie bin ich immer noch voll im Arbeitsmodus und bei dem Wetter kann man ja auch sonst nicht viel machen.« Ich lachte wieder.

Wir unterhielten uns noch eine Weile und Kate erzählte mir von London. Sie hatte jemanden kennengelernt, einen Engländer und war gerade drauf und dran, sich zu verlieben. Das freute mich für sie. Kate war schon länger Single. Bei ihren vielen Reisen war es nicht so leicht, eine Beziehung zu führen.

Nachdem ich aufgelegt hatte, dachte ich über das nach, was Kate gesagt hatte. Wie hieß das berühmte Sprichwort? »Wohin man auch geht, man nimmt sich selbst stets mit.«

Es war nicht gerade leicht, zuzugeben, dass ich mir gerade selbst so viel Stress machte. Aber es war ja niemand anderes da. Kein Chef, keine anderen Leute, niemand der mich hier unter Druck setzte. Nur die liebe Bianca, die sich mal wieder gnadenlos übernommen hatte. Kate hatte definitiv Recht. Ich musste etwas ändern. Sonst hätte ich ja auch in Deutschland bleiben können.

Ich blickte zu Daniel. Er saß mir mit Kopfhörern gegenüber und schaute konzentriert auf den Bildschirm seines Laptops. Als er bemerkte, dass ich ihn ansah, zog er die Kopfhörer aus.

»Wolltest du etwas sagen?«, fragte er und blickte abwartend zu mir.

»Ja, das wollte ich tatsächlich. Ich würde gern mehr unternehmen. Vielleicht ein paar schöne Ausflüge am See machen oder so«, schlug ich vor.

»Also an mir soll das nicht liegen. Du hast ja gesagt, dass du so viel zu tun hast. Nur bei Regen ist das natürlich nicht so toll«, antwortete er und schaute kurz aus dem Fenster.

»Klar, bei Regen habe ich auch keine Lust. Aber irgendwann muss das ja auch mal besser werden, oder? Und was meine Arbeit angeht, so werde ich ein paar Dinge ändern und habe dann wieder mehr Zeit.«

»Sag einfach Bescheid. Ich muss nicht den ganzen Tag hier drinnen hocken.«

Ich klappte meinen Laptop auf und schrieb eine E-Mail an die Teilnehmer meines Kurses. Zu meiner Überraschung fanden alle die Idee toll, den Kurs etwas langsamer zu machen. Ihnen waren die Inhalte bei ihrem vollgestopften Alltag nämlich auch zu viel für eine Woche gewesen. Und als hätte das Universum nur darauf gewartet, dass ich meine Lektion gelernt hatte, wurde ab dem nächsten Tag auch das Wetter besser.

Wir lernten endlich den Lago Maggiore so kennen, wie wir ihn uns vorgestellt hatten. Ich saß einige Tage später tatsächlich mit dem Laptop am Ufer und beobachtete, wie die Sonne auf der Wasseroberfläche funkelte. Ich habe natürlich gleich auch ein Beweisfoto für Kate gemacht.

Jetzt wo das Wetter besser war, konnten Daniel und ich mit Carlos die Gegend erkunden. An einem Nachmittag fuhren wir gerade die idyllische Uferstraße entlang, da sah ich zum ersten Mal die kleinen Inseln, die sich auf dem Lago Maggiore befanden.

Mein Google auf dem Handy verriet mir, dass es insgesamt fünf Stück waren. Sie hießen »Isola Pescatori«, »Isola Madre«, »Isola Bella«, »Isolino di San Giovanni« und »Scoglio della Malghera«. Sie wurden auch die »Borromäischen Inseln« genannt, weil sie sich lange Zeit im Privatbesitz der italienischen Adelsfamilie Borromeo befunden haben.

Bewohnt war derzeit nur die kleinste der fünf Inseln. Auf der »Isola Pescatori« - der Fischerinsel - sollte sich tatsächlich heute noch ein Fischerdorf mit ungefähr fünfzig Einwohnern befinden. Interessiert las ich die verschiedenen Infos über die »Isola Bella«.

Auf dieser Insel befand sich ein Palast mit einem üppigen Garten und weißen Pfauen. Genau genommen bestand die komplette Insel eigentlich nur aus Palast Garten. Sie war nämlich nicht besonders groß. Wenn ich es richtig verstanden hatte, war sie gerade mal dreihundert Meter lang und knapp zweihundert Meter breit und davon schien jeder Zentimeter prunkvoll genutzt worden zu sein.

Carlo III. Borromeo hatte im 17. Jahrhundert hier wohl auf ursprünglich nackten Felsen damit begonnen, einen Palast für seine Frau Isabella zu errichten. Nach ihr ist die Insel auch benannt. Ich fand es extrem beeindruckend, dass alles mit Schiffen auf die Insel gebracht worden war, vom winzigen Körnchen Erde bis hin zum riesigen Baum. Diesen Ort wollte ich mir unbedingt einmal anschauen.

Ich machte mich gleich am nächsten Morgen auf den Weg dorthin. Es war mein erster Ausflug während unserer Reise, den ich allein unternahm. Daniel hatte nämlich keine Lust mitzukommen. Mir war das Recht. Dann konnte er in der Zeit auf Carlos aufpassen, während ich die Insel in Ruhe erkundete. Ich wollte mir Zeit lassen und mir auch den Palast anschauen. Aber was mich vor allem auf die Insel zog, war der Garten mit den weißen Pfauen.

Ich war ziemlich aufgeregt, als ich mit dem Auto an der Anlegestelle in Stresa ankam. Ich parkte unseren

Wagen, stieg aus und sah mich um. Überrascht stellte ich fest, dass man nicht mit einem großen Touristenboot auf die Inseln gebracht wurde, sondern zahlreiche winzige Boote die Menschen über den See beförderten.

Ich kaufte mir an einem Häuschen ein Ticket und ging damit zum Steg. Ein Kapitän winkte mich sogleich zu seinem Boot und ich stieg ein. Der ältere Mann mit Kapitänsmütze sprach nur Italienisch. Er erklärte mir während der kurzen Überfahrt, dass ich mir die Nummer seines Bootes merken musste und dass er mich an der Anlegestelle auf der Insel wieder abholen würde, wo er mich gleich absetzte.

Ich verstand nur die Hälfte. Ich sprach ja kein Italienisch. Ein paar Wörter erinnerten mich an Spanisch. Die Sprache hatte ich auf der Uni gelernt. Den Rest reimte ich mir zusammen, als der Kapitän mehrmals auf ein Schild mit einer Nummer zeigte.

Ich nickte freundlich. »Si. Si …«, sagte ich zu ihm und fragte mich dabei, ob das auch wirklich gut gehen würde.

Die Nummer hatte ich schon vergessen, als ich kurz darauf den Palast betrat. Schon im ersten Raum war ich total erschlagen von den vielen Eindrücken. Ich hatte ja schon davon gehört, dass der Barock für seine Üppigkeit bekannt war, aber was mich hier in den großen Sälen erwartete, übertraf meine wildesten Vorstellungen.

Man hatte wirklich jeden Millimeter genutzt, um ihn mit Prunk zu überschütten. Spätestens als ich in einem Raum mit gefühlt einhundert Gemälden stand, waren meine Augen total überfordert. Die dunklen Ölgemälde hingen dicht an dicht und überzogen die gesamte Wand wie eine Tapete. Eindringliche Blicke von den dort abgebildeten Persönlichkeiten verfolgten mich, während ich durch den Raum ging. Von »weniger ist mehr« hielt man hier wohl eher nichts. Das war definitiv das absolute Kontrastprogramm zu der modernen Minimalismus-Bewegung.

Das setzte sich auch in den anderen Räumen fort. Wahrscheinlich bräuchte man Jahre, um sich hier alle Einzelheiten wirklich anzuschauen. Mir war das, ehrlich gesagt, zu viel des Guten. Und nachdem mir fast schon schwindelig von dieser Masse an Eindrücken war, ging ich zügig auf dem kürzesten Weg hinaus in den Garten.

Dieser war zwar mindestens genauso üppig. Doch mit einem Meer aus Blumen schienen meine Augen wohl eher zurecht zu kommen. Ich war gerade erst ein paar Meter durch den Garten gegangen, da sah ich sie auch schon: die weißen Pfauen. Elegant spazierten sie über einen breiten Weg vor mir. Voller Bewunderung sah ich ihnen nach.

Der Ort hatte etwas Paradiesisches an sich. Mit seiner Pracht an Blumen und Skulpturen, den malerisch angelegten Beeten und dem See im Hintergrund wirkte er wie ein verwunschener Märchengarten.

Die Einhornfiguren, die ich überall entdeckte, verliehen ihm etwas Kitschig-Schönes. Und mit den weißen Pfauen, die bedächtig durch diese Kulisse schritten, erschien der Garten fast schon unwirklich.

Ich fotografierte die Pfauen, wie sie eine Treppe hinaufgingen und dabei ihre langen, weißen Federn wie eine Art Schleppe hinter sich herzogen. Ich machte Fotos von leuchtend gelben Zitronen vor dem blauen Wasser des Sees, von dicken Orangen an den weißen Steinmauern und von Blumen in wuchtigen Steintöpfen. Dazwischen bestaunte ich immer wieder die Pfauen. Neugierig schauten sie mich an und mir war klar, dass es wohl mehr als einen Touristen gab, der die Tiere auch mal fütterte.

Meterhohe Rhododendronbüsche und gigantisch große Bäume erinnerten daran, wie alt dieser Garten schon sein musste. Ich stellte mir vor, wie es wohl für eine Frau wäre, wenn ihr Mann ihr einen solch romantischen Ort erschuf. Ob Isabella sich diesen Garten so gewünscht hatte?

Ich liebte jedenfalls die idyllische Atmosphäre. Sie ließ mein Schriftstellerherz höher schlagen. Am liebsten hätte ich mich mit einer Decke mitten auf die Wiese hinein in diese Zauberlandschaft gesetzt und an meinem Fantasyroman geschrieben.

Vielleicht lag es an der Jahreszeit – es war gerade Anfang April – oder auch an der frühen Stunde, aber es waren außer mir nur sehr wenige Touristen im Garten. Womöglich hielten sie sich auch noch im Palast auf und versuchten zumindest einen Teil der prunkvollen Fülle mit ihren Sinnen aufzunehmen. Ich setzte mich in ein kleines Café am Rand des Gartens und gönnte mir einen Cappuccino. Und da erlebte ich meinen ersten besonderen Reisemoment.

Ich saß an einem der winzigen Tische und schlürfte genüsslich den dicken Schaum von meinem Kaffee, als einer der weißen Pfauen nur einen Meter von mir entfernt auf einer Mauer Platz nahm und auf den See hinaus blickte. Und als ob das noch nicht genug gewesen wäre, stolzierten nun auf der anderen Seite noch zwei weitere Pfauen an mir vorbei.

Einer von ihnen entfaltete sein wunderschönes Federkleid und zeigte sich in seiner ganzen Pracht. Ich hatte sogar Zeit, mich ihm vorsichtig zu nähern und ein Foto davon aufzunehmen.

Ich setzte mich danach wieder zu meinem Cappuccino und dem Pfau auf der Mauer und erfreute mich an diesem idyllischen Fleckchen Erde. Ich war einfach im Moment und atmete den Zauber dieser besonderen Atmosphäre ein.

Tiefenentspannt ging ich danach zum Anlegesteg zurück, um die Insel wieder zu verlassen. Hier erwartete mich reges Treiben. Boote kamen an, setzten Touristen ab und nahmen Wartende von der Insel mit.

Ich fragte mich, wann wohl mein Boot wiederkäme. Eine Uhrzeit hatte der Kapitän nicht genannt. Als ich schon unruhig wurde, erspähte ich ein kleines Schiff mit derselben Nummer wie auf meinem Ticket. Es war ein anderer Kapitän, aber nach einer fragenden Geste meinerseits, ließ der Mann mich einsteigen und das Boot fuhr los.

Wenige Minuten später landete ich, nicht wie ich erwartet hatte, am Ufer des Sees, sondern auf der Fischerinsel. Ich hätte wahrscheinlich einfach sitzen bleiben können, dann wäre ich wohl irgendwann auch zurück zur Anlegestelle in Stresa gekommen. Aber dafür war ich zu neugierig. Ein Fischerdorf auf einer winzigen Insel. Das klang rustikal und ursprünglich. Das wollte ich mir ansehen.

Ich war gerade erst aus dem Boot ausgestiegen, da wurde ich auch schon eines Besseren belehrt. Mit dem unverfälschten Charme eines alten Fischerdorfs hatte dieser Ort wenig gemein.

Was man in die Palasträume an Kunstwerken gequetscht hatte, galt auf dieser Insel für Touristenangebote. Ich fragte mich ehrlich, wie viele Souvenirshops, Restaurants und Hotels auf solch eine winzige Insel passen konnten, ohne dass man dafür die alten Häuser der Fischer hatte abreißen müssen. Nachfrage gab es auf jedenfalls genug. Die engen Gassen des kleinen Dorfs platzten aus allen Nähten.

Mein Plan hier in Ruhe entlang zu schlendern und

frischen Fisch zu probieren, löste sich in Luft auf, als ich mit einer Menschenmasse durch die erste Straße geschoben wurde. Das war ein heftiger Kontrast zum Gartenparadies von eben. Mir gelang es nicht wirklich, mich darauf einzulassen. Hier waren mir definitiv zu viele Menschen auf engem Raum. Und die Boote spülten im Minutentakt noch mehr auf die Insel. Ich entschied daher nach einem kurzen Rundgang, meinen Spontanbesuch schnell wieder zu beenden.

Da fiel mir auf, dass ich vergessen hatte, mir die Anlegestelle zu merken. Ich suchte sie eine Weile und fand mich schließlich in einer Schar Asiaten wieder, die alle wild mit ihrem Ticket wedelten, sobald ein Boot kam. Nachdem zwei Schiffe wegen Überfüllung ohne mich abgefahren waren, bereute ich schon, überhaupt hier ausgestiegen zu sein. Das war jetzt nicht gerade mein Lieblingsort, um festzusitzen. Das nächste Boot kam zum Glück schon wenige Minuten später und nahm mich mit.

Ein wunderschöner Ausblick auf die »Isola Bella« während der Überfahrt entschädigte mich für den kurzzeitigen Stress. Gefüllt mit vielen neuen Eindrücken und hunderten von Fotos auf meinem Handy betrat ich kurz darauf das Ufer und machte mich auf den Heimweg.

Die nächsten zwei Wochen am Lago Maggiore waren traumhaft schön. Der Frühling hielt nun gänzlich Einzug. Es wurde immer wärmer und sonniger und wir machten noch wundervolle Wanderungen durch die Wälder, die an den See angrenzten.

Da es meist ziemlich steil bergauf ging, sobald man das Ufer verließ, wurden wir bei unseren Touren fast immer mit grandiosen Ausblicken belohnt. So verließen wir den Lago Maggiore am Ende doch mit vielen positiven Erinnerungen.

Eigentlich wäre es nun auf direktem Weg in die Toskana gegangen, doch da kam ein kleiner Zufall dazwischen. Ich betrachtete ihn als Wink des Universums. Keine Ahnung, ob es da wirklich seine Finger im Spiel hatte. Jedenfalls hatten wir es diesem Zufall zu verdanken, dass wir unsere Pläne noch einmal kurzfristig änderten.

Was war passiert? Während meiner Suche nach dem nächsten Campingplatz hatte ich einen grandiosen Platz gefunden: große Stellplätze, nagelneue Sanitäranlagen und sogar einen Hundestrand direkt am Platz. Ich war begeistert.

Die Sache hatte nur einen Haken. Als ich mir die Route über Google-Maps anzeigen ließ, stellte ich fest, dass der Campingplatz nicht wie erwartet in der südlichen Toskana lag. Er befand sich auf einer Landzunge direkt gegenüber von Venedig. Die beiden Plätze trugen einen sehr ähnlichen Namen und so war ich irgendwann auf der falschen Internetseite gelandet.

Enttäuscht schaute ich mir daraufhin den Namensvetter in der Toskana an. Mich erwartete ein Bild des Grauens. Die Waschhäuser stammten aus den Sechzigern. Alles wirkte vergammelt und nicht gerade sehr einladend. Da wollte ich auf keinen Fall hin.

Ich überlegte, was wir jetzt machen sollten. Es gab noch viele andere Plätze in der Toskana, aber irgendwie hatte ich mich auf den tollen Platz eingeschossen. Zudem gefiel mir die Vorstellung, mit Daniel zusammen durch die kleinen Gassen von Venedig zu spazieren und in Booten zwischen den Inseln herumzufahren. Ein

Abstecher dorthin klang sehr verführerisch.

Daniel ließ sich zum Glück leicht davon überzeugen, dass das Universum uns eine Einladung nach Venedig geschickt hatte und wir danach ja immer noch weiter südlich in die Toskana fahren konnten. Wir hatten ja schließlich Zeit. Und so ging es am nächsten Tag mit Sack und Pack in Richtung Venedig.

ITALIEN – VENEDIG

Der neue Platz war so eindrucksvoll, wie ich ihn mir gewünscht hatte. Wir stellten den Wohnwagen ab, bauten alles auf und gingen als Erstes zum Strand. Und da war es endlich: das Meer! Als wir über den Strand gingen und ich auf die kleinen Wellen blickte, die in der Sonne funkelten, erfüllte mich ein tiefes Glücksgefühl. Ich schloss für einen Augenblick die Augen und atmete die frische Meeresluft ein.

Das hier fühlte sich genauso an, wie ich mir das Leben auf Reisen vorgestellt hatte: Sonne, Strand, Meer und eine wunderbare Mischung aus Leichtigkeit und Freude. Ich fragte mich, warum wir bloß so lange am Lago Maggiore geblieben und nicht schon viel früher weiter gezogen waren.

Gleichzeitig hatte ich aber auch das Gefühl, dass wir genau zur richtigen Zeit an diesem Ort angekommen waren. Das Wetter hatte sich hier erst seit einigen Tagen verändert. Letzte Woche war es laut meiner App noch wesentlich kälter gewesen.

Jetzt hatten wir das Glück, in den ersten richtig warmen Tagen anzukommen, in denen sich noch kaum Touristen bis ans Meer vorgewagt hatten. Das bedeutete ein fast menschenleerer Strand mit herrlichem Sonnenschein.

Das war eine wunderbare erste Begegnung mit dem Ozean. Sie gab mir das Gefühl, als hätte nun eine neue Phase unserer Reise begonnen. Ich blickte zum Horizont und spürte wieder diese tiefe Sehnsucht, die das Meer von jeher in mir auslöste.

Ich zog meine Schuhe aus und ging langsam auf die

Brandung zu. Kleine Wellen umspülten meine Füße und ich strahlte übers ganze Gesicht. Ich hatte das Meer vermisst, wie sehr wurde mir erst jetzt klar.

Das Wasser war gar nicht so kalt, wie ich erwartet hatte. Ich ging etwas weiter hinein und beobachtete dabei, wie die Sonnenstrahlen golden auf den Wellen tanzten. Es war traumhaft schön!

Eine Woge übermütiger Freude ging durch meinen Körper und ohne viel weiter darüber nachzudenken, lief ich lachend in meinem Kleid ins Meer hinein und ließ mich einfach ins Wasser fallen. Ich tauchte einige Meter durch das kühle, frische Wasser und genoss es, mit dem Ozean zu verschmelzen.

Als ich wieder auftauchte, schmiegte sich mein Kleid eng an meinen Körper und der warme Wind strich über die nasse Haut. Meine Lippen schmeckten wunderbar salzig und ich konnte nicht aufhören zu lachen. Wie ein kleines Mädchen sprang ich noch eine Weile freudig im Wasser herum.

Daniel beobachtete mich vom Strand aus.

»Aha, zum Umziehen war wohl keine Zeit gewesen?«, fragte er lachend, als ich klitschnass wieder ans Ufer kam.

Übermütig ging ich auf ihn zu und tat so, als wollte ich ihn umarmen. Geschickt wich er mir aus und ich spritzte ihm mit meinen Händen ein paar Tropfen ins Gesicht.

»Ein Gruß vom Meer!«, flötete ich fröhlich.

Er wischte sich das Wasser von der Wange. »Ist es nicht noch kalt?«

»Schon, aber nicht so kalt, wie erwartet. Ach, ich habe das Meer echt vermisst. Lass uns jetzt erstmal nur am Meer entlang reisen.«

Daniel nickte zustimmend. »Das ist eine gute Idee!«

Ich ging mit Daniel wieder zurück zum Wohnwagen, um mein nasses Kleid gegen frische Klamotten zu wechseln. Während ich mir ein Handtuch vom Haken nahm, schaute ich in den Spiegel. Und da sah ich es zum ersten Mal seit langem wieder, dieses Leuchten in meinen Augen, das ich fast schon vergessen hatte.

Mein Haar war nass und zerzaust und winzig kleine Wasserperlen funkelten auf meiner Haut. Mein Blick war voller Lebensfreude. Man sah mir an, dass ich gerade etwas Verrücktes, etwas Ungewöhnliches, einfach nur der Freude wegen gemacht hatte.

Ich prägte mir diesen Moment ein. So sah also mein »Meergesicht« aus. Ich nahm dieses Bild in mein Herz auf, um mich daran zu erinnern, wann immer ich es wollte oder auch brauchen würde.

Der Campingplatz war ein idealer Ausgangspunkt, um Venedig zu besuchen. Man konnte direkt von der Landzunge aus mit dem Schiff zur berühmten Wasserstadt gelangen. Daniel und ich fuhren in den frühen Morgenstunden nach Venedig. Wir standen dafür sehr früh auf und bestiegen eine der ersten Fähren.

Als das Schiff in Venedig anlegte, ging gerade erst die Sonne auf. Es war herrlich, mit Daniel ganz entspannt in den ersten Sonnenstrahlen über die »Piazza San Marco« zu schlendern und zu beobachten, wie die Stadt allmählich erwachte. Übergroß stieg die Sonne als gleißend heller Feuerball aus dem Meer empor und tauchte die Stadt in ein eigentümliches Licht.

Der Markusplatz war nahezu menschenleer. Wir ließen uns Zeit, anzukommen und sahen uns erst einmal in Ruhe um. Wir gingen am Markusdom vorbei und ich bewunderte die kunstvoll verzierten Kuppeln.

Kurz darauf standen wir vor dem sogenannten

Uhrenturm. Ich hatte im Internet darüber gelesen. Die Uhr war nicht in zwölf Stunden, sondern in vierundzwanzig Stunden aufgeteilt. Zudem zeigte sie auch die jeweilige Mond- und Sonnenphase, sowie das aktuelle Sternzeichen an.

Neugierig betrachtete ich die riesige Uhr. Das Ziffernblatt war leuchtend blau und mit Sternen verziert. Darauf waren in Gold die zwölf Symbole des Tierkreises eingearbeitet. Außen am Rand umrundeten römischen Zahlen auf weißem Hintergrund die eigentümliche Uhr.

Ich sah mir die Zeiger an und versuchte die Details zu entschlüsseln: Es war jetzt kurz nach acht. Wir befanden uns im Tierkreiszeichen Widder und hatten Neumond. Ich verglich es mit meiner Uhr auf dem Handy. Die Zeit stimmte und soweit ich wusste, war alles andere auch korrekt. Wirklich faszinierend!

Ich schaute zur Seite und sah, dass Daniel bereits weitergegangen war, während ich die Uhr genauer inspiziert hatte. Ich eilte zu ihm und wir schlenderten jetzt gemeinsam quer über den Platz.

Als wir an einem der Restaurants vorbeikamen, waren dort gerade zwei Männer damit beschäftigt, Stühle und Tische auf der Terrasse aufzubauen. Sie waren außer uns die einzigen Menschen, die sich auf dem großen Platz befanden. Ich genoss die friedliche und ruhige Stimmung zu dieser frühen Stunde. Allein der wilde Schrei der Möwen am Himmel unterbrach gelegentlich die morgendliche Stille.

Wir verließen den Platz schließlich durch einen hohen Torbogen. Unsere Schritte hallten dumpf, während wir durch die steinerne Wölbung hindurch gingen. Dahinter gelangten wir in etwas schmalere Gassen. Hier gab es zahlreiche kleine Läden und Boutiquen. Alles hatte noch geschlossen. Wir wählten spontan eine Straße aus und spazierten gemütlich zwischen den hohen Häusern hindurch, bis wir zum ersten Kanal kamen.

Über Treppenstufen schritten wir eine kleine, gewölbte Brücke hinauf, die sich elegant über den Kanal wölbte. Wir blieben oben stehen und lehnten uns an das Geländer. Unter uns schimmerte das Wasser grünlich und man konnte sogar bis auf den Grund sehen. Ich drehte mich zu Daniel um und küsste ihn.

»Ist das nicht schön hier?«, sagte ich mit meinem breiten Grinsen und legte meine Arme um Daniels Hüften.

Er lachte. »Das gefällt dir, oder?«

Ich wusste, dass Daniel für Städte im Allgemeinen nichts übrig hatte. Der einzige Grund, warum er mitgekommen war, war das »Museo Leonardo da Vinci«. Es befand sich an einem Platz mitten in Venedig und enthielt eine Ausstellung der Erfindungen des großen Künstlers.

Dennoch hatte ich jetzt, wo wir hier zusammen auf der Brücke standen, das Gefühl, als würde diese Stadt auch etwas von ihrem Zauber bei Daniel hinterlassen. Er grinste mich ziemlich zufrieden an.

Wir verließen die Brücke und gingen Händchen haltend am Wasser entlang. Ich blickte mich dabei mit leuchtenden Augen um. Ich machte mir bewusst, dass das hier gerade mein neues Leben war. Ich schlenderte mit meinem Schatz durch Venedig und das an einem ganz gewöhnlichen Mittwochmorgen.

Wir waren nicht im Urlaub. Wir wohnten quasi momentan in der Nähe von Venedig. Und wir konnten so lange bleiben, wie wir wollten. Dieser Gedanke fühlte sich einfach unglaublich an.

Daniel ließ meine Hand los und legte stattdessen den

Arm um mich.

»Du bist echt süß, wenn du dich so freust!«, sagte er mit liebevoller Stimme.

Ich grinste. Das war wieder einer dieser Reisemomente, die ich im Herzen bewahren würde: Mit meiner großen Liebe in Venedig! Das klang wie ein Buchtitel eines schnulzigen Liebesromans. Ich musste lachen.

»Was ist?«, fragte Daniel, der mein Lachen bemerkt hatte.

»Nichts. Ich bin gerade einfach glücklich!«, antwortete ich.

Und das war ich auch. Ein wohliges Glücksgefühl durchströmte meinen Körper. Ich freute mich einfach jetzt hier zu sein. Meine Sorgen darüber, ob das auf Dauer auch mit dem Geld klappen würde, waren wie ausgelöscht. Das hier war jedes Risiko wert. Dieser Moment gehörte uns und niemand konnte ihn uns jemals wieder nehmen.

Nachdem ich Daniel zum Museum gebracht hatte, machte ich mich nun allein auf, um die Stadt zu erkunden. Ich hatte mich bewusst dazu entschieden, kein klassisches Sightseeing zu veranstalten. Ich wollte auf keinen Fall mit einem strammen Zeitplan durch die Stadt hetzen und eine Sehenswürdigkeit nach der anderen abklappern. Ich hatte Lust in das Flair von Venedig einzutauchen, ohne Plan durch die Stadt zu spazieren und zu schauen, wo der Zufall mich hinbrachte.

Doch ich bemerkte schnell, dass es in Venedig gar nicht so leicht war, sich treiben zu lassen und nach Lust und Laune irgendwo abzubiegen. Immer wieder landete ich in Sackgassen, wo es nur übers Wasser weiterging. Aber das machte es auch irgendwie spannend. Es war wie ein riesiges Labyrinth aus winzig kleinen Gässchen. Man wusste nie, was einen hinter der nächsten Ecke erwartete.

Mal ging ich unter Wäscheleinen mit weißen Laken hindurch, mal kam ich auf einem idyllischen Platz mit einem netten Café heraus und ein anderes Mal stand ich am Ufer eines Kanals und musste zurück, um nach einer Brücke oder einer kleinen Fähre Ausschau zu halten. Teils wirkten die Häuser ziemlich alt, der Putz war abgebröckelt und hier und da wucherte wilder Basilikum am unteren Rand der Fassaden. Es tat dem Charme dieser besonderen Stadt jedoch keinen Abbruch.

Am schönsten fand ich Venedig vom Wasser aus. Überall gab es etwas größere, schwarze Gondeln, die einen für kleines Geld mit anderen Venezianern über das Wasser von einer Seite auf die andere brachten. Während der Überfahrt konnte man dann einen Blick vom Wasser aus auf die Fassaden der Häuser erhaschen. Ich liebte es, mich unters Volk zu mischen und die Stadt aus den verschiedenen Perspektiven kennenzulernen.

Kurz darauf gönnte ich mir zum Frühstück eine große Kugel Eis. Es schmeckte köstlich. Mit einem leisen »Mmmmh« schleckte ich daran. Ich hatte es wegen seinem Namen ausgewählt: »cioccolato bianco«. Es handelte sich um die Sorte »weiße Schokolade Crisp«, ein cremig süßes Eis mit weißer Schokoladensauce.

Der Verkäufer hatte bei meiner Bestellung seine Deutschkenntnisse präsentiert und ich hatte doch etwas Schmunzeln müssen, als er mir mit den Worten »Bitteschön Schatzi!« den Eisbecher überreichte. Ich mochte die Mentalität der Italiener sehr. Sie versprühten so viel Leichtigkeit und Lebensfreude. Sie verstanden es einfach, zu leben.

Ich flanierte gemächlich mit meinem Eis über den

Platz und anschließend eine schmale Gasse entlang. Auf einer Brücke blieb ich dann stehen und beobachtete das bunte Treiben am Ufer. Allmählich war es lebendiger auf den Straßen Venedigs geworden und ich sah auch immer mehr Touristengruppen. Die Atmosphäre veränderte sich nun deutlich.

Nachdem ich das Eis gegessen hatte, machte ich mich jetzt wieder auf den Rückweg zum Museum. Ich spähte dafür immer wieder auf den Stadtplan auf meinem Handy, um mich zu orientieren und die Brücken zu finden.

Daniel wartete schon vor dem Museum auf mich. Ich sah, dass auch er sich ein Eis gegönnt hatte, natürlich »Haselnuss«, die Sorte, die er eigentlich immer aß. Wir entschieden spontan zum Abschluss mit einem der größeren Schiffe den »canale grande« hinunterfahren. So würden wir entspannt zum Markusplatz zurückkommen, ohne noch einmal den ganzen Weg durch die kleinen Gassen gehen zu müssen.

Die Idee zahlte sich aus. Man hatte vom Schiff einen atemberaubenden Blick auf die Häuser Venedigs. Wie ein Bilderbuch zog die Stadt schaukelnd an uns vorüber.

Es war jetzt kurz vor Mittag und in den Geruch des Meeres mischte sich der Duft von Pizza und gegrilltem Fisch. Das Wasser des breiten Kanals funkelte mit der Sonne nur so um die Wette. Wir fuhren sogar unter der berühmten Kummerbrücke hindurch.

Beseelt wechselten wir am Markusplatz von der venezianischen Wasserbuslinie auf die größere Fähre und verließen Venedig, noch bevor die üblichen Touristenscharen in die schmalen Gassen strömten.

Als wir kurz darauf am Wohnwagen ankamen, setzte sich Daniel gemütlich mit seinem Laptop vor den Wohnwagen. Er hatte für heute erst einmal genug

Eindrücke gesammelt, ganz im Gegenteil zu mir. Mein Entdeckergeist war gerade erst erwacht.

Ich überlegte daher, was ich heute mit meinem Tagesticket für die venezianischen Wasserstraßen noch alles anstellen könnte. Durch einen Tipp auf Facebook wurde ich dann auf Burano aufmerksam, eine kleine Stadt nicht weit von uns entfernt mitten im Meer. So schön Venedig im Licht der aufgehenden Sonne gewesen war, so traumhaft sollte es am Abend in Burano sein.

So stand ich am späten Nachmittag ohne Daniel an Deck einer Fähre und spähte gespannt übers Wasser. Staunend beobachtete ich, wie die leuchtend bunten Häuser Buranos vor uns im Meer auftauchten. Die kleine Stadt lag auf einer winzigen Insel. Das Besondere war, dass die Häuschen alle knallbunt angestrichen waren. Von Rubinrot, Sonnengelb, Zartrosa, Grasgrün und schillerndem Orange war alles mit dabei. Das Prinzip schien Hauptsache bunt und abwechslungsreich zu sein.

Wie Venedig wurde auch Burano von Kanälen durchzogen. Nur waren diese hier wesentlich breiter und die Häuser viel niedriger. Dadurch konnten die warmen Strahlen der Abendsonne ungehindert hineinscheinen.

Ich verließ die Fähre und ging über einen Platz zu einem der Kanäle. Auf beiden Seiten führten hier Fußwege am Wasser entlang. Im Kanal waren etliche Boote befestigt. Sie parkten dort unterhalb der Häuser, so wie in anderen Städten Autos vor der Tür standen. Dazwischen spiegelten sich die farbenfrohen Bauten im Wasser wieder. Ich schlenderte grinsend den Weg entlang und schaute mich dabei immer wieder um, bis ich schließlich vor einem quietschgelben Haus mit azurblauen Fensterläden stehen blieb. Daneben ging es in karminrot und kleeblattgrün weiter. Die Farben waren so intensiv, dass es fast schon anstrengend für die Augen war, sie näher zu mustern.

Irgendwie gefiel mir diese kunterbunte Mischung. Sie machte gute Laune. Das schien auch bei den Bewohnern hier zu funktionieren. Als ich weiterging, lächelte mich ein älterer Mann im Vorbeigehen an und rief mir voller Freude ein »Buonasera« zu. Kurz darauf begrüßte mich eine Frau herzlich, als sie mit einem Korb unterm Arm meinen Weg kreuzte.

Nach ein paar Minuten hatte ich mich schon daran gewöhnt, dass hier wohl jeder jeden grüßte. Und sie taten das nicht so der Form halber, sondern mit solch aufrichtiger Freundlichkeit, dass es das Herz berührte.

Es wirkte wie ein »Schön, dass sie in unsere Stadt gekommen sind und das auch noch an diesem herrlichen Abend!« Ich fragte mich zwischendurch ehrlich, ob ich an einem Feiertag oder zu einem besonderen Fest nach Burano gekommen war. Doch bis auf die außerordentlich gute Laune der Einwohner deutete nichts darauf hin.

Wenig später saß ich dann vor der kirschroten Fassade einer Bar, umgeben von fröhlichen Menschen, die angeregt auf Italienisch plauderten. Ich biss genüsslich in mein »Crostini« und nahm einen großen Schluck »Aperol Spritz«. Ein tiefes Glücksgefühl erfüllte mich dabei, hier zu verweilen.

Ich beobachtete, wie die Menschen zusammensaßen, mit breitem Lächeln vorübergingen und sich allerlei zu erzählen hatten. Pure Lebensfreude strahlte aus den Gesichtern, wie ich sie vorher noch nie so gesehen hatte. Und obwohl ich allein in diese Stadt gekommen war, fühlte ich mich überhaupt nicht einsam. Ich war hier willkommen und die Lebenslust der Menschen um mich herum erfasste auch mich.

Ich versank so in diesem wohlig süßen Moment, dass ich fast die letzte Fähre verpasst hätte. Durch einen Blick auf die Uhr wurde mir schlagartig bewusst, dass mir, wenn ich hier nicht übernachten wollte, gerade mal zehn Minuten blieben, um mein Schiff noch zu erwischen.

Das Problem dabei war, dass ich weder wusste, wo genau ich mich befand, noch wo ich hinmusste. Und nach dem Weg zu fragen, machte bei meinen Italienischkenntnissen auch wenig Sinn. Ich hatte mir überhaupt keine Gedanken gemacht.

Zum Glück war Burano nicht allzu groß und die Karte auf dem Handy half mir, mich schnell wieder zu orientieren. Und gerade als die Sonne im Meer versank, legte die Fähre mit mir an Bord ab und dieser wundervolle Tag ging zu Ende.

Wir blieben noch ein paar Tage auf dem Campingplatz. Dann zog es uns aber weiter und wir machten uns auf, um nun die Toskana zu entdecken.

Venedig

ITALIEN – TOSKANA

Allmählich kamen wir immer mehr in unserem neuen Leben an. Die Toskana machte es uns auch leicht. Während wir durch die malerische Hügellandschaft fuhren, wirkte der Blick aus dem Fenster wie eine romantische Aneinanderreihung von Postkartenmotiven. Ich schaute berauscht hinaus und mir fielen gleich hunderte Dinge auf einmal ein, die ich hier gern erleben wollte.

Wir folgten den kleinen Straßen, die sich durch die Hügel schlängelten, mitten durch das fast schon kitschige Flair, das ich bisher nur von Ölgemälden kannte. Ich entdeckte ein alleinstehendes Anwesen oben auf einem der flachen Berge. Die lange Einfahrt dorthin zierten schmale Thujabüsche.

Hatte ich nicht genau so etwas auch schon einmal in einem Film gesehen? Es kam mir vor, als wären wir gerade Teil einer romantischen Komödie und ich war gespannt, was uns in den nächsten Wochen hier erwartete.

Der Campingplatz, den wir ausgesucht hatten, lag in einem großen Pinienwald direkt am Strand. Wir fühlten uns sofort wohl. Ich liebte es, morgens mit Carlos vom Wohnwagen aus durch den duftenden Pinienwald bis zum Meer zu spazieren und dort in den ersten Strahlen der Morgensonne schwimmen zu gehen.

Danach war ich fast den kompletten Tag draußen in der Natur. Ich saß meist mit dem Laptop im Schatten der hohen Bäume, ließ meine nackten Füße über dem weichen Waldboden baumeln, während mir eine leichte Brise vom Meer um die Nase wehte.

Mittags wurde mein Schreibtisch dann zum Esstisch umfunktioniert und wir schlemmten uns durch die italienische Küche. Ich kam mir ein bisschen wie bei »Eat, pray, love« vor. Es gab fast jeden Tag frische Pasta, Bruschetta, Tomaten mit Mozzarella und die köstlichsten Eissorten. Ich lernte, wie man Artischocken einlegte und frische Steinpilze nach italienischer Art zubereitete. Ich machte Antipasti und stellte frisches Pesto her.

Daniel hatte sich sein Büro im Wohnwagen eingerichtet. Er arbeitete lieber drinnen. Zudem hatte er sich auch einen 3D-Drucker bestellt, den er selbst zusammenbaute und dann seine neuen Ideen vom Papier in kleine Plastikfiguren verwandelte.

Dadurch hatte er die Möglichkeit, neue Entwürfe nicht nur auf seinem Block oder am Bildschirm des Laptops zu betrachten, sondern sie auch tatsächlich in den Händen halten zu können. Das war ganz praktisch, denn er konnte damit auch alle möglichen Ersatzteile für uns drucken, wenn etwas kaputt ging.

Der Alltag im Wohnwagen unterschied sich stark von unserem Leben in einer Wohnung. Es spielte sich sehr viel draußen ab und wir lernten automatisch dadurch mehr auf den Rhythmus der Natur zu achten. Wir waren den ganzen Tag von Naturgeräuschen begleitet, hörten die Vögel zwitschern, den Wind in den Baumwipfeln rauschen und das gleichmäßige Geräusch der heranrollenden Wellen vom Meer.

Alles dauerte in der Regel etwas länger. Beim Kochen hatten wir nur zwei Herdplatten. Zum Abspülen trugen wir das Geschirr erst einmal mit einer Kiste quer über den Campingplatz zum nächsten Waschhäuschen. Und Wäsche gewaschen habe ich nur an den Tagen, an denen ich wusste, dass auch den ganzen Tag die Sonne schien.

Es war ein vollkommen anderes Leben, doch es tat uns richtig gut.

Mit jedem Tag verblasste der Alltag, den wir in Deutschland hinter uns gelassen hatten, mehr und mehr. Zudem machten wir wunderbare Ausflüge, so zum Beispiel auch ein Picknick auf den Hügeln vor Volterra.

Ich war schon immer von Natur aus sehr romantisch, aber die Toskana verstärkte das noch einmal und verlieh manchen Situationen eine durchaus lieblich-schmalzige Note.

Daniel musste da schon viel aushalten, aber ich hatte das Gefühl, dass er es häufig auch sehr genoss. Auf jeden Fall kam ich auf die Idee, auf einem der Hügel mitten in dieser malerischen Landschaft mit Daniel ein romantisches Picknick zu veranstalten.

Und so saßen wir an einem schönen Nachmittag auf einer Picknickdecke umgeben von Wildblumen und rotem Mohn mit Blick auf Volterra. Die Stadt lag auf einer Anhöhe direkt vor uns, eingebettet in sanfte, grüne Hügel. Über uns erstreckte sich ein zauberhaft blauer Himmel, an dem kleine, weiße Wölkchen geschickt so arrangiert waren, dass es das perfekte Motiv für eine Postkarte gewesen wäre.

Es wirkte schon etwas unwirklich. Es hätte gut gepasst, wenn jemand in diesem Moment »Klappe die Erste« gerufen hätte und wir mit den Dreharbeiten für eine Liebesszene oder eine italienische Käsewerbung begonnen hätten.

Ich hatte uns extra für das Picknick eine Auswahl an italienischen Köstlichkeiten zusammengestellt: Oliven, frisches Brot, Käse, Tomaten, Tiramisu und natürlich auch den passenden Wein.

Ich wusste, dass ich es vor allem dem Essen zu verdanken hatte, dass Daniel sich auf diesen klischeehaften Ausflug mit mir eingelassen hatte. Doch jetzt, wo wir hier entspannt auf der Picknickdecke saßen, die Leckerbissen und den prächtigen Ausblick genossen, schien es ihm auch durchaus zu gefallen.

Es war einer dieser zeitlosen Nachmittage, in denen man am liebsten ewig verweilen würde. Nach dem Essen lagen wir zufrieden im Gras, lauschten dem Vogelgezwitscher und beobachteten die Wölkchen, die am Himmel vorüberzogen. Carlos, dem ich natürlich auch sein eigenes, kleines Picknick eingepackt hatte, erkundete derweil die Wiese und fügte sich wunderbar in das Postkartenbild ein.

Ich dachte mir, dass das definitiv wieder einer der Reisemomente war, die mir im Gedächtnis bleiben würden. Einer für die Rubrik »Romantisches und Kitschiges«. Von diesen brauchte man auf jeden Fall einige. Wobei ich mich natürlich auch schon auf die »Abenteuer und Action-Momente« unserer Reise freute.

Eine bunte Mischung mit vielen neuen Eindrücken würde mir gefallen. Ich wollte gern möglichst viele Dinge tun, die ich noch nie gemacht hatte und dabei herausfinden, was mir gefiel und was nicht.

»In einer romantischen Filmkulisse mit meinem Schatz picknicken« war definitiv nach meinem Geschmack. Zufrieden schmiegte ich mich an Daniels Schulter und blickte in den Himmel.

»Schau mal, das sieht aus wie ein Drache«, sagte ich zu Daniel und zeigte mit dem Finger auf eine der Wolken.

»Stimmt«, antwortete er. »Und die Wolke da sieht aus wie der Carlos!«

Ich lachte. »Oh ja, voll!«

Ich streichelte mit den Fingern liebevoll über Daniels Hand. »Danke, dass wir diese Reise zusammen machen.

Ich bin so dankbar dafür, mit dir jetzt hier zu sein.«

Daniel legte den Arm um mich, zog mich noch näher an sich heran und küsste mich sanft.

»Ich liebe dich«, flüsterte ich.

»Ich liebe dich auch«, antwortete er.

Als ich mich wieder an seine Schulter kuschelte, dachte ich bei mir: Ja, das war etwas für die Rubrik Romantik.

Wir blieben noch eine Weile dort auf diesem Hügel. Einerseits schien die Zeit für uns hier still zu stehen, andererseits war dieser Nachmittag auch viel zu schnell vorüber. Was uns blieb, war die Erinnerung und das flüchtige Gefühl von purem Glück.

Unser Reiseleben wäre echt perfekt gewesen, wenn mich nicht ein Problem doch mal wieder eingeholt hätte. Denn parallel zu diesem herrlich entspannten Flair der Toskana, machte sich leider auch ein anderes Thema nun immer deutlicher in unserem Leben bemerkbar.

Die Frage, ob wir mit unserer Selbständigkeit genug Geld verdienten, lag wie ein dunkler Schatten über uns und trübte das unbeschwerte Lebensgefühl der Reise.

Zum Start meines Onlinekurses hatten sich zwar einige angemeldet, aber das war mittlerweile fast zwei Monate her. Und seitdem hatte ich kaum neue Anmeldungen mehr gehabt.

So saß ich an einem Nachmittag grübelnd vor unserem Wohnwagen. Ich fühlte mich innerlich zerrissen. Auf der einen Seite war ich zufrieden mit meinem Kurs und bekam auch immer wieder begeisterte Rückmeldungen. Dennoch wollte ihn momentan so gut wie niemand buchen. Morgens war ich jeden Tag aufs Neue unendlich dankbar dafür, am Meer zu sein und dieses Leben hier zu führen. Aber abends, wenn ich mich dann ins Bett legte, kamen die Ängste und Zweifel hoch. Ich fragte mich, ob es mir gelingen würde auf Dauer genug Geld zu verdienen, um unserem gemeinsamen Leben beizutragen. Was würden wir tun, wenn es doch nicht funktionierte? All das, was ich tagsüber meist gut abschütteln konnte, verfolgte mich dann im Schlaf.

Als mir Daniel dann auch noch mitteilte, dass er einen weniger guten Verkaufsmonat gehabt hatte, spürte ich, wie meine Angst sich verstärkte. Ich musste eine Lösung finden. Noch konnte ich meine Sorgen in Schach halten. Noch war mein Vertrauen stärker als die Angst. Ich war optimistisch, was die Zukunft betraf.

Aber ich fürchtete mich dennoch davor, dass sich das irgendwann ändern könnte und diese Angst dann so übermächtig wäre, dass ich den Halt verlieren würde. Ich musste einen Weg finden, regelmäßig Geld zu verdienen und zwar so schnell wie möglich.

Ich erinnerte mich an einen Beitrag, den ich in der letzten Woche auf Facebook gesehen hatte. Er war mir direkt aufgefallen, weil er sich an Menschen wandte, die einen Kurs anboten und dabei anderen mit einem bestimmten Problem weiterhalfen.

Ich wusste zum Glück noch den Namen der Seite und fand den Beitrag so schnell wieder. Es ging um eine Strategie, wie man über Facebook sichtbar wurde und genau die Teilnehmer anzog, die zu einem passten. Ich schaute mir alles in Ruhe an. Erst nachdem ich eine Nacht darüber geschlafen und auch mit Daniel gesprochen hatte, meldete ich mich schließlich an.

Ich ratterte durch den Mitgliederbereich und versuchte alles so schnell wie möglich umzusetzen. Zu meiner Überraschung funktionierte es ziemlich gut. Ich hatte tatsächlich kurz darauf einige neue Anmeldungen. Das motivierte mich natürlich. Der einzige Nachteil war, dass diese Form von Marketing sehr viel Zeit in Anspruch nahm. Ich war in den nächsten Wochen jeden Tag viele Stunden damit beschäftigt, Beiträge zu schreiben, Fragen zu beantworten, Kennenlerngespräche zu führen und die Teilnehmer zu betreuen. Wenn ich nicht am Laptop saß, glotzte ich alle paar Minuten ins Handy.

So gingen Daniel und ich zum Beispiel an einem Abend an den Strand, um den Sonnenuntergang zu schauen und ich stolperte zwei Mal über die kleinen Wurzeln auf dem Weg, weil ich beim Gehen aufs Handy schaute.

Als ich mein Telefon dann auch gleich wieder zur Hand nahm, als wir am Strand saßen, sagte Daniel schließlich: »Du bist ständig am Handy! Merkst du das überhaupt?«

»Das kommt dir nur so oft vor«, entgegnete ich und packte das kleine Gerät in meine Tasche. »Außerdem baue ich mir da ja gerade etwas Neues auf. Ich bin echt froh, dass es funktioniert«, fügte ich noch hinzu.

»Ich weiß, aber trotzdem könntest du das Handy doch einfach auch mal liegen lassen. Du hast auf dem Weg zum Strand bestimmt drei Mal drauf geguckt.«

»Ich hatte gerade einen neuen Beitrag veröffentlicht und wollte kurz die Kommentare dazu lesen«, rechtfertigte ich mich.

»Das hättest du doch auch später machen können, oder?« Daniel sah mich fragend an.

»Ja, hätte ich«, antwortete ich mit leicht genervtem Unterton.

Daniel lenkte jetzt ein: »Du kannst das ja machen, wie du willst. Aber ich finde, du wirkst diese Woche echt gestresst.«

»Findest du?«, fragte ich überrascht.

»Du nicht?«

Ich dachte einen Moment darüber nach. Daniel hatte Recht. Es hatte mich in den letzten Tagen wirklich gestresst. Ich wusste gar nicht genau warum.

»Ja, irgendwie ist mir das teils zu viel«, meinte ich jetzt. »Es ist extrem viel Aufwand und im Verhältnis dazu bleibt nicht so viel hängen. Das hat mich diese Woche frustriert. Aber ich habe die Hoffnung, dass das besser wird, wenn ich länger dran bin und mir da was aufgebaut habe. Ich bin einfach froh, dass es überhaupt funktioniert und die Woche auch mal wieder Geld reinkam. Dass so lange fast niemand gebucht hat, hat mich nämlich noch mehr gestresst.«

Ich machte eine Pause und lehnte mich mit dem Kopf an Daniels Schulter. Wir schwiegen eine Weile, bevor ich noch einmal das Wort ergriff: »Aber du hast Recht. Ich bin zu viel am Handy und es stresst mich. Morgen achte ich da mal mehr drauf. Und ich glaube, ich hätte auch mal wieder Lust auf einen Ausflug. Hast du Lust, Volterra zu sehen?«

»Ich habe Volterra doch schon gesehen!« Daniel grinste.

»Haha!« Ich stupste ihn leicht in die Rippen. »Ich meine nicht aus der Entfernung, sondern von innen … Ein kleiner Stadtbummel!«

»Brauche ich nicht. Mach du das doch lieber allein.«

Im ersten Moment war ich enttäuscht, dass Daniel keine Lust hatte, aber dann dachte ich mir, dass es vielleicht an der Zeit war, mal wieder einen Ausflug ohne ihn zu machen. Ich erinnerte mich an den schönen Abend in Burano.

»Alles klar, dann fahre ich da morgen allein hin!«

»Gute Idee!«

Schweigend beobachteten wir, wie die Sonne sich nun blutrot färbte und im Meer versank. Wir blieben noch eine Weile sitzen, bevor wir wieder zurück zu unserem Platz gingen.

Am nächsten Tag ließ ich meinen Worten Taten folgen und machte mich allein auf den Weg nach Volterra. Gut gelaunt fuhr ich die kurvenreiche Straße entlang, die mich vom Meer aus zu dieser alten Stadt führte. Da blinkte plötzlich eine Warnleuchte am Auto auf. Ich dachte bei mir: »Einfach unglaublich! Daniel fuhr tausende Kilometer mit diesem Auto und kaum saß ich fünfzehn Minuten hinter dem Steuer, da hatte das Auto etwas.«

Es ging zum Glück nur um den Luftdruck der Reifen, also nicht wirklich etwas Dramatisches. Doch nachdem ich nun an der zweiten Tankstelle stand, an der es kein Gerät zum Luftauffüllen gab, wurde ich ein wenig besorgt. Mit einem freundlichen, italienischen Lächeln zeigte mir eine Frau, dass ich diese Straße lediglich noch ein Stück weiterfahren müsste, bis ich zur nächsten Tankstelle käme. Soweit ich es verstand, wäre diese wesentlich größer und ich könnte dort auch meine Reifen auffüllen.

Es dauerte tatsächlich nur wenige Minuten, da tauchte die Tankstelle vor mir auf. Größer schien sie nicht gerade, höchstens chaotischer und voller. Ein schmaler Weg führte von der Straße zu der Tankstelle, auf der kreuz und quer Autos parkten. Ich quetschte mich mit meinem Auto in eine Ecke und suchte nach dem Gerät »par controllare la pressione«. Ich fand es schließlich total zugeparkt in einer hinteren Ecke.

Natürlich war es fest montiert und nicht tragbar. Das

wäre ja auch zu einfach gewesen. Mir war klar, dass ich so auf keinen Fall mit meinem Auto nah genug an das Gerät herankommen würde. Während ich noch überlegte, wie ich jetzt auf Italienisch erklären sollte, dass ich die Fahrer der Autos suche, weil ich Luft auffüllen wollte, fiel mir eine Gruppe älterer Italiener auf.

Als mich diese fragend anschauten, brachte ich schließlich mit etwas gebrochenem Italienisch ein »Buona giorno! Puoi aiutarmi?« über meine Lippen.

Was so viel hieß wie »Guten Tag! Können Sie mir weiterhelfen?«. Das hatte ich einmal für eine andere Situation nachgeschaut und konnte mich zum Glück jetzt noch daran erinnern.

Als wäre das ein Aufruf für den italienischen Gentlemen und Helfer gewesen, eilten sogleich alle auf einmal mit mir zu meinem Wagen. Die parkenden Autos wurden in Windeseile entfernt, aber damit nicht genug. Es war klar, diese freundlichen Italiener würden mir helfen, bis mein Problem komplett aus der Welt geschaffen wäre.

So kam es, dass ich dort stand und zusah, wie sechs Männer gemeinsam an meinem Auto die Luft kontrollierten. Einer bediente das Gerät, einer hielt den Schlauch, ein anderer schraubte das Ventil vom Reifen ab. Die restlichen drei versicherten mir leidenschaftlich, dass sie die Situation im Griff hatten und ich bald schon beruhigt weiterfahren könnte. Es war so hinreißend und skurril gleichzeitig. Ich glaube, so etwas erlebt man nur in Italien.

Ich winkte den Männern zum Abschied und machte mich mit einem breiten Lächeln im Gesicht auf den Weg nach Volterra.

Ich hatte vorher etwas über die Stadt recherchiert und gelesen, dass Volterra einer der Drehorte der bekannten »Twilightfilme« war. Daran musste ich zwangsläufig denken, als ich mich in die hintersten, engen Gassen vorwagte. Ich brauchte nicht viel Fantasie, um mir hier vorzustellen, dass hinter der nächsten Ecke ein Vampir wartete und mich in eines der dunklen Gemäuer hineinzog.

Spätestens als ich in eine besonders schmale Straße gelangte, hatte ich das Bild des blutdürstenden Vampirs direkt vor Augen. Die Gasse war höchstens einen Meter breit. Die unverputzten, hohen Wände aus grobem Stein hatten sich mit den Jahren dunkel gefärbt. Und durch mehrere breite Steinbögen über mir gelangte hier auch am helllichten Tag nur wenig Licht nach unten.

Als wäre das noch nicht gruselig genug, musste ich nun durch eine Art Tunnel hindurchgehen, um in die nächste Straße zu gelangen. Auf dem Kopfsteinpflaster hallten meine Schritte dumpf durch die Stille. Ein modriger Geruch stieg mir in die Nase und ich fühlte mich für einen Moment tatsächlich ins Mittelalter zurückversetzt.

Aber ich hatte Glück. Keine Vampire weit und breit zu sehen. Die »Volturis« hatten es sich wohl in ihren Särgen gemütlich gemacht und warteten auf den Anbruch der Nacht. Mich entführte auch kein übereifriger Touristenführer zum Mittagstisch in irgendwelche Gewölbekeller.

Allerdings wurde ich von einem Auto überrascht. Es kam mir auf einer gerade mal zwei Meter breiten Gasse an einem Torbogen entgegen und ich musste zügig in eine der Seitengassen ausweichen. Unglaublich! Ich hatte mich bei dem Torbogen leicht ducken müssen!

Nie hätte ich damit gerechnet, dass mir kurz darauf

ein kleiner, roter Fiat fröhlich hupend entgegen gebraust käme. So etwas war mir in Deutschland noch nie passiert.

Es war schön, die kleine Stadt allein zu erkunden. Daniel war ja sowieso kein Fan von Städtetouren und hatte es daher meist eilig, die Stadt schnellstmöglich wieder zu verlassen. Ohne Daniel hatte ich die Möglichkeit, mich treiben zu lassen.

Ich aß ein Eis, schlenderte gemütlich durch die Straßen, bummelte durch ein paar Boutiquen, ließ die fremden Eindrücke auf mich wirken, um dann zum Abschluss noch einmal ein Eis zu essen. Während ich genüsslich an meinem cremigen Sahne-Pistazieneis schleckte, saß ich auf einer Mauer und beobachtete das rege Treiben auf dem Platz vor mir.

Eine Gruppe Männer ging vorbei. Sie trugen Rucksäcke und Käppis. Eine Frau mit Kinderwagen kam ihnen entgegen. Ihr folgte ein kleines Mädchen mit einem tropfenden Schokoladeneis. Rechts von mir saßen ein paar Frauen und unterhielten sich lachend. Direkt daneben stand ein älterer Mann und machte konzentriert Fotos von einem der alten Gebäude.

Es war so herrlich entspannt, scheinbar gewöhnlich und für mich doch so besonders. Denn ich war jetzt hier. Einfach so spontan, an einem ganz normalen Wochentag. Ich erinnerte mich wieder daran, dass ich nicht wie die meisten hier im Urlaub war, sondern dass das zu meinem neuen Alltag gehörte.

Ich stellte meinen leeren Eisbecher neben mich und schrieb Kate eine Nachricht: »Ich sitze gerade hier in Volterra. Bisher keine Vampire, dafür echt gutes Eis. Was treibst du so?«

Ich dachte für einen Moment, wie toll es wäre, wenn Kate jetzt hier wäre. Das würde es nochmal schöner machen. Manchmal fehlte es mir, dass wir auf unserer Reise wenig Kontakt mit Freunden und Familie hatten. Klar telefonierten wir und machten auch Videocalls, aber das war doch etwas anderes. Daniel und ich hatten kein Umfeld in dem Sinne.

Es war jetzt gut zwei Monate her, dass wir Familie und Freunde zum letzten Mal gesehen hatten. Und ich bemerkte in manchen Augenblicken, dass ich es vermisste, mich einfach mal mit jemandem zu treffen, was zu unternehmen oder bei einem Kaffee zu plaudern.

Mein Handy piepste und riss mich damit aus meinen Gedanken. Es war Kate. Sie hatte mir eine Nachricht geschickt: »Liebe Grüße zu dir nach Volterra aus dem nass-kalten London!«

Darunter war ein Foto von ihr. Sie war in einem schnuckeligen Café. Neben ihr saß ein gutaussehender Mann. Ich schätzte ihn auf Ende vierzig. Er hatte dunkelbraunes, leicht gewuscheltes Haar und einen Dreitagebart.

Die beiden grinsten frech in die Kamera und sahen unverschämt glücklich dabei aus. Ich lächelte. Es freute mich, dass Kate so strahlte. Anscheinend hatte sie sich richtig verliebt. Am liebsten hätte ich gleich nachgefragt und mehr erfahren, aber so wie es aussah, saßen die beiden ja jetzt gerade zusammen im Café.

Als hätte Kate meine Gedanken gelesen, schrieb sie noch: »Ich melde mich demnächst mal. Dann können wir quatschen. :-)«

»Alles klar! Echt gern! :-)«, tippte ich schnell ein und stand danach auf. Es war Zeit zurückzufahren. Dann konnte ich heute noch in Ruhe etwas arbeiten. Und außerdem würde ich die Stadt verlassen, bevor es dunkel wurde und vielleicht doch noch ein paar Vampire aus ihren Löchern hervorkrochen.

Ich fühlte mich unglaublich wohl,während ich kurz darauf mit dem Auto aus der Stadt hinaus durch die hügelige Landschaft in Richtung Küste fuhr.

Als ich unseren Platz erreichte, stellte ich fest, dass Daniel und Carlos nicht da waren. Ich zog mir rasch meine Badesachen an und ging hinunter zum Strand, um zu schauen, ob die beiden vielleicht dort waren. Und tatsächlich, ich sah sie schon von weitem im Wasser.

Carlos ließ sich gerade von den Wellen wieder ans Ufer tragen. Er hatte sein rotes Spielzeug im Mund. Es war eine Rettungsboje in Miniatur, die wir ihm mal zum Apportieren im Wasser gekauft hatten. Er liebte sie abgöttisch. Baywatchlike lief er nun damit durch die Brandung auf mich zu.

Kaum hatte er mich erkannt, da beschleunigte er und rannte mir wedelnd entgegen. Das Wasser spritzte dabei aus seinem nassen Fell. Seine kleinen Locken hatten sich bei seiner Schwimmaktion wie ein Schwamm vollgesaugt. Nach einer stürmischen Begrüßung nahm ich sein Spielzeug und lief damit zu Daniel ins Wasser. Carlos folgte mir.

Ich warf die kleine Boje in Daniels Richtung und sprang ins Wasser. Als ich auftauchte, war der Pudel gleich neben mir. Mit kräftigen Tritten bewegte er sich seinem schwimmenden Spielzeug entgegen. Ich begann zu kraulen und veranstaltete ein kleines Wettschwimmen mit dem Hund. Aber ich hatte keine Chance. Carlos war mittlerweile eine echte Wasserratte. Eilig schnappte er nach der Boje und schwamm mit ihr davon.

»Hi!«, begrüßte mich Daniel. »Macht er das nicht toll?« Er blickte dem Hund lächelnd hinterher.

»Ja, das ist echt mega, wie gut er jetzt schwimmen kann. Das hätten wir am Anfang doch nicht gedacht, oder?«

Die ersten drei Jahre war Carlos nämlich gar nicht geschwommen. Obwohl er es liebte im Wasser zu toben, hatte er sich davor gefürchtet, den Kontakt zum Boden zu verlieren. Erst nachdem Daniel mit ihm einen ganzen Nachmittag geduldig an einem See geübt hatte, war der Pudel tiefer ins Wasser gegangen und hatte sich getraut zu schwimmen. Und seitdem bekamen wir ihn kaum noch aus dem Wasser heraus.

Ich hatte Daniel mittlerweile erreicht und gab ihm einen Kuss. Seine Lippen schmeckten salzig.

»Wie war es in Volterra?«, fragte Daniel.

»Echt schön und auch ein wenig gruselig in den hinteren Gassen. Ich habe mir alles mal angeschaut und super lecker Eis gegessen.« Da fiel mir die Aktion von der Hinfahrt wieder ein. »Du glaubst nicht, was mir passiert ist! Ich war gerade mal zwanzig Minuten unterwegs, da hat die Anzeige vom Luftdruck aufgeleuchtet.«

Ich erzählte ihm die Geschichte mit den freundlichen Italienern und er musste mehrmals lachen. Wir blieben noch eine Weile am Strand, dann gingen wir gemütlich zum Wohnwagen. Daniel hatte uns aus dem kleinen Supermarkt des Campingplatzes ein frisches Ciabatta geholt und das aßen wir nun mit Tomatensalat und würzigem Käse.

Während ich mit Daniel zusammen saß, dachte ich daran, wie gut wir uns verstanden und das obwohl wir schon seit Monaten zusammen in dem kleinen Wohnwagen hausten und meist den kompletten Tag miteinander verbrachten.

Es war echt überraschend, wie gut das funktionierte und wie harmonisch es fast immer zwischen uns war. Daniel und ich hatten uns noch nie sehr viel gestritten, aber seit der Reise war unsere Beziehung noch liebevoller geworden. Vielleicht lag das auch daran, dass wir beide jetzt noch viel ausgeglichener und glücklicher waren. Wie sollte man sich in so einer schönen Umgebung streiten?

Zwei Wochen später gab es dann doch einmal Ärger im Paradies. Es krachte und zwar richtig. Daniel und ich wagten uns an diesem Tag mit Carlos auf eine gemeinsame Städtetour. Es ging nach Pisa.

Nachdem unser Ausflug nach Venedig so toll gewesen war, hatte ich die naive Vorstellung, dass Daniel jetzt doch Freude an der Besichtigung mancher Städte haben könnte. Das war ein Trugschluss, wie ich schnell feststellte. In Pisa hatte nämlich an diesem Tag nicht nur der Turm Schieflage.

Ich weiß nicht, ob es an der Hektik der Stadt, an der Hitze, an den Touristenmassen oder den aufdringlichen Taschenverkäufern lag. Auf jeden Fall standen Daniel und ich vor dem berühmten, schiefen Turm und statt ihn zu bestaunen, stritten wir. Traumhaft, oder? So hatte ich mir das nicht vorgestellt.

Nach einem obligatorischen Foto liefen wir dann wild diskutierend durch die brüllend heiße Stadt. Ich musste bei den Menschenmassen noch darauf achten, dass niemand Carlos überrannte. Das war alles andere als unterhaltsam.

Nachdem wir in eine ruhigere Seitengasse gewechselt waren, hatte ich, zumindest was den Hund anging, ein besseres Gefühl. Der Streit ging trotzdem weiter.

»Ich habe dir gesagt, dass ich keinen Bock auf Städte habe. Ich bin aber auch so dumm und lass mich jedes Mal von dir überreden!«, schnaubte Daniel.

»Da kannst du beruhigt sein. Ich geh bestimmt nicht nochmal mit dir in eine Stadt! Du hast mir den schiefen Turm von Pisa versaut!«, giftete ich zurück.

»Ja, vielleicht lernst du ja fürs nächste Mal daraus!«

»Oh, bestimmt habe ich das jetzt gelernt!«

»Dann ist ja gut!«

»Super!«, brüllte ich zurück. »Dann sind wir uns ja einig.«

Ich stampfte trotzig vor Daniel die Straße entlang. Von den alten Gebäuden und dem italienischen Flair bekam ich kaum etwas mit. Ich schaute nur, ob es dem Hund gut ging. Er lief wedelnd an der Leine neben mir und schnüffelte interessiert.

Wenigstens einer, der ein bisschen Spaß hatte. Mir hatte Daniel ja meinen gründlich versaut. Dabei wusste ich noch nicht einmal, warum wir uns eigentlich so in die Haare gekommen waren. Es war einfach so vor dem schiefen Turm eskaliert.

Nachdem wir schweigend ein Stück weiter gegangen waren, fragte Daniel irgendwann: »Wo ist denn jetzt die Pizzeria?« Wir hatten uns mehr oder weniger auf ein Restaurant geeinigt, das auf der Karte ganz in der Nähe zu sein schien, aber trotzdem etwas abseits der klassischen Touristenmeilen lag.

Ich blieb stehen und schaute auf mein Handy. Ich hatte Google-Maps geöffnet und wartete, bis mir der kleine blaue Punkt verriet, wo wir waren. Als er sich schließlich bewegte, konnte ich kaum glauben, was ich sah. Wir hatten uns weiter von der Pizzeria entfernt.

Ich schielte vorsichtig zu Daniel herüber. Ungeduldig und hungrig stand er neben mir und wartete. Er würde kaum begeistert sein, wenn ich ihm jetzt mitteilen würde, dass wir uns von dem Restaurant entfernt hatten.

Ich zögerte das Unausweichliche noch einen Moment heraus, atmete tief durch und sagte so nüchtern wie möglich: »Wir sind in die falsche Richtung gelaufen! Wir müssen umdrehen.«

»Wir sind was?« Jetzt klang Daniel richtig sauer.

»Oh Mann, das ist auch nicht so leicht, wenn ich hier in der Hitze rumlaufe, mit dir diskutiere und dann auch noch den Hund an der Leine habe!«, verteidigte ich mich.

»Jetzt rede dich doch nicht wieder raus! Du hast doch bestimmt wieder rechts und links verwechselt!«, sagte er und ich hatte das Gefühl trotz seines Unmutes auch einen amüsierten Unterton wahrzunehmen.

»Hab ich nicht!«, entgegnete ich energisch, obwohl er damit vermutlich Recht hatte. »Wieso muss ich uns eigentlich immer führen, wenn du das doch so viel besser kannst?«

»Weil kein Mensch mit deinem Handy klar kommt!«

»Das war ja klar. Jetzt kommt das auch noch.« Ich atmete genervt aus.

»Wohin müssen wir denn jetzt?«, fragte Daniel so ruhig, wie er konnte.

Ich schaute mir die Karte noch einmal an und verglich sie mit der Kreuzung, an der wir gerade standen. Ich musste mir jetzt absolut sicher sein. Noch einen Fehler würde ich nicht aushalten. Mir war heiß, ich war müde und entnervt.

»Lass uns doch heimfahren. Ich habe eigentlich kein Bock mehr! Und der Appetit ist mir auch vergangen«, schlug ich jetzt vor.

»Das kannst du vergessen. Ich habe Hunger. Nach der Aktion verzichte ich jetzt nicht auch noch auf meine Pizza«, blaffte Daniel mich an.

Ich schaute ein letztes Mal auf mein Handy und

zeigte dann nach links. »Da lang!«, sagte ich zerknirscht. Ich hoffte inständig, dass es stimmte.

Zum Glück war es dieses Mal richtig. Wenige Minuten später saßen wir auf der kleinen Terrasse einer Pizzeria und warteten auf unser Essen. Mit der Entspannung kehrte auch wieder Frieden zwischen Daniel und mir ein. Ich war froh, dass wir uns nun wieder beruhigt hatten und unsere Pizza genießen konnten.

Ich dachte, jetzt würde der Ausflug doch noch ganz schön werden. Aber kaum waren wir wieder zu Fuß durch die überhitzten Gassen unterwegs, nahm auch unser Streit wieder Fahrt auf. Was war nur los mit diesem Tag, mit dieser Stadt und mit uns? Wo war der romantische Toskana-Filter geblieben? Ich war erleichtert, als wir endlich an unserem Auto ankamen und Pisa verließen.

Auf dem Rückweg hielten wir noch an einem Supermarkt an. Wir brauchten unbedingt ein paar Lebensmittel und Wasser. Es gab vor dem Geschäft keine Möglichkeit, im Schatten zu parken. Das passte ja zu diesem Tag! Daniel sprang aus dem Auto und stampfte allein in den Laden. Ich blieb bei Carlos. Obwohl ich alle Fenster geöffnet hatte, wurde es schon nach wenigen Minuten unerträglich heiß im Wagen. Ich schwitzte, Carlos hechelte.

Ich war so genervt, dass ich für einen kurzen Moment überlegte, einfach heimzufahren. Ich stellte mir vor, wie Daniel mit vollbeladenem Einkaufswagen aus dem Supermarkt käme und feststellen würde, dass ich abgehauen war.

Ich würde so etwas natürlich nie machen, aber der Gedanke ließ mich doch für einen kurzen Augenblick grinsen. Ich war echt sauer auf Daniel. Er hatte mir Pisa verdorben, nur weil er stur an seiner Meinung festhalten musste, dass alle Städte anstrengend und doof wären. Ich entschied mich dann schließlich statt abzuhauen, einfach das Auto zu verlassen und mit Carlos im Schatten eines Baumes ganz in der Nähe zu warten.

Es dauerte endlos lange, bis Daniel zurückkam und wir endlich wieder auf dem Campingplatz waren. Und als hätten wir mit dem Ende der Tour einen Fluch aufgehoben, beruhigten sich nun auch unsere Gemüter und der Streit war verflogen. Nur eins war hängengeblieben: Die nächste Städtetour würde ich allein machen!

An diesem Abend telefonierte ich auch endlich mal wieder mit Kate. Sie schwebte auf Wolke sieben und schwärmte mir fast die ganze Zeit von Ben vor, so hieß ihr neuer Freund. Das war ein schöner Ausgleich zu meinem stressigen Tag. Kate würde die nächsten Wochen auch erst einmal in London bleiben – kein Besuch in der Toskana.

Aber ich konnte das verstehen. Seit ihrer schmerzhaften Trennung von ihrem Ex hatte Kate keine richtige Beziehung mehr zugelassen. Mit ihrem Job und den langen Reisen war es auch nicht gerade leicht, eine langfristige Partnerschaft einzugehen.

Ich erzählte Kate kurz von unserem Drama in Pisa und meinen Gedanken am Supermarkt, einfach mit dem Auto abzuhauen. Sie musste lachen. Im Nachhinein war das alles wirklich amüsant. Nur als ich mittendrin war in dem Dilemma, da hat sich das gar nicht witzig angefühlt.

Als hätte das Universum einen besonderen Sinn für Humor, so brachten die Umstände Daniel und mich dazu, dass wir gerade mal eine Woche nach unserem Pisafiasko doch tatsächlich erneut einen gemeinsamen Städteausflug machten.

Und zwar trafen wir uns mit einem Paar aus Deutschland. Sie hießen Tim und Julia und waren ein paar Jahre älter als wir. Sie wohnten in einer Pension in Siena und hatten uns auf einen gemütlichen Spaziergang durch die Stadt eingeladen.

Die Beiden waren Coaches und wegen eines Seminars hier in der Toskana. Ich hatte Julia über den Kurs, kennengelernt, den ich über Facebook gemacht hatte. Sie war auch eine Teilnehmerin. Sie hatte gemeinsam mit Jan eine Coachingspraxis in Aachen. Bisher hatten die beiden hauptsächlich mit Klienten vor Ort gearbeitet. Künftig wollten sie auch mehr online anbieten und Seminare im Ausland halten, da sie das Reisen liebten.

Da die zwei im Videocall sehr nett gewirkt hatten und nur noch heute in Siena waren, hatten wir uns dazu durchgerungen, sie zu treffen und einem gemeinsamen Stadtbesuch noch einmal eine Chance zu geben. In Venedig hatte das ja schließlich auch gut funktioniert.

Und jetzt wo wir mit Tim und Julia durch die sonnendurchfluteten Straßen der Altstadt schlenderten, wirkte es so, als wäre das eine gute Entscheidung gewesen. Wir verstanden uns mit den beiden auf Anhieb.

Julia fiel mit ihrem dunklen Teint und den schwarzen Locken kaum als Touristin auf. Sie hätte glatt als Italienerin durchgehen können. Einzig ihr sonnengelbes Kleid und ihre grazile Figur ließen manchen Italiener etwas länger hinschauen.

Tim hatte kurze braune Haare. Mit seinem weißen Leinenhemd und der kurzen Stoffhose fügte auch er sich ziemlich gut in das italienische Urlaubsflair ein. Ich hatte das Gefühl, die beiden wussten, wie man lebt.

Sowohl Julia als auch Tim waren sehr neugierig darauf, wie wir das mit dem Reisen machten. Sie fanden es mehr als mutig, dass wir über keinerlei Rücklagen verfügten und uns momentan von Monat zu Monat über Wasser hielten.

Ich war interessiert daran, wie die beiden arbeiteten. Sie beschäftigten sich zwar auch mit Themen wie Ängsten, Burnout und psychosomatischen Krankheiten, aber Julias Spezialgebiet war Empathie. Sie half Menschen, die besonders feinfühlig waren, ins Gleichgewicht zu kommen und bei sich zu bleiben. Es ging auch viel um Grenzen setzen und Selbstliebe.

»Weißt du Bianca, diese Menschen achten oft viel zu spät auf sich. Sie sind so bei den anderen, dass sie über ihre eigenen Grenzen gehen, bis der Körper die Notbremse zieht«, erklärte mir Julia, während wir eine kleine Gasse hinuntergingen. »Das Problem ist nicht, dass sie so viel wahrnehmen, sondern vielmehr, dass sie nicht wissen, was zu ihnen gehört und was von anderen kommt. Daher verlieren sie sich oft und machen viele Dinge, die ihnen gar nicht entsprechen.«

Ich nickte zustimmend. Das konnte ich gut nachempfinden. So war es mir selbst auch oft gegangen. Es war schön, sich mit Julia auszutauschen und auch einmal zusammen mit anderen etwas zu unternehmen. Dadurch, dass Daniel und ich ständig weiterreisten, lernten wir die Leute oft nur flüchtig kennen. Es war das erste Mal, dass wir mit einem anderen Paar unterwegs waren.

»Woher wusstest du eigentlich, dass das Coaching für dich das Richtige ist?«, fragte ich Julia.

»Ach, das liegt mir einfach im Blut. Ich liebe es, mit

Menschen zu arbeiten.« Sie grinste mich an. »Du bist dir da nicht so sicher, oder?«

Ich überlegte einen Moment, bevor ich antwortete. »Ehrlich? Ich weiß es nicht.«

»Dann ist es wahrscheinlich noch nicht das Richtige. Aber du wirst es finden.« Sie zögerte einen Moment und fügte dann noch hinzu: »Ich finde ja, dass das Schreiben dir gut liegt. Deine Texte auf Facebook sind wirklich toll. Da hast du echt Talent.«

Bevor ich etwas antworten konnte, sprach uns eine Frau mit einem kleinen Tablett in der Hand an. »Provate un po' di cioccolato!« Sie hielt uns eine silberne Platte entgegen und ich sah viele kleine leckere Schokoladenwürfel darauf. Während ich mir eins davon nahm, betrachtete ich den Laden, vor dem die Frau stand.

Im Schaufenster waren die verschiedensten Pralinen und Schokoladentafeln. Ein Brunnen mit flüssiger Schokolade verströmte seinen Duft durch die geöffnete Ladentür bis zu uns auf die Straße. Die Frau lächelte und wies uns mit einer einladenden Geste, ihr zu folgen.

Ich blickte ein Stück die Straße herauf. Daniel war vertieft im Gespräch mit Tim stehen geblieben. Carlos saß abwartend neben ihm. Julia und ich folgten der Frau in den Laden.

Wir waren noch nicht ganz im Inneren des kleinen Geschäfts angekommen, da hielt uns bereits eine andere Frau schon einen Teller mit Keksen unter die Nase. »Provate! Provate!«

Ich nahm mir einen der dunklen Kekse und biss ein Stück ab. Er war köstlich!

Und so ging es weiter. Während wir uns umsahen und uns einige Leckereien aussuchten, wurden wir weiterhin großzügig mit Kostproben versorgt. Kaum hatte ich ein Stück runtergeschluckt, da wurde mir auch schon etwas Neues hingehalten.

Ich drehte mich zu Julia und sagte mit vollem Mund: »Ich glaub, ich muss jetzt hier raus, sonst wird mir noch schlecht.«

Julia lachte: »Oh ja, die meinen es echt gut. Ich kann auch nichts mehr probieren.«

Draußen vor der Tür standen schon Daniel und Tim und warteten auf uns.

»Und lecker?«, fragte Tim.

»Ja!«, antworteten Julia und ich gleichzeitig.

»Apropos Essen. Ich hätte dann langsam auch Hunger«, sagte Daniel.

»Was hältst du davon, wenn wir uns ein Stück Pizza holen und es auf dem »Piazza del Campo« essen? Das ist nicht weit von hier.«

Ich kannte den Platz aus der Komödie »Briefe an Julia« und hatte vorher etwas im Internet recherchiert. Der Platz eignete sich wunderbar, um dort etwas zu verweilen.

Den anderen gefiel meine Idee. Und so befanden wir uns etwas später mit duftenden Stücken Pizza in unseren Händen mitten auf dem Platz. Es saßen viele Leute in kleinen Grüppchen auf dem Platz verteilt. Die roten Steine waren von der Sonne aufgewärmt und man konnte entspannt auf dem Boden sitzen. Der Ausblick auf den hohen Turm »Torre del Mangia« und die Stimmung waren einfach herrlich.

Ich dachte an die Szene aus dem Film. Es war hier genauso, wie ich es mir vorgestellt hatte. Ich konnte förmlich die beiden Hauptdarsteller an uns vorbei über den Platz gehen sehen. Und jetzt saß ich hier in dieser wunderschönen Kulisse im Herzen von Siena auf den warmen Steinen, aß Pizza und genoss das Leben.

Ich musste lachen, als ein italienisches Mädchen an

uns vorbei wackelte, mit dem Finger auf Carlos zeigte und dabei »Montone!« ausrief. Der Hund lag gechillt neben mir und döste in der Sonne.

»Was heißt das?«, fragte Julia.

Da das Mädchen nicht die erste Person war, die Carlos so genannt hatte, seit wir in Italien waren, wusste ich mittlerweile, was es bedeutete. Ich grinste Julia an und antwortete: »Schaf! Es heißt Schaf auf Italienisch, genau genommen Schafbock.«

Julia lachte. »Das passt!« Sanft strich sie Carlos über seine hellen Löckchen. Der Pudel genoss es.

»Kann ich euch ein paar Fragen zu eurer Praxis stellen?«, fragte ich Tim und Julia jetzt.

»Klar, auf jeden Fall. Ich liebe es, über meine Arbeit zu sprechen«, antwortete Julia sofort.

Tim nickte grinsend, als wolle er Julias Antwort bestätigen.

Es war interessant, den beiden zu lauschen, wie sie von ihrer Arbeit sprachen. Daniel und ich löcherten sie mit unseren Fragen und man merkte, dass es ihnen ehrlich gefiel, uns davon zu erzählen. Sie machten diese Form von Beratungen schon seit über zwanzig Jahren. Ich spürte immer wieder, mit wie viel Leidenschaft sie das taten. Sie liebten ihre Arbeit und wollten damit wirklich etwas bewirken. Das faszinierte mich.

»Was sind das denn für Leute, die zu euch kommen?«, fragte ich Julia neugierig.

»Sehr unterschiedlich. Alle Altersklassen und auch aus den unterschiedlichsten Bereichen«, antwortete Julia. »Im Kern geht es fast immer darum, dass sie endlich sie selbst sein wollen. So viele Menschen bemühen sich ständig, es anderen recht zu machen. Oder sie versuchen sich selbst und der Welt irgendetwas zu beweisen. Sie wurden oft in der Vergangenheit einmal sehr verletzt und tun jetzt alles, um das in Zukunft zu vermeiden. Oder aber sie laufen ihr Leben lang vor einer Angst davon und merken das noch nicht einmal. Irgendwann sind sie frustriert oder total erschöpft. Manche werden auch wütend auf die Leute, von deren Erwartungen sie sich abhängig gemacht haben, weil diese nie zufrieden scheinen. Weißt du, es ist dann einfach nie genug, egal wieviel sie machen. Irgendwann spüren sie, dass sie wirklich etwas grundlegend verändern wollen. Und dann kommen sie zu uns.«

»Und was macht ihr dann?«, fragte ich ehrlich interessiert.

»Das kommt ganz auf die Person an. Wir schauen gemeinsam, was dahinter steckt und wie sie das hinter sich lassen können. Die meisten wiederholen ja doch immer wieder ihre Vergangenheit, auch wenn sie das eigentlich nicht wollen«, erzählte Julia.

»Wie kann man denn damit aufhören, wenn man es gar nicht merkt?« Ich war gespannt, was sie darauf antworten würde.

»Also, ein klassisches Patentrezept gibt es da nicht. Aber wenn du jeden Tag etwas mehr von dem tust, was dir Freude macht und etwas weniger von dem, was dir nicht gut tut, dann ist das echt schon viel wert. Es hat viel mit Selbstliebe zu tun. Wir haben ja oft gelernt, dass wir erst einmal hart dafür arbeiten müssen, damit wir uns etwas gönnen dürfen. Wenn du diesen Gedanken loslassen kannst und kein schlechtes Gewissen hast, es dir leicht und schön zu machen, ändert sich schon enorm viel. Und dann geht es auch oft um das Bauchgefühl. Ich glaube daran, dass jeder ein gutes Gespür hat, was richtig für ihn ist. Die meisten haben nur verlernt, darauf zu hören.«

»Das glaube ich auch«, stimmte ich Julia zu.

Ich war froh, dass wir uns so spontan mit den beiden verabredet hatten. Sie waren nur noch heute hier. Morgen würden sie auf ein Weingut in der Nähe von Montepulciano fahren. Dort fand das Seminar statt, das sie besuchten. Und danach ging es für sie wieder zurück nach Aachen.

Wir saßen noch bis Sonnenuntergang zusammen auf dem Platz und unterhielten uns. Es war eine dieser wundervoll leichten Zufallsbegebenheiten, wie sie nur das Leben selbst schreibt.

Ein paar Tage später merkten wir, dass es allmählich an der Zeit war, weiterzuziehen. Es war mittlerweile schon Mitte Juni und wir waren seit gut acht Wochen in der Toskana. Ich glaube, diese Zeit haben wir auch gebraucht, um uns an unseren neuen Alltag und das Arbeiten und Leben auf Reisen zu gewöhnen.

Jetzt fühlten wir uns bereit für mehr Abenteuer. Es sollte nun in die wilde Bergwelt der Abruzzen gehen. Ein Ziel, auf das wir uns besonders freuten.

Auf dem Weg in die Berge würden wir allerdings noch einen Abstecher nach Rom machen. Einfach weil ich da schon immer mal hinwollte und wir quasi direkt an der ewigen Stadt vorbeikamen. Wir packten also alles zusammen und folgten der Küstenstraße in Richtung Süden.

Toskana

ITALIEN – ROM

Meinen Ausflug nach Rom machte ich wieder ohne Daniel. Während ich aufbrach, um die berühmte Stadt zu erkunden, bereitete er sich darauf vor, einen entspannten Tag am See zu verbringen. Wir hatten nämlich keinen Campingplatz direkt in Rom ausgesucht, sondern einen am »Lago di Bracciano«.

Dieser lag zwar fast eine Stunde von Rom entfernt, doch laut den Touristeninformationen im Internet sollte ich die Stadt von hier aus mit öffentlichen Verkehrsmitteln erreichen. Ich hatte nicht den Mut, unser Auto quer durch Rom zu manövrieren.

Nach einer holprigen Fahrt mit einem Minibus stieg ich zuerst in einen Zug und anschließend in einen Linienbus und kam dann ohne Italienischkenntnisse tatsächlich in der Innenstadt Roms an.

Zugegeben, ich hatte dabei Hilfe von meinem kleinen Reiseleiter, wie ich mein Handy an diesem Tag liebevoll taufte. Zudem hatte ich von einer Frau auf dem Campingplatz auch den Tipp bekommen, dass es ein praktisches Ganztages-Ticket für Rom und die Umgebung gab. Ein Ticket für alles. Das machte es einfach.

Als der Bus an der »Piazza di spagna« mit seiner berühmten »Spanischen Treppe« hielt, gab mir mein Handy den Hinweis, dass ich jetzt aussteigen konnte. Eilig verließ ich den Bus und nahm mir erst einmal einen Moment Zeit, um mich zu orientieren.

Ich war sogleich beeindruckt von der enormen Größe, die mir hier in dieser Stadt begegnete. Ich stolzierte spaßeshalber einmal die Treppe hinauf und wieder hinunter. Noch war es früh am Morgen und es war noch nicht allzu viel los. Ich überlegte, in welche Richtung ich nun gehen wollte.

Ich hatte wenig für diesen Tag geplant. Mir war es wichtig, viel Freiraum für Spontanes und Zufälliges zu lassen. Rom hatte so unglaublich viel zu bieten. Das konnte ich sowieso nicht alles an einem Tag schaffen. Daher hatte ich mir nur einige wenige Ziele vorher herausgesucht: Der Trevibrunnen, das Pantheon, das Kolosseum und eine Eisdiele, in der es einhundertfünfzig Eissorten gab.

Als Romantikerin machte ich mich als Erstes auf den Weg zur »Fontana di Trevi«. Ich kannte den Brunnen der Liebe aus vielen Filmen und wollte ihn unbedingt einmal mit eigenen Augen sehen. Es war gerade erst halb neun und ich hoffte, dass an dem Brunnen auch so wenig Touristen waren wie hier an der Spanischen Treppe. Mein kleiner Reiseführer zeigte mir auf Anfrage sogleich die Route an. Zu Fuß waren es gerade mal zehn Minuten. So schlenderte ich fröhlich durch die kleinen Gassen der alten Stadt und ließ mich von ihrer besonderen Magie inspirieren.

Der wunderschöne, riesige Brunnen lag auf einem kleinen Platz verborgen zwischen den Wohnhäusern. Es sah ganz anders aus als in den Filmen. Der Kontrast zwischen dem strahlend weißen Monument und den eher gewöhnlichen Häusern daneben wirkte fast wie eine Fotomontage.

Ich hatte Glück und es standen tatsächlich erst wenige Touristen am Brunnen. Zwei Polizisten beobachteten aufmerksam, dass niemand in den Brunnen stieg. Ich hatte gelesen, dass das wohl strengstens verboten war.

Ich hätte ja gern mal ein Bad im Brunnen der Liebe

genommen oder wenigstens die Füße ins Wasser getaucht. Vielleicht brachte das ja Glück. Außerdem war mir jetzt schon heiß. Wie sollte das erst gegen Mittag werden?

Ich spähte neugierig in den Brunnen. Auf seinem Boden funkelten abertausende kleine Münzen. Auch ich kramte jetzt eine Münze aus meiner Tasche. Ich wählte einen Glückscent aus, drehte mich mit dem Rücken zum Brunnen und warf die Münze über meine Schulter hinweg ins Wasser. Dabei schielte ich nach hinten, um zu sehen, ob es geklappt hatte.

Mit einem leisen Plumps tauchte mein Ein-Cent-Stück unter – Mission erfüllt. Das war gar nicht so schwer gewesen, wie ich mir vorgestellt hatte. Ich war noch nie sonderlich gut im Werfen gewesen und es wäre ja schon sehr peinlich geworden, wenn ich einem der verliebten Paare aus Versehen meine Münze an den Kopf geworfen hätte.

Der Legende nach bedeutete eine Münze, dass man nach Rom zurückkehren würde. Bei zwei Münzen würde man sich in einen Italiener oder eine Italienerin verlieben und bei drei Münzen würde man bald heiraten.

Ich sollte also heute definitiv keine Münze mehr in den Brunnen werfen. Das wäre ja eher unpraktisch, wo ich doch schon mit meiner großen Liebe verheiratet war. Aber die Vorstellung, dass ich eines Tages noch einmal in diese außergewöhnliche Stadt zurückkehren würde, gefiel mir jetzt schon.

Ich setzte mich auf einen der nachgebildeten Felsen am Rand und beobachtete die Menschen, die hierher kamen. Es waren viele Paare, die ein Foto von sich vor der schönen weißen Kulisse des Brunnens machten. Fast jeder warf auch Münzen ins Wasser. Ich hatte gelesen, dass die Stadt jährlich über eine Millionen Euro aus dem Brunnen fischte. Unglaublich, oder?

Ich fragte meinen kleinen Reiseleiter, ob er ein Foto von mir am Brunnen machen könnte. Leider besaß ich keinen Selfiestick oder so etwas. Daher musste ich meinen Arm ziemlich lang ausstrecken, bis ein Teil des Brunnens hinter mir gut sichtbar war. Natürlich schickte ich das Foto zuerst Daniel mit einem Herzchen und dann noch Kate. Ihr schrieb ich eine kleine Nachricht darunter:

»Ich sitze gerade in Rom am Liebesbrunnen. Du hast nicht übertrieben. Es ist wirklich beeindruckend hier! Und ich bin erst seit einer halben Stunde in der Stadt! Wir müssen nochmal zusammen hierhin! Alles Liebe!« Kate war schon etliche Male in Rom gewesen und hatte jedes Mal von der Stadt geschwärmt.

Ich genoss noch einige Minuten dic besondere Atmosphäre des Liebesbrunnens, bevor ich in meinem Handy nachsah, was sich hier in der Nähe befand. Das war natürlich einiges. Für mich interessant war, dass das Pantheon nur wenige Minuten von hier entfernt lag. Ich gab es daher als Ziel ein und ließ mich entspannt von meinem mobilen Guide dorthin geleiten. Das war echt praktisch.

Als ich dort ankam, stellte ich zu meiner Überraschung fest, dass der Eintritt frei war. Ich reihte mich in die kurze Schlange vor dem Eingang ein und versuchte, während ich wartete, ein Foto von den gigantisch großen Säulen an der Front des Pantheons zu machen. Sie erinnerten mich irgendwie an die Tempelanlagen in Ägypten.

Ich musste auf Panoramaansicht stellen, um sie einigermaßen ablichten zu können. Ihre monströse Größe kam auf dem Bild trotzdem nicht wirklich rüber.

Das musste man einfach live sehen.

Ein Mann in Uniform winkte mich nun weiter und zeigte mir, dass ich jetzt reingehen durfte. Langsam betrat ich das Gebäude und blickte staunend zur Decke hinauf. Die Kuppel erstreckte sich eindrucksvoll über mir. Das Muster der überdimensional großen Vierecke erschuf ein unwirkliches Bild, das wie ein Gemälde moderner Künstler oder eine optische Täuschung aussah. Durch ein Loch in der Mitte der Kuppel fielen helle Sonnenstrahlen hinein und fluteten den Raum mit warmem Licht.

Ich konnte der Versuchung nicht widerstehen, direkt unter die große Öffnung zu gehen und von dort aus in den Himmel zu blicken. Fast wäre ich dabei ausgerutscht. Der glatte Marmorboden war nämlich nass. Logischerweise schien hier wohl nicht nur die Sonne hinein, auch der Regen konnte ungehindert eindringen. Ich blieb stehen, legte meinem Kopf in den Nacken und schaute hinauf.

Jetzt, wo ich hier in der Mitte stand, konnte ich die gigantischen Ausmaße der kreisrunden Öffnung viel deutlicher wahrnehmen. Fast neun Meter Durchmesser sollte das Loch in der Decke haben. Innerhalb der großen Kuppel wirkte es dennoch eher winzig. Ich war tief beeindruckt.

Eine gewisse Ehrfurcht überkam mich, während ich weiter durch das Pantheon ging und dabei die Skulpturen und Bilder an den Wänden betrachtete. Ich kann gar nicht sagen, was es genau war, was mich derart in Staunen versetzte. Vielleicht war es die enorme Größe des Bauwerks, die mich selbst so klein erscheinen ließ. Vielleicht war es auch die besondere Atmosphäre.

Die meisten Besucher gingen wie ich schweigend, mit leuchtenden Augen durch den Raum und wandten den Blick immer wieder nach oben. Vielleicht war es ja auch die besondere Geschichte des Bauwerks. Pantheon hieß so viel wie »allen Göttern« gewidmeten. Mit seinem immerwährend geöffneten »Himmel« passte dieser Name ziemlich gut.

Beflügelt verließ ich nach einiger Zeit das Pantheon wieder, bereit nun immer tiefer in das einzigartige Flair dieser Stadt einzutauchen. Wo man hinsah, fand man Geschichte. Alles schien übergroß zu sein. Selbst mit Panoramamodus gelang es mir meist nicht, die Gebäude auf ein Foto zu bringen. Oft fotografierte ich deshalb nur Ausschnitte, einzelne Nuancen der ewigen Stadt.

Ich musste relativ lange im Pantheon gewesen sein. Wir hatten fast schon Mittag. Die Stadt heizte sich mehr und mehr auf und die Straßen waren mittlerweile viel belebter geworden.

Rom schenkte mir eine ganze Bandbreite an Emotionen. Ich eilte zwischen knatternden Rollern über die Straße, schlenderte an blühenden Rosen und Straßenmusikern vorbei. Ich fand mich manches Mal in engen Gassen und kurz darauf dann auf einer weiten Fläche mit Ruinen aus längst vergessen Zeiten wieder.

Alles schien hier direkt nebeneinander zu existieren. Rom war wie ein Schmelztiegel aus den unterschiedlichsten Eindrücken. Schon jetzt war sie eine meiner Lieblingsstädte und ich wusste, dass ich nicht zum letzten Mal hier sein würde.

Ich machte einem kurzen Stopp im »Pasta Inn«, wo ich die leckersten Nudeln meiner bisherigen Italienreise aß: »Fettuccini Alfredo«, eine frisch hergestellte Pasta in einer cremigen Sauce aus Parmesan und Butter.

Ich musste mich wirklich bremsen, dass ich nicht auch noch den Teller ausleckte. Ich hätte ja sagen können, dass man das in meiner Heimat so machen würde, quasi als Zeichen dafür, dass das Essen vorzüglich war, aber ich ließ es dann doch.

Ich entschied mich lieber, mir noch etwas Hunger für mein nächstes Ziel übrig zu lassen. Nach einer kurzen Eingabe im Handy machte ich mich zu Fuß auf den Weg zur »Gelateria della Palma«, die Eisdiele mit den einhundertfünfzig Eissorten.

Es dauerte nicht lang und ich erreichte das berühmte Eisgeschäft. Neugierig ging ich mehrmals die lange Theke auf und ab, studierte das üppige Angebot, um aus den zahlreichen Sorten meine persönlichen drei Favoriten zu wählen.

Ursprünglich hatte ich mir vorgenommen, so etwas Abgefahrenes wie Brokkoli oder Käse zu nehmen, aber das gab es nicht. Also entschied ich mich schließlich für dunkle Mousse au Chocolat, Schwarzwälder Kirschtorte und Paradiesapfel. Mir lief das Wasser im Mund zusammen, während ich beobachtete, wie der Verkäufer mir Berge von Eis auf eine winzige Waffel spachtelte.

Genüsslich schleckend spazierte ich mit meinem Eis hinaus. Mmmmh… Es schmeckte wirklich vorzüglich. Allerdings bemerkte ich schon beim Verlassen des klimatisierten Ladens eine gewisse Dringlichkeit. Die Hitze Roms schlug mir entgegen und binnen von Sekunden verwandelte sich meine kunstvolle Eispyramide in einen schmelzenden Eisberg, der gefährlich auf der kleinen Waffel hin und her rutschte.

Vernünftig wäre es gewesen, schnell wieder zurück in den Laden zu gehen. Aber wann war ich schon vernünftig? Ich wollte doch nicht in dem dunklen Laden mein Eis essen, wo ich es auch im Flair von Roms Straßen genießen konnte.

Doch es lief an allen Seiten, mit Genuss hatte das nichts mehr zu tun. Warum hatte ich mir ausgerechnet dunkle Schokolade ausgesucht?

Es dauerte nicht lange und ich sah wie ein Kleinkind beim Eis-Essen aus. Meine Hände, mein Gesicht, überall war Eis und mit jeder Sekunde wurde es schlimmer. Mit einem letzten Verzweiflungsakt fing ich eins der rutschenden Bällchen auf und hatte nun den ganzen Mund damit voll. Zu meiner Überraschung war das Eis, obwohl es so schnell schmolz, dennoch eiskalt. Ich verdrehte die Augen.

Ein Passant schaute mich mit deutlich irritiertem Gesichtsausdruck an. Ich folgte seinem Blick und sah an mir herunter. Mein Shirt war voll mit Eis getropft. Und ja, natürlich hatte ich ein helles Shirt an und natürlich war es von den drei Sorten ausgerechnet die dunkle Schokolade gewesen, die in einem eleganten Bogen über meine Brust fast bis zum Bauchnabel gelaufen war.

Es war soweit: Ich gab mein Eis auf, warf die gematschten Reste samt Waffel in einen Mülleimer und versuchte mit der winzig kleinen Serviette, die mir der Eisverkäufer mit barbarischer Präzision mitgegeben hatte, den größten Teil des Schlamassels zu beseitigen.

Zehn Minuten später ging ich in eine Einkaufspassage. Ich brauchte ein neues Oberteil und zwar pronto. Der Sicherheitsmann an der Tür beäugte mich skeptisch, als ich den ersten Laden betrat.

Nein, ich hatte keine Waffe oder ähnliches in meiner Tasche. Ich hielt sie nur so krampfhaft vor mich, um die Schokoladenflecken auf meinem Bauch zu bedecken!

Als ich die Einkaufspassage wenig später wieder verließ, trug ich eine neue, weiße Leinenbluse, die meiner Meinung nach perfekt zu einem Romausflug passte. Ein Eis würde ich damit natürlich nicht noch einmal essen. Ich setzte mich eine Weile auf eine Parkbank, bevor ich mich zu meinem einzigen Termin an diesem Tag begeben würde. Ich wollte nicht in Rom gewesen sein, ohne auch einmal das Kolosseum gesehen zu haben.

Da wohl fast jeder Tourist dieses gigantische Bauwerk besichtigen wollte und im Internet von langen Wartezeiten die Rede war, hatte ich mir ein VIP-Ticket bestellt. Ich musste um halb drei da sein, um es einzulösen. Mein kleiner Reiseführer hatte mir gezeigt, dass ich eine knappe halbe Stunde dorthin gehen würde. Ich schlenderte also gemütlich um viertel vor zwei los.

Je näher ich dem Kolosseum kam, umso mehr Touristen sah ich. Sie drängten sich in Massen die Straße hinunter, als würde dort gleich ein Open Air Konzert beginnen. Als das Kolosseum schließlich vor mir auftauchte, blieb ich stehen und machte erst einmal aus einiger Entfernung ein Foto.

Danach folgte ich dem Touristenstrom an Snackständen und Verkäufern vorbei bis zum Eingang des uralten Amphitheaters. Erleichtert stellte ich fest, dass ich mit meinem VIP-Ticket tatsächlich an der großen Masse von Urlaubern vorbeigehen und mich in eine deutlich kürzere Warteschlange einreihen durfte. Alles richtig gemacht, dachte ich bei mir.

Nur fünf Minuten später betrat ich das alte Gemäuer. Das Bauwerk war wie die meisten Gebäude Roms gigantisch groß und sehr beeindruckend. Und doch fühlte ich mich eher unwohl. Ich war nicht so berauscht, wie ich es mir gewünscht hätte.

Von innen betrachtet wirkte das monströse Amphitheater trotz seiner Ausmaße irgendwie eng und auf gewisse Weise bedrückend. Vielleicht war es mir schlichtweg zu touristisch und überfüllt. Vielleicht lag es auch an dem Umstand, dass an diesem Ort zigtausende Menschen und Tiere im Rahmen allgemeiner Belustigung ihr Leben gelassen hatten. Ich hatte die Geschichten des Kolosseums nur überflogen, aber was ich gelesen hatte, war wirklich entsetzlich gewesen.

Ich hielt mich auf jeden Fall nicht allzu lange in den unteren Etagen auf und ging zügig in die oberen Ebenen hinauf. Der Ausblick, den man hier hatte, machte die gruselige Stimmung zum Glück wieder wett. Ich hatte einen Blick auf grüne Hügel mit antiken Bauwerken – einfach »fenomenale«!

Ich machte ein Selfie mit diesem tollen Hintergrund. Es war das letzte Foto an diesem Tag. Meine persönliche Reiseleitung verabschiedete sich nämlich gleich darauf. Mein genialer Plan, mein Handy gleichzeitig als Reiseführer, Navi, Busplan und Fotoapparat zu nutzen, hatte einen kleinen Haken gehabt. Das wurde mir jetzt bewusst, als ich auf den schwarzen Bildschirm starrte. Es war gerade mal drei Uhr und der Akku war leer. Ein Umstand, den ich nicht bedacht hatte.

Möglichkeiten zum Aufladen hätte es in dieser Stadt genug gegeben. Ich hatte zum Beispiel bei dem Italiener mit den leckeren Nudeln kleine Ladestationen in der Wand gesehen. Ich war jedoch nicht so schlau gewesen, ein Ladekabel einzupacken.

Fortan würde ich bei meiner Tour wohl ohne Handy auskommen müssen. Von nun an gab es keine Karte mehr, kein Google und keinen Fotoapparat. Noch wusste ich nicht, welches Geschenk diese missliche Lage für mich bereithielt.

Nachdem ich das Kolosseum wieder verlassen hatte, schlenderte ich ziellos durch die Gassen. Ich bog mal links ab und mal rechts – ohne Plan, ohne Absicht, ohne Zeitgefühl. Ich ließ mich einfach treiben, nahm all die Eindrücke in mich auf.

Mit freudiger Neugier ließ ich mich hineinfallen in

diese üppige Mischung aus lebendigem Treiben und Sinnlichkeit, aus erhabener Stille und tausendjähriger Geschichte, aus Geschäftigkeit und Muße begleitet vom Rhythmus der Straßenmusiker und brummenden Motorrollern. Hinter jeder Ecke erwartete mich eine neue Szenerie, eine andere Atmosphäre und alles vereinigte sich zu einem »grande teatro«. Und ich war ein Teil davon. Es war herrlich!

Ich ging gerade verträumt eine Straße entlang, da vernahm ich ein dunkles Grollen über mir. Ich blickte hinauf zum Himmel. Ich hatte bereits bemerkt, dass in der letzten Stunde immer mehr Wolken aufgezogen waren. Doch nun hatte sich der Himmel schwarz gefärbt und kündigte ein Gewitter an.

Es dauerte nicht lange und die ersten dicken Tropfen fielen hinab. Und als hätte der Himmel kurz darauf seine Schleusen geöffnet, brach ein Platzregen über mir herein. Der Regen ergoss sich dampfend auf den heißen Teer, während ich eilig die Straße hinunterlief. Einen Regenschirm hatte ich an diesem brüllend heißen Tag natürlich nicht eingepackt.

Ich entdeckte eine kleine Kirche. Unscheinbar lag sie verborgen zwischen den Häusern. Wie bei den meisten Kirchen in Rom war auch hier der Zutritt frei und ich hastete hinein. Im Inneren angekommen sah ich, dass ich nicht die Einzige war, die in dieser Kirche Zuflucht vor dem Wetter suchte. Ein Paar stand neben dem Eingang. Der Mann fuhr sich durch sein nasses Haar, während die Frau sich behutsam mit einem Taschentuch das Gesicht abtupfte.

Ich sah mich um. Ich hatte das Gefühl, mit dem Betreten der Kirche, das laute Treiben mit all seiner Zerstreuung hinter mir gelassen zu haben und in eine zeitlose Stille eingetaucht zu sein. Es war dunkel in der

Kirche und es gab in dieser Stadt weit prunkvollere Gebäude, aber diese Kirche hatte etwas unvergleichlich Schönes. Ich konnte es nicht in Worte fassen. Es war die Energie an diesem Ort, beinahe so als würden die Wände, die Skulpturen und Bilder ihre eigene Sprache sprechen und mich an etwas teilhaben lassen, dass ich nicht wirklich greifen, jedoch deutlich spüren konnte.

Leise ging ich in Richtung des kleinen Altars und setzte mich auf eine der vorderen Bänke. Außer dem gleichmäßigen Rauschen des Regens drangen von draußen keine Geräusche hier herein und ich spürte, wie ich allmählich in diese tiefe Stille sank und sich ein Gefühl des Friedens in mir ausbreitete.

Und dann war er da, ganz unvorbereitet und überraschend: mein persönlicher Rommoment. Ich saß einfach da, allein auf der schmalen Holzbank und schaute nach vorn auf den schlichten Altar. Ich nahm eine Größe und Erhabenheit wahr, die mich im Innersten berührte.

Meine Augen füllten sich mit Tränen. Ich war nie besonders christlich und auch kein Kirchengänger. Aber so kitschig es vielleicht klang, dort in dieser kleinen Kirche mitten in Rom, spürte ich etwas, das ich am ehesten mit dem Göttlichen beschreiben würde, etwas, das größer war, als alles, was ich kannte. Und ich fühlte mich zutiefst geliebt und angenommen.

Als ich am Abend wieder auf dem Campingplatz ankam, war ich schon ziemlich stolz darauf, dass ich den Heimweg auch ohne meinen kleinen Stadtführer hinbekommen hatte.

Unser Wohnwagen stand friedlich in der Dämmerung am Seeufer. Es war unglaublich ruhig hier. Man hörte nur das Rauschen der Blätter im Wind und das leise Plätschern vom See, wo am Ufer winzig kleine Wellen gegen Steine gespült wurden.

Es kam mir vor, als wäre ich ewig weg gewesen. So viele Eindrücke begleiteten mich von meinem Tag in Rom. Im Wohnwagen brannte Licht. Mit einem Lächeln öffnete ich die Tür und freute mich Daniel und Carlos wiederzusehen.

Eine Weile später saßen wir gemütlich auf der Eckbank, naschten Cantuccini, ein leckeres, italienisches Mandelgebäck, und ich erzählte Daniel lachend, wie ich zu meinem neuen Oberteil gekommen war.

Rom

ITALIEN – DIE ABRUZZEN

Der Kontrast hätte kaum markanter sein können. Nach dem pulsierenden Treiben im Herzen Roms führte uns unser Weg nun in die Abgeschiedenheit der stillen Bergwelt. Unser Ziel war ein kleiner Campingplatz, den ich bei meinen Recherchen für die Reise entdeckt hatte. Weit weg vom Trubel hoch oben in den Abruzzen lag er an einem wunderschönen Bergsee.

Daniel und ich waren richtig aufgeregt, als wir die Straße entlang fuhren, die sich allmählich vom Meer hinfort immer weiter nach oben in die Berge schlängelte. Wir wussten nicht, was uns erwartete. Zudem hing da ja auch noch eine Tonne Gewicht in Form unseres Wohnwagens an unserem Auto. Es war das erste Mal, dass wir uns mit dem Gespann so tief in die Bergwelt vorwagten.

Mit neugierigem Blick schaute ich aus dem Fenster hinaus auf die Landschaft, die sich allmählich veränderte. Ich war gespannt auf die neuen Erfahrungen, die verführerisch nach mir riefen.

Ich dachte an meine Nachforschungen im Internet über die Wölfe, Braunbären und auch Wildpferde, die hier in den Abruzzen leben sollten. Ich fragte mich, ob es in der Weite dieser Wildnis möglich wäre, dass wir ihnen begegneten. Ich wünschte es mir sehr und würde meinen Teil dazu beitragen und genügend Gelegenheiten dafür schaffen.

Wir spürten beide, dass uns ein besonderer Abschnitt unserer Reise erwartete. Noch vor unserer Ankunft wusste ich, dass die Zeit an diesem Ort mich verändern und die Wildnis auf ewig ihre Spuren in meinem Herzen hinterlassen würde.

Nach gut drei Stunden Fahrt erreichten wir schließlich den Bergsee und zogen den Wohnwagen eine steile Auffahrt zum Campingplatz hinauf. Ich stieg aus und hatte das Gefühl, in einer anderen Welt zu sein.

Es war unfassbar still. Man konnte von dem kleinen Platz aus auf den See blicken. Langgestreckt lag er dort vor uns, eingebettet in üppiges Grün. Dahinter war die Silhouette einer Bergkette zu erkennen. Das Gestein war so hell, dass ich mir nicht sicher war, ob auf den Gipfeln nicht sogar etwas Schnee lag.

Ich zog mir meine Jacke über. Hier oben war es wesentlich kälter als unten an der Küste. Während Daniel im Auto wartete, schaute ich mich um. Ich wollte uns gern anmelden. Ich ging auf ein rustikales Holzhaus am Eingang des Campingplatzes zu.

Vor dem Gebäude standen einige Holzbänke und Tische. Darüber wehten bunte Gebetsfahnen im Wind. Ich wollte gerade an der Tür klopfen, da kam ein Mann um die Ecke und lächelte mich freundlich an. Er war sehr klein und hager, hatte kurzes schwarzes Haar und einen dicken Vollbart.

»Ciao, posso aiutarti?«, begrüßte er mich. Sein Blick war so herzlich und offen, dass es mir sofort ein Lächeln ins Gesicht zauberte.

»Buongiorno! … Piazzola per …«, begann ich holprig auf Italienisch. Was hieß denn noch einmal Wohnwagen? »Ähh… roulette?«

Der Mann grinste. »Deutsch?«

Ich schaute ihn überrascht an. Damit hatte ich hier nicht gerechnet. »Oh ja, sehr gern! Wir suchen einen Stellplatz für zwei Personen mit Hund und Wohnwagen«, sagte ich jetzt erleichtert.

»Okay. Du kannst einfach aussuchen, welcher Platz

gefällt. Es ist viel frei«, erklärte er mir mit gebrochenem Deutsch und charmantem Akzent. »Ich bin Pedro. Du kannst jederzeit fragen, wenn etwas ist. Ich helfen dir gern. Abends mache ich hier Essen, lokale Küche, wenn ihr kennenlernen wollt.«

«Danke, das klingt toll! Vielen Dank!«

Eine Stunde später hatten wir alles aufgebaut. Wir standen mit unserem Wohnwagen auf einem der obersten Plätze direkt am Waldrand. Von hier aus hatte man freie Sicht auf den See und die Berglandschaft. Ein robustes Holzgeländer grenzte den Platz nach unten hin ab.

Im Gegensatz zu den Campingplätzen an der Küste, wo es in den letzten zwei Wochen allmählich voller geworden war, wirkte dieser Ort fast noch wie im Winterschlaf. Außer uns hatten sich nur eine Handvoll Touristen hierher verirrt. Ein älteres Pärchen mit einem Zelt, zwei Wanderer und ein Mann mit einem kleinen Wohnmobil.

Wir hatten auch nicht damit gerechnet, dass es hier Ende Juni noch so kalt sein würde. Wir mummelten uns direkt nach dem Abendessen im Wohnwagen ein und gingen noch vor dem Sonnenuntergang ins Bett. Wir waren beide unglaublich müde. Wahrscheinlich lag das an der frischen Bergluft und dem langen, abenteuerlichen Weg hier hinauf. Ich schlief jedenfalls sofort ein.

Mitten in der Nacht wurde ich dann wach. Zuerst dachte ich, der Vollmond hätte mich geweckt. Er schien extrem hell durchs Fenster hinein und tauchte das Innere des Wohnwagens in ein silbriges Licht. Ich wollte mich schon umdrehen und weiterschlafen, da hörte ich plötzlich etwas. Das Geräusch ließ ein Kribbeln durch meinen gesamten Körper fahren. Es war das langgezogene Heulen von Wölfen, unverkennbar und intensiv. Es bestand kein Zweifel daran.

»Daniel, wach auf!«, flüsterte ich und berührte ihn behutsam an seiner Schulter.

»Ich höre es«, erhielt ich als Antwort zurück.

Der Tonfall, in dem er das sagte, klang nicht verschlafen, wie ich es erwartet hätte, sondern hellwach. Eine Spur Ehrfurcht schwang in seiner Stimme mit.

Und so lagen wir dort im Mondschein umgeben von wilder Natur und Weite und lauschten den Wölfen. Es fühlte sich unbeschreiblich an. Es war der Klang von Freiheit und ich spürte, wie ich mehr davon wollte. Ich wusste, unser Abenteuer hatte gerade erst begonnen.

Am nächsten Morgen brachen Daniel und ich zusammen mit Carlos gleich nach dem Frühstück zu einer Wanderung auf. Wir wollten den sogenannten »Wolfspfad« gehen. Das war ein schmaler Pfad, der ganz in der Nähe des Campingplatzes begann und von dort aus durch die Berge führte.

Er schlängelte sich hinein in diese ursprüngliche, wilde Natur, die wir so gern hautnah erleben wollten. Mir gefiel der Gedanke, dass wir hier auf den Spuren der Wölfe entlang wanderten, ob wir ihnen nun begegnen würden oder auch nicht.

Während wir dem Trampelpfad folgten, dachte ich an die Reaktionen von Familie und Freunden, als wir vor unserer Abreise aus Deutschland erzählt hatten, dass wir auch in die Abruzzen wollten, wo es noch freilebende Wölfe gab.

Das hatte gleich übergroße Sorge ausgelöst. Viele aus unserer Heimat waren davon überzeugt gewesen, dass es lebensgefährlich wäre, hier wandern zu gehen. Wenn die Wölfe uns vielleicht nicht direkt angreifen würden, so würde zumindest der Pudel ihnen zum Opfer fallen.

Nach meinen eigenen Recherchen über den Wolf wusste ich allerdings, dass es sehr viel wahrscheinlicher war, dass wir keines dieser Tiere zu Gesicht bekamen. Wölfe verfügten über äußerst feine Sinne und nahmen Geräusche und Düfte schon aus enormer Entfernung wahr. Sie wussten also, wer hier auf sie zukam, lange bevor wir sie erreichten.

Besonders wenn man so wie wir schwitzend und schnaufend durch den Wald stampfte. Und die Wölfe waren nicht unbedingt an einer Begegnung mit Menschen interessiert.

Der schmale Pfad führte uns durch einen urigen Wald und ich entdeckte tatsächlich auch einige Wolfshaare im Geäst. Begeistert zeigte ich sie Daniel. Nach einer Weile wurde der Trampelpfad dann zunehmend enger und bewachsener.

Es dauerte nicht lange und wir kämpften uns mitten durchs Dickicht. So ging das eine ganze Weile. Irgendwann wussten wir nicht mehr, ob wir uns überhaupt noch auf einem Weg befanden. Handyempfang hatte ich schon lange nicht mehr.

Ich dachte wieder an die Warnungen von Freunden und Familie. Zum Glück wusste niemand, was wir hier gerade machten. Mit Vorsicht hatte das nicht viel zu tun. Wenn uns hier etwas zustoßen würde, würde man unsere Leichen vermutlich niemals finden.

Ich drängte mich mühsam zwischen den Ästen hindurch und versuchte dabei den Verlauf des Weges wiederzufinden. In dem Gestrüpp war derart viel Leben, dass ich lieber nicht genau hinsah, was da alles kroch und krabbelte. Ich schaute nach vorn zu Daniel und musste lachen.

»Schau mal, was um deinen Kopf schwirrt«, rief ich Daniel amüsiert zu.

»Die machen mich wahnsinnig«, knurrte Daniel und schlug mit seinen Händen um sich.

So verschwitzt wie er war, hatte er einen Schwarm dicker Fliegen angezogen. Diese begleiteten ihn nun und flogen brummend um seinen Kopf herum. Ich konnte nicht anders und machte ein Foto davon.

»Meinst du, wir kommen hier wieder raus auf einen breiteren Weg? Oder sollen wir lieber umdrehen?«, fragte ich Daniel jetzt.

»Was sagt denn dein Gefühl?«, meinte er nachdenklich.

»Ich glaube, der Wald wird da vorn lichter. Wahrscheinlich kommen wir da auf eine Wiese oder so. Das würde ich mir gern noch anschauen. Vielleicht können wir von dort aus einen Weg sehen«, schlug ich vor.

»Alles klar. Dann lass uns doch noch das Stück gehen«, stimmte Daniel zu.

Wir arbeiteten uns weiter durch das Dickicht. Ich kletterte gerade eine Böschung hoch, da spürte ich ein Kribbeln an meinem Bein. Ich schaute an mir herunter. Mitten auf meinem Knie saß eine hellbraune, haarige Spinne. Sie war wirklich riesig und hielt sich mit ihren plüschigen Beinen an meiner nackten Haut fest. Ich war entsetzt.

Ohne Nachzudenken schüttelte ich sie mit einem lauten Schrei ab und machte einen Satz nach vorn. Fast wäre ich dabei noch gestürzt, weil ich an einer hochstehenden Wurzel hängenblieb.

Das war mir dann doch etwas zu viel Wildnis. An Krabbeltiere hatte ich bei meinem Abenteuer nicht gedacht.

Daniel drehte sich erschrocken um. »Alles klar bei dir?«

»Ja!«, antwortete ich mit einem angeekelten Stöhnen.

»Was war denn los?«, fragte er besorgt nach.

»Die widerlichste Spinne, die ich je gesehen habe.« Ich schüttelte mich bei dem Gedanken. »Keine Ahnung, ob die giftig war oder nicht. Ich würde dann jetzt doch lieber hier raus. Ich habe für heute genug.« Ich schaute noch einmal prüfend auf meine Beine, um mich zu vergewissern, dass die Spinne auch tatsächlich weg war. Ich konnte das Kitzeln der kleinen Härchen immer noch auf meiner Haut spüren. So eklig!

Wir gelangten jetzt auf die Wiese, die ich durchs Gebüsch erahnt hatte. Sie war mit Wildblumen bewachsen und hier und da ragten moosbedeckte Gesteinsbrocken hoch. In einiger Entfernung konnten wir jetzt eine Straße sehen. Gott sei Dank, dachte ich bei mir.

Während ich durch die hohen Gräser stakste, blickte ich argwöhnisch immer wieder nach unten. Ich konnte nicht wirklich sehen, wo ich hintrat und einen weiteren Kontakt mit irgendeinem Krabbeltier wollte ich auf jeden Fall vermeiden. Zudem hatte ich gelesen, dass es hier wohl auch viele Schlangen geben sollte. Diese wären wahrscheinlich nicht sehr erfreut, wenn eine tollkühne Touristin aus Versehen auf sie drauflatschte.

Ich war heilfroh, als wir aus dem Gebüsch heraus auf die Straße gelangten. Wir gaben bestimmt ein lustiges Bild ab: Zwei Touristen mit Pudel, verschwitzt, zerkratzt, mit verdreckten Klamotten und zerzausten Haaren, keine Karte, kein Wasser oder sonst irgendetwas mit dabei. So als hätten wir eine kleine Runde im Park drehen wollen und waren dabei mitten in die Wildnis geraten.

Die Straße wirkte verlassen, so als wäre schon lange

keiner mehr hier vorbei gekommen. Ich entdeckte riesige Löcher im Asphalt, aus denen bereits Büsche und kleine Bäume emporrankten.

Wir liefen fast eine Stunde lang schweigend die Straße entlang und begegneten dabei keinem einzigen Auto. Nur ein paar Pferde kreuzten unseren Weg. Wir guckten nicht schlecht, als die Herde plötzlich vor uns quer über die Straße trabte und dann einen Hang hinunter zum Seeufer lief.

Zum Glück hatten Daniel und ich einen guten Orientierungssinn. So erreichten wir nach einer weiteren halben Stunde erschöpft den Campingplatz. Carlos legte sich sofort vor den Wohnwagen und räkelte sich gemütlich im Gras. Ihm schien unser Ausflug gefallen zu haben.

Ich ging als Erstes zum Waschhaus und schälte mich aus meinen verschwitzten Klamotten. Alles juckte. Es war eine echte Wohltat, als ich mich unter die Dusche stellte und das heiße Wasser über meinen Körper lief.

Wenn ich gewusst hätte, wie leicht mir das Leben es machen würde, die Wölfe zu sehen, hätte ich mir vielleicht unseren Ausflug auf dem Wolfspfad erspart. Wir sollten nämlich nur wenige Tage später in den Genuss kommen, diese wundervollen Geschöpfe live zu sehen. Und zwar, wie sollte es auch anders sein, in einem Moment, in dem ich überhaupt nicht damit gerechnet hatte.

Daniel und ich saßen gerade bei einem herrlichen Essen in Pedros kleinem Restaurant. Wir hatten uns durch die lokalen Köstlichkeiten von frischem Ricotta, selbstgebackenem Brot und saftig gegrilltem Fleisch mit dunklem Rotwein durchprobiert. Und gerade als wir am Höhepunkt des italienischen Schlemmerhimmels, dem üppigen Dessert, angelangt waren, da zeigte Pedro lächelnd auf den Weg vor dem Campingplatz.

»Schau da! Lupi! Äh … Wolf!«

Und tatsächlich, dort circa hundert Meter von uns entfernt, liefen zwei Wölfe nebeneinander in der Dämmerung die Straße entlang, ganz gemächlich, als wäre es das Normalste der Welt.

Beseelt schaute ich den Tieren nach. Was für ein außergewöhnlicher Moment. Ich saß hier gerade mit Daniel mitten in den Bergen, genoss diese Fülle an Leckereien und beobachtete dabei auch noch freilebende Wölfe. Einfach unglaublich, dachte ich bei mir.

Am nächsten Morgen standen wir schon früh auf. Wir hatten einen Ausflug geplant. Unser Ziel war der »Lago Pietranzoni«, ein winzig kleiner, eher unbekannter See auf einer Hochebene.

Ich war durch ein Foto im Internet auf den See aufmerksam geworden. Es war eine Aufnahme von Wildpferden. Sie standen grasend am Ufer des kleinen Sees, während sich die mächtige Bergkulisse vor ihnen im Wasser spiegelte. Das Bild hatte mich enorm beeindruckt. Ich hatte nicht gewusst, dass es solche Landschaften in Europa gab und noch viel weniger hätte ich sie mitten in Italien erwartet. Jetzt war ich aufgeregt, diesen Ort einmal live zu erleben.

Als wir über eine einsame Landstraße das »Campo Imperatore« – so hieß das Hochplateau – erreichten, schauten Daniel und ich staunend auf das Tal. Vor uns erstreckte sich eine Weite, die alles, was ich bisher gesehen hatte, klein und eng erscheinen ließ. Die Größenverhältnisse schienen meine Sinne zu überfordern. Ich konnte sie nicht einschätzen.

Wir hielten an und ließen das Auto neben der Straße

stehen. Ein Pfad führte uns zum »Lago Pietranzoni«. Der See war heute verlassen und so folgten wir dem Weg weiter mitten durch das breite Tal.

Man konnte kilometerweit schauen. Kein Mensch, kein Tier war weit und breit zu sehen. Eine Landschaft mit flachen Gräsern und gelben Blumen erstreckte sich bis zum Fuße der Berge. Dort erhoben sich die weißen Felsen wuchtig in die Höhe. Unser Auto wurde immer kleiner und kleiner. Wir konnten es in der Ferne noch sehen. Dennoch schienen wir dem Rand des Tals, dem wir entgegen marschierten, kaum näher zu kommen.

Ich blieb stehen und blickte das weite Tal entlang. Ich lauschte dem Wind und atmete die Freiheit und die endlose Weite in mich ein. Übermütig ließ ich einen Freudenschrei erklingen. Er schallte hinaus, eilte ungebremst über die Ebene und verlor sich in ihr. Daniel stand direkt neben mir. Er holte tief Luft, hob den Kopf und ließ einen kräftigen Tarzanruf los. Dumpf folgte nach einer Weile ein langanhaltendes Echo. Wir lachten gemeinsam.

Ich spürte, wie mir in diesem Moment Freudentränen in die Augen stiegen. Ein intensives Gefühl von Freiheit flutete meinen Körper und drang mit einer unbändigen Neugierde und Lebenslust in jede meiner Poren.

Die Ursprünglichkeit und Grenzenlosigkeit dieses Ortes durchströmte mich ganz und gar. Sie rief eine Wildheit in mir wach, die ich beinahe vergessen hatte und schenkte mir dabei ein unverfälschtes, reines Glücksgefühl. Es war einfach da, pur und intensiv, als wäre es immer schon ein Teil von mir gewesen. Ich war frei. Wir waren frei.

Eine gute Stunde später fuhren wir mit dem Auto weiter durch die beeindruckende Bergwelt. Geschwungene grüne Hügel wechselten zwischen kantigen Bergspitzen und weiten Ebenen. Ich schaute die ganze Zeit fasziniert aus dem Fenster.

Als wir dann wenig später auf eine Herde Wildpferde trafen, konnte ich mein Glück kaum fassen. Ich entdeckte die Pferde auf einer der großen Wiesen. Daniel hielt sogleich an und ich stieg aus.

Achtsam und mit viel Bedacht näherte ich mich der Herde, während Daniel mit Carlos beim Auto blieb. Die Pferde waren tief entspannt. Einige grasten, andere dösten genüsslich in den warmen Sonnenstrahlen. Sie hatten mich sofort bemerkt, doch meine Anwesenheit schien sie keineswegs zu stören. Als ich näher kam, entdeckte ich auch einige Fohlen zwischen ihnen, die vergnügt umher tobten.

Ich legte mich in der Nähe der Herde ins Gras. Daniel hatte mir versichert, dass ich solange bleiben konnte, wie ich wollte. Ich sollte mir ruhig Zeit lassen.

Ich schloss die Augen und fühlte das weiche Gras unter mir. Der Wind strich mir sanft durchs Gesicht und ich hörte das gleichmäßige Kauen der Pferde gefolgt von entspanntem Schnauben. Sie schienen sich mir zu nähern. Ich konnte ihre dumpfen Hufschläge auf dem weichen Untergrund wahrnehmen.

Mein Atem wurde jetzt immer ruhiger und tiefer. Frieden breitete sich in mir aus und ich tauchte voll in diesen Moment ein. Ich hatte das Gefühl, für einen kurzen Augenblick mit allem zu verschmelzen, was mich umgab. Ein Lidschlag, ein Atemzug, so flüchtig und gleichzeitig auch wie ein Hauch von Ewigkeit. Am liebsten wäre ich einfach hier liegen geblieben. Ich wünschte mir, dass dieser Moment ewig anhalten würde.

Nach einer Weile setzte ich mich jedoch auf und

beobachtete die Pferde. Sie waren nun höchstens noch zwanzig Meter von mir entfernt. Aufmerksam und ruhig blickte mich eines der Tiere an. Es war hellbraun und relativ stämmig. Seine dunkle, lange Mähne bewegte sich im Wind. Sein Blick strahlte so viel Ruhe und gleichzeitig auch enorme Stärke aus.

Das Pferd schnaubte nun entspannt und begann wieder zu grasen. Kurz darauf rannten zwei Fohlen ungestüm buckelnd an der Herde vorbei. Es schien, als würden sie fangen spielen.

Ich war einfach glücklich, jetzt hier an diesem Ort mit den Wildpferden zu sein. Das war etwas, das ich mir immer gewünscht hatte. Ein Traum, der gerade in diesem Augenblick zur Wirklichkeit geworden war. Ich kann nicht genau erklären warum, aber ich wusste, dass sich meine Welt heute für immer verändert hatte. Ich war nun endgültig aus meinem alten Leben ausgebrochen.

Ich hatte den unvergleichlichen Geschmack von Freiheit gekostet. Von nun an gab es kein Zurück mehr. Vielleicht würde ich irgendwann wieder heimkehren, aber ich wäre nicht mehr dieselbe, die einst losgezogen war.

Es war bereits am späten Nachmittag, als wir die Straße weiter über die Hochebenen fuhren. Unsere mitgebrachten Sandwichs waren schon lange verdaut und wir hatten Hunger. Ich hatte sowieso den Eindruck, dass unser Appetit deutlich gestiegen war, seit wir uns in den Bergen befanden.

Daniel fragte mich ernsthaft, ob ich auf der Karte auf meinem Handy ein Restaurant sehen würde. Wir hatten bisher keinen einzigen Menschen hier oben gesehen, viel weniger irgendwelche Gebäude.

Weit und breit nichts als Natur.

»Du kannst uns ja was fangen und ich sammle ein paar Beeren«, meinte ich schmunzelnd, während ich durch die Karte auf meinem Handy scrollte.

Aber als hätte das Universum uns zugehört, tauchte da plötzlich am Horizont die Silhouette einer Hütte auf. Es wirkte beinahe wie eine Fata Morgana. Selbst als wir sie erreicht hatten, konnte ich nicht glauben, was ich sah. Es war ein kleines, unscheinbares Häuschen umgeben von nichts als kilometerlangen Wiesen. Vor der Tür schaufelte ein großer Kerl gerade glühend heiße Kohlen in schmalen Eisenwannen hin und her. Er begrüßte uns freundlich und wir erwiderten den Gruß.

Daniel ging in die Hütte hinein, um nachzusehen, was sich im Inneren befand. Ich wartete derweil mit Carlos draußen und setzte mich auf eine der langen Holzbänke neben der Hütte.

Als die Tür wieder aufging, kam Daniel mit leuchtenden Augen heraus. Seine Beute: zwei große, frische Steaks und ein Eisengitter. Unter italienischer Anleitung des Mannes, der eben die Kohlen verteilt hatte, legte Daniel mit einem breiten Lächeln das Fleisch mit dem Gitter über die heiße Glut. Es begann sofort zu zischen und zu brutzeln. Mir lief das Wasser im Mund zusammen.

Ich hatte auf unserer Reise bisher eher selten Fleisch gegessen, doch jetzt hätte ich mich am liebsten wie ein Raubtier darauf gestürzt. Die Steaks waren in wenigen Minuten gar. Ich kann mich immer noch an den Duft, an die knusprige Kruste und den saftigen Geschmack erinnern. Es war mit Abstand das beste Fleisch, das ich bisher in meinem Leben gegessen hatte. Wir würzten es nur mit dem groben Salz, das Daniel zu dem Fleisch mit dazu bekommen hatte. Während wir unsere Steaks verspeisten, kam noch eine Familie hier an. Sie hatten sich wohl auch eher zufällig an diesen Ort verirrt. Etwas zögerlich nahmen sie an einem Tisch neben uns Platz.

Daniel und ich saßen nebeneinander auf der Bank, aßen genüsslich und blickten dabei in die Ferne. Man konnte kilometerweit über die Ebene blicken. Irgendwo in dieser Weite verschmolz der Himmel mit der grasbedeckten Landschaft. Außer dem sanften Säuseln des Windes und dem gelegentlichen Knistern der Glut war es vollkommen still.

Schweigend erfreuten wir uns an diesem überraschenden Mahl. Obwohl Daniel nichts sagte, hatte ich das Gefühl, in diesem Moment schien Daniel ebenso glücklich zu sein wie ich. Ich wusste, dieser Augenblick, dieser Tag gehörte zu denen, die uns wohl lange Zeit im Gedächtnis bleiben würden.

Ich schnitt den Rest meines Steaks nun in kleine mundgerechte Stücke und fütterte Carlos damit. Gierig verschlang er die Brocken. Wir hatten zwar Futter für ihn eingepackt, aber ich wollte ihn auch gern an unserem besonderen Festmahl teilhaben lassen.

Er dankte es mir mit einem zufriedenen Gesichtsausdruck und einem kräftigen Rülpser, der das Mädchen am Nachbartisch zum Lachen brachte. Dieser Hund war schon echt eine Marke, dachte ich amüsiert bei mir.

Wir machten uns auf den Heimweg. Und als wir am Abend auf dem Campingplatz ankamen, hatte ich das Gefühl, als wären wir Wochen weggewesen. Dabei war es nur ein einzelner Tag gewesen – ein Tag gefüllt mit neuen, intensiven Eindrücken, beinahe schon verschwenderisch an einzigartigen Erfahrungen.

Ich schickte Kate eine Nachricht und einige Bilder von der Ebene und den Wildpferden.

»Diesen puren, wilden Geschmack von Abenteuer werde ich wohl nie wieder vergessen«, schrieb ich darunter und lächelte dabei.

Als ich mich am nächsten Morgen an meinen Laptop setzte, spürte ich einen Widerwillen. Ich hatte heute keine Lust zu arbeiten. Ich ärgerte mich, dass ich für die zwei Wochen, die wir hier oben verbringen wollten, keine Pause eingelegt hatte. Aber ich hatte diesen Monat noch nicht wirklich viel verdient und das hatte mir Druck gemacht. Jetzt wo wir hier waren, fernab von allem, sehnte ich mich danach, einfach mal ein paar Tage gar nichts zu machen und die Stille zu genießen.

Ich hatte auch ausgerechnet heute sogar zwei Termine für Erstgespräche und danach noch einen Gruppencall mit den Kursteilnehmern. Das war etwas, das mir ohnehin immer noch schwer fiel. Besonders bei den Erstgesprächen war ich jedes Mal total aufgeregt. Spätestens wenn ich dazu überging, die Leute in meinen Onlinekurs einzuladen, kam ich mir manchmal immer noch wie ein Vertreter für Staubsauger vor.

So sehr ich es geliebt hatte, diesen Kurs zu erstellen, so sehr hasste ich es, ihn verkaufen zu müssen. Am liebsten hätte ich ihn ja jedem geschenkt oder mir jemanden gesucht, der ihn für mich bewarb. Aber das war finanziell momentan nicht drin. Irgendwie musste ich auch Geld verdienen.

Fast ärgerte ich mich darüber, dass wir hier so guten Empfang hatten. Mit unserer Ausrüstung, einem mobilen Router mit Verstärkerantenne, hätten wir wohl selbst am Nordpol noch einen Videocall halten können.

Das erste Gespräch an diesem Tag war auch noch anstrengender als erwartet. Die Frau, die mich kontaktiert hatte, litt vielmehr unter Liebeskummer, als dass sie ihre Berufung finden wollte. Sie fragte mich, was sie machen könnte, um ihren Ex zurückzugewinnen.

Doch nach dem was sie über ihn erzählte, konnte ich gar nicht begreifen, dass sie ihm auch nur eine Träne nachweinte. Nach fast zwei Stunden Drama hatte ich ihr so viel Selbstvertrauen wie nur irgendwie möglich geschenkt und wir beendeten das Gespräch.

Mit einem Seufzer lehnte ich mich nach hinten. Ich hatte noch gut eine halbe Stunde Zeit bis zum nächsten Gespräch. Ich schloss die Augen und lauschte dem Wind. Da hörte ich ein entferntes Grollen. Es dauerte nicht lange und der Himmel verfinsterte sich. Eilig räumte ich alles in den Wohnwagen. Ich wusste, dass die Berggewitter in dieser Gegend ziemlich heftig sein konnten.

Nur wenige Minuten später ging es auch schon los. In heftigen Böen klatschte der Regen gegen unseren Wohnwagen. Bei dem lang gezogenen Donner vibrierte der Boden. Carlos versteckte sich ängstlich unter mir und ich versuchte, ihn zu beruhigen. Dann schaute ich auf die Uhr. In fünf Minuten begann mein Gespräch und der Regen trommelte so laut aufs Dach, dass man sein eigenes Wort nicht verstand. Ich musste den Termin absagen und vielleicht sogar den Gruppencall verschieben.

Ehe ich jedoch dazu kam, eine Nachricht zu schreiben, gab es draußen einen lauten Knall. Der Blitz war irgendwo eingeschlagen. Kein Strom. Kein Internet. Kein Handyempfang. Nichts mehr. Ich dachte mir noch, dass das bestimmt nur für einen kurzen Moment so bleiben würde. Aber als wir eine Stunde später immer noch kein Internet hatten, geriet ich in Panik. Es war nicht meine Art, die Leute einfach zu versetzen, ohne Bescheid zu geben.

Sobald der Regen etwas nachgelassen hatte, ging ich runter zum Holzhaus, um Pedro zu fragen.

»Hallo!«, begrüßte ich den hageren Mann freundlich.

Er lächelte mich warmherzig an. »Hallo! Kann ich dir helfen?«

Seit unserer Ankunft hatte mich Pedro immer wieder fasziniert. Er schien stets gelassen und glücklich zu sein, obwohl das Leben hier bestimmt auch hart sein konnte. Es war diese besondere Art der Einfachheit, die mich so an ihm beeindruckte. Es schien, als würde er alles einfach dankbar annehmen und das Beste daraus machen, egal was kam.

»Wir haben keinen Strom mehr«, erklärte ich Pedro. Wobei ich mir dachte, dass er das vermutlich selbst schon bemerkt hatte.

»Ja, durch das Gewitter«, antwortete er nickend.

Ich wartete einen Moment. Als er nichts mehr weiter dazu sagte, fragte ich: »Weißt du denn, wann wir wieder Strom haben werden?«

»Nein. Aber meist dauert es nicht lange. Vielleicht heute Abend ... oder morgen. Brauchst du eine Lampe?«

Ich schaute Pedro entgeistert an. Hatte er gerade tatsächlich gesagt, dass wir vielleicht erst morgen wieder Strom haben werden?

»Ähh ... Danke. Nein, Licht haben wir. Das ist kein Problem. Aber ich brauche dringend Internet.«

Jetzt sah ich Verwirrung in Pedros Blick. Ich fügte noch schnell hinzu: »Ich brauche das für meine Arbeit. Ich arbeite übers Internet.«

Er lächelte wieder. »Ja, arbeiten ...« Er schien nach den deutschen Wörtern zu suchen: »Ich gesehen, dass du viel am Laptop sitzen und arbeiten. Vielleicht jetzt Zeit für Pause?«

»Ja, aber da warten Leute, denen ich nicht absagen

kann! Ich kann nicht bis morgen warten«, entgegnete ich panisch.

»Dir wird nichts anderes übrig bleiben. Es tut mir leid. Das ist Natur.«

Gefrustet stand ich da und überlegte, was ich jetzt tun sollte. Da drehte sich Pedro plötzlich um und öffnete die Tür hinter sich. »Warte kurz hier!«, rief er mir zu, während er durch die Tür nach hinten verschwand.

Ich blieb dort stehen und machte mir derweil Gedanken, was ich jetzt tun könnte. Die Situation war mir total unangenehm. Ich hatte bisher alles dafür getan, dass meine Teilnehmer immer zufrieden waren. Sie jetzt einfach so zu versetzen und ihnen noch nicht einmal eine Nachricht zukommen lassen zu können, stresste mich enorm.

Es dauerte einige Minuten, da tauchte Pedro wieder auf. Er hielt eine Schale in der Hand und reichte sie mir.

»Bitteschön, das ist Tiramisu, nach Familientradition. Du genießen Tag mit deinem Mann ... nicht mehr so viel Stress... Bei uns gibt es ein Sprichwort«, er machte eine Pause, als ob er überlegte, wie er das Sprichwort am besten übersetzen könnte. »Wenn die Natur sagt, es ist Zeit für Pause, dann höre auf sie. Du bekommst immer nur diesen Tag. Es liegen an dir das Geschenk anzunehmen ... Hast du verstanden?«

»Ja ... Danke schön!« Ich nahm das Schälchen mit dem Tiramisu entgegen. »Vielen Dank, Pedro. Das ist wirklich sehr nett.« Ich zögerte noch einen Moment und fügte dann erklärend hinzu: »Ich bin nicht im Urlaub. Ich arbeite von unterwegs.«

Er grinste geheimnisvoll. »Deswegen. Hör auf Natur. Sie ist viel weiser als wir.«

Mit gemischten Gefühlen ging ich wieder zurück zum Wohnwagen. Mein Problem hatte ich immer noch nicht gelöst. Und so weise Pedros Worte auch klangen, so hatte er anscheinend nicht ganz verstanden, was ich hier machte. Das war ja nicht irgendein stressiger Job, um den es ging. Ich lebte hier schließlich meinen Traum! Und gestresst war ich nur, weil ich gerade kein Internet hatte! Was wusste er schon, dachte ich schmollend.

Während ich in Gedanken meine Situation innerlich rechtfertigte, beschlich mich das leise Gefühl, dass an dem, was Pedro da zu mir gesagt hatte, wohl mehr dran war, als ich zugeben wollte. Und das ärgerte mich noch mehr.

»Was ist los?«, fragte Daniel, als ich wieder zurück in den Wohnwagen kam. »Hast du erfahren, wann der Strom wieder da ist?«

»Nein, das weiß er nicht. Aber ich habe Tiramisu bekommen. Das hilft wohl«, antwortete ich mit einem gequälten Lächeln und hielt Daniel die Schale hin.

»Ahh ... spannend! Auch nicht schlecht. Dann essen wir das jetzt, oder?« Ich musste schmunzeln. Daniel liebte Tiramisu über alles. Und ihn schien es gerade nicht sonderlich zu stören, dass wir keinen Strom hatten. Er schien bereits alles Wichtige erledigt zu haben und beschäftigte sich jetzt mit irgendwelchen Tabellen auf seinem Rechner. Dafür brauchte er kein Internet. Der Akku seines Laptops schien auch noch eine Weile zu halten.

Und was die Geräte im Wohnwagen anging: Den Kühlschrank hatte Daniel auf Gas umgestellt und statt dem großen Licht die kleinen Leselampen angeschaltet. Sie funktionierten mit Solar.

Als wir wenig später eingekuschelt auf der Eckbank saßen und das Tiramisu aßen, vergaß ich sogar für einen Moment meine Sorgen wegen der Kursteilnehmer und dem Erstgespräch. Ich nahm die Situation einfach hin.

Denn damit hatte Pedro auf jeden Fall recht. Ich konnte es sowieso nicht ändern.

Als ich in dieser Nacht wach wurde, musste ich auf Toilette. Da wir kein Bad in unserem Wohnwagen hatten, bedeutete das, ich musste hinunter zu den Toiletten des Campingplatzes gehen. Ich öffnete die Tür und die kühle Nachtluft kam mir entgegen. Der Mond hatte mittlerweile deutlich abgenommen und draußen erwartete mich eine tiefe Dunkelheit. Da der Strom scheinbar immer noch nicht funktionierte, gab es weit und breit kein Licht.

Ich trat aus der kleinen Tür heraus und hatte das Gefühl, durch ein magisches Tor in eine Fantasiewelt gelangt zu sein. Über mir war ein Sternenhimmel, wie ich ihn noch nie gesehen hatte. Abertausende von Sternen funkelten mir von oben entgegen. Ich konnte sogar die Milchstraße erkennen.

Gleichzeitig war die Wiese neben unserem Wohnwagen übersät von Glühwürmchen. Lautlos schwirrten sie umher, saßen auf den langen Grashalmen und verströmten ihr sanftes Licht. Es wirkte wie Magie: Winzig kleine Irrlichter, die die Landschaft mit ihrem Zauber einhüllten.

Staunend ging ich weiter auf die Wiese und bückte mich, um eines der winzigen Geschöpfe aus der Nähe zu betrachten. Da flogen zwei Glühwürmchen dicht an mir vorbei und eines landete auf meiner Hand. Verwundert betrachtete ich es, bevor es wenige Sekunden später wieder abhob und davon surrte. Fast konnte ich nicht glauben, was da gerade passiert war, so flüchtig war dieser Augenblick gewesen.

Ich dachte daran, was Pedro über die Natur gesagt hatte. Ohne den Stromausfall hätte ich das vermutlich so nicht erlebt. Erst diese tiefe Dunkelheit hatte es möglich gemacht, dass die Sterne und die Glühwürmchen in dieser Nacht so hell leuchteten.

Ich kniete noch einen Moment lang im Gras und beobachtete das zauberhafte Schauspiel der kleinen Leuchtkäfer unterm Sternenhimmel. Dann ging ich Daniel wecken, um ihm dieses Wunder zu zeigen.

Der Strom war übrigens gleich am nächsten Morgen wieder da und alle meine Teilnehmer hatten Verständnis für mich, als ich ihnen die Situation erklärte. Die Einzige, der sich mal wieder so gestresst hatte, war ich gewesen.

Und wieder spürten wir, dass es an der Zeit war, weiterzureisen. Unser Weg sollte uns dieses Mal ein Stück Richtung Norden führen. Wir wollten nach Südtirol.

Doch eine Sache gab es noch, die ich tun wollte, bevor wir diesen besonderen Ort verließen. Ich ging am Morgen zum See und setzte mich dort ans Ufer. Der See lag still und klar vor mir.

Ich zog meine Kleidung aus und ließ mich ins kalte Wasser gleiten. Es war eisig, aber in der warmen Sonne auch auf wohlige Weise erfrischend. Ich schwamm einige Meter hinaus und ließ mich dann auf dem Rücken über den See treiben. Ich schaute dabei zum blauen, weiten Himmel hinauf, atmete tief durch und lächelte.

Das Wasser trug mich und ich vergaß all meine Gedanken. Nichts spielte mehr eine Rolle. Ich war jetzt hier und das war genug. Ich spürte nichts außer die tiefe Stille des Bergsees in mir.

Als ich wieder aus dem Wasser herauskam und mich zum Trocknen ans Ufer setzte, lächelte ich zufrieden. »Nackt in einem einsamen Bergsee schwimmen«, wieder so eine einzigartige Erfahrung, die mir in Erinnerung bleiben würde.

Pedro schenkte uns zum Abschied noch eine Flasche Wein und gab uns frisch gebackenes Brot und Ricotta mit auf den Weg. Es war ein seltsames Gefühl, als wir die Berge verließen und wieder zurück in die Zivilisation kehrten.

Die Zeit in den Abruzzen war anders gewesen als alles, was ich bisher erlebt hatte. Die Natur hier oben war so gewaltig und frei, so unberechenbar und wunderschön. Sie hatte in mir eine ungezähmte, wilde Seite geweckt, einen Hunger nach Leben, nach Abenteuer und Freiheit. Die Weite und Stille war gleichzeitig so kraftvoll und auch so konzentriert gewesen, dass ich fast jeden Abend hundemüde ins Bett gefallen war. Selten war ich auf eine so intensive Weise über den gesamten Tag wach und aufmerksam und gleichzeitig doch auch so entspannt gewesen wie hier.

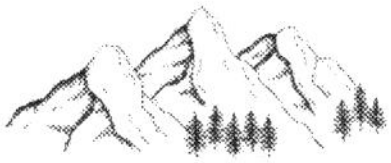

Abruzzen

SÜDTIROL UND FIEMME-TAL

Wir wählten einen Campingplatz im »Val di Fiemme«. Das war eine italienische Region in den Dolomiten, die direkt an Südtirol grenzte. Mir hatte der Platz so gut gefallen, da er etwas abgeschieden auf 1.400 Metern Höhe lag, aber dennoch gut mit dem Wohnwagen erreichbar war.

Wieder einmal spürten wir ein aufregendes Kribbeln, als wir die Autobahn verließen und mit unserem Gespann einer Landstraße folgten, die den Berg hinauf führte. Obwohl es mittlerweile Juli war, war auf diesem Campingplatz noch nicht allzu viel los. Wir suchten uns einen abgelegenen Wiesenplatz am Waldrand.

Er lag direkt am Fuße einiger mächtiger Bäume. Noch war herrlichster Sonnenschein, aber ich hatte in meiner App gelesen, dass in den nächsten Tagen heftige Unwetter erwartet wurden. Wir bauten alles zügig auf.

Als Daniel und ich damit fertig waren, ging ich mit Carlos spazieren. Nach der langen Fahrt hatten der Hund und ich Lust, uns die Beine zu vertreten. Ich hatte einen Pfad entdeckt, der nur wenige Meter von unserem Stellplatz entfernt in den Wald hineinführte. Der Wald schien uralt zu sein. Gewaltige Baumriesen ragten neben dem verschlungenen Trampelpfad empor. Der Boden war bedeckt von dickem Moos und leuchtend grünem Farn.

Ich kletterte über kräftige Wurzeln hinweg und wagte mich immer tiefer hinein in dieses mystisch erscheinende Naturreich. Der Geruch von Erde und Tannennadeln stieg mir in die Nase, während ich über den feuchten Boden weiterging. An manchen Stellen stieg Nebel auf und die Sonnenstrahlen, die durch die Baumkronen schienen, brachen sich in den winzigen Wassertropfen und tauchten die Landschaft in ein geheimnisvolles Licht.

Ich kam mir vor, als würde ich durch eine längst vergessene Welt wandeln. Ich war vorher nie in einem solch alten Wald gewesen. Ich fragte mich, was jene Baumriesen bisher wohl alles schon überdauert hatten, hier oben abseits in der Stille der Berge.

Ich erreichte eine Lichtung. Hier schien die Sonne besonders hell. Ich beschloss eine Pause zu machen und setzte mich unter einen Baum auf eine große Wurzel. Carlos legte sich einige Meter von mir entfernt auf den Waldboden und beobachtete aufmerksam die Umgebung.

Ich lehnte mich an den Stamm und blickte hinauf in die Krone. So nah wirkte der Baum noch eindrucksvoller. Nach einer Weile schloss ich die Augen und genoss entspannt die besondere Ruhe an diesem Ort. Es war so unglaublich still hier. Nur der Wind rauschte leise in den Wipfeln und einige Insekten surrten an mir vorbei. Die Sonne schien mir jetzt direkt ins Gesicht und wärmte meine Wangen.

Ich hatte das Gefühl, meine Sinne waren in den vergangenen Monaten wesentlich feiner geworden. Ich konnte viel mehr wahrnehmen. Irgendwie hatte es mich verändert, dass ich so viel Zeit in der Natur verbracht hatte. Mein Körper hatte seinen eigenen Rhythmus gefunden. Ich brauchte längst keinen Wecker mehr, um in der morgendlichen Dämmerung zu erwachen. Ich schlief kürzer und dafür wesentlich tiefer.

Auch bekam ich jetzt immer die verschiedenen Mondphasen mit. Früher wusste ich nicht, ob der Mond gerade zunahm oder abnahm. Ich habe vielleicht mal zufällig gesehen, dass wir Vollmond hatten. Aber jetzt sah ich den Mond fast immer am Abend oder in den frühen Morgenstunden und konnte beobachten, wie er sich wandelte.

Als ich die Augen wieder öffnete, sah ich zwei Rehe auf der anderen Seite der Lichtung stehen. Überrascht richtete ich mich auf und schaute zu Carlos. Er hatte sie auch bemerkt und beobachtete sie gespannt. Der Pudel machte jedoch keine Anstalten aufzustehen. Ruhig lag er da und fokussierte sie mit seinem Blick. Die Rehe blieben noch einen Moment regungslos stehen und schauten zu uns herüber. Dann drehten sie sich um und verschwanden langsam wieder im Wald. Wow, was für eine zauberhafte Begegnung, dachte ich bei mir.

Ich blieb noch eine Weile sitzen, bevor ich mich mit Carlos wieder auf den Rückweg machte. Ich hatte noch zahlreiche weiterer kleiner Pfade im Wald entdeckt und ich freute mich schon darauf, diese in unserer Zeit hier zu erkunden. Das würde meine neue Morgenrunde werden. Im Sonnenaufgang war es bestimmt wunderschön hier. Und wer weiß, was uns alles in der Dämmerung begegnen würde.

Am Abend zogen dann die ersten dicken Wolken über den Himmel und in der Nacht begann es zu regnen. Wir wurden von einer Reihe heftiger Berggewitter überrollt, die mehrere Tage andauerten. Wir blieben die meiste Zeit im Wohnwagen und nutzten die Pausen, wenn es mal für ein, zwei Stunden nicht gewitterte, um mit Carlos rauszugehen.

An einem Nachmittag schien das Wetter sich gar nicht mehr beruhigen zu wollen. Daniel und ich saßen auf der Eckbank und arbeiteten beide am Laptop. Draußen blitzte und donnerte es schon seit Stunden.

Immer wieder erschütterte ein tiefes Grollen den Wohnwagen. Und wenn wir dachten, das Unwetter sei endlich vorbeigezogen, dann begann es von neuem. Es war jetzt schon der dritte Tag, an dem es so stark gewitterte. Und wir hatten uns ganz in den kleinen Wohnwagen zurückgezogen.

Der Regen trommelte auf dem Dach und unter meinen Füßen spürte ich wie der Boden in regelmäßigen Abständen vibrierte. Ich hatte keine Angst vor Gewitter. Das hatte ich bisher noch nie gehabt. Doch dieses Gewitter erschien viel gewaltiger und intensiver, als alle, die ich bisher erlebt hatte. Immer wieder durchbrach ein dunkles Poltern das gleichmäßige Rauschen des Regens und breitete sich dann dumpf hallend am Himmel über uns aus.

Ich schrieb gerade an einem längeren Text und war schon seit Stunden in meine Arbeit versunken. Da tauchte ganz plötzlich, wie aus dem Nichts ein Gedanke auf. Vielleicht war es auch ein Gefühl. Ich konnte es nicht genau sagen. Ich wusste einfach, dass es jetzt besser wäre, sofort alle Stecker zu ziehen und die Geräte vom Strom zu trennen.

Dieser Impuls kam mir merkwürdig vor. Es gewitterte schon so lange und das Unwetter hatte sich in den letzten Stunden kaum verändert. Wir hatten bisher noch nie wegen Gewitter die Geräte vom Strom abgeschaltet. Warum sollten wir das ausgerechnet jetzt tun?

Obwohl ich keine Erklärung dafür hatte, hörte ich auf meinen Impuls. Ich zog den Stecker aus meinem Laptop und wandte mich an Daniel.

»Kannst du den Stecker bei deinem Rechner rausziehen? Ich habe gerade ein echt ungutes Gefühl.«

Daniel blickte überrascht hoch. »Okay …«, sagte er

leicht verwirrt, während er sich bückte und sein Laptop vom Strom nahm. »Woher kommt das plötzlich?«

»Keine Ahnung! Aber es kann ja nicht schaden, wenn wir es einfach vorsichtshalber machen, oder?«, meinte ich und stand dabei auf. »Hilfst du mir gerade schnell mit den anderen Geräten? Wenn dem Router etwas passiert, wäre ja echt doof.«

Daniel erhob sich. Sein Blick war immer noch skeptisch, aber er half mir, auch die restlichen Geräte vom Strom zu trennen.

»Waren das jetzt alle?«, fragte er.

»Ich glaube schon«, antwortete ich nachdenklich und sah mich dabei um. So viele Stecker gab es ja in dem kleinen Wohnwagen zum Glück nicht. Mein Blick fiel auf die kleine Lampe an der Eckbank, die noch angeschaltet war. »Was ist damit?«

»Oh, ein bisschen Licht hätte ich schon gern. Es ist ja nicht gerade hell draußen bei den dicken Wolken«, meinte Daniel.

»Okay. Dann würde ich sagen, wir haben alles.«

Wir wollten uns gerade wieder hinsetzen, da gab es einen fürchterlichen Knall. Scheppernd krachte es wie bei einer Explosion. Ich zuckte erschrocken zusammen. Im gleichen Moment ging das Licht im Wohnwagen aus und wir standen im Dunkeln.

»Was war das denn?« Ich schaute mich nervös um und streichelte dabei Carlos. Der Hund drückte sich zitternd an mein Bein. Der Knall hatte ihn in Panik versetzt. Er war aus seinem Körbchen gesprungen und hechelte jetzt gestresst.

Während ich Carlos weiter liebevoll beruhigte, überprüfte Daniel den Sicherungskasten im Schrank.

»Wir haben definitiv keinen Strom mehr!«, stellte er fest.

»Wie krass! Der Blitz ist eingeschlagen. Zum Glück hatten wir schon alles rausgezogen.«

»Oh ja, da hattest du echt eine gute Idee«, bestätigte Daniel.

Ich lugte vorsichtig aus dem Fenster und schaute, ob ich draußen irgendetwas erkennen konnte. Doch es war viel zu dunkel draußen und der Regen lief über die Scheiben und verwischte die Sicht. Ich konnte nicht wirklich etwas sehen.

Ich dachte über die Situation nach. Das war doch kein Zufall gewesen. Ausgerechnet nachdem wir alle Stecker gezogen hatten, schlug tatsächlich der Blitz ein? Wie wahrscheinlich war das denn? Ich fragte mich, wo dieser plötzliche Impuls hergekommen war.

»Alles gut Carlos«, sagte ich zu dem Hund, der immer noch ziemlich schnell atmete. »Es ist nichts passiert. Wir sind hier sicher.« Das hoffte ich zumindest.

Ich setzte mich wieder auf die Eckbank und klopfte mit der Hand aufs Polster.

»Hopp«, animierte ich Carlos neben mich zu kommen.

Er sprang sogleich hoch und kuschelte sich an mich. Sanft legte ich ihm meine Hand auf seinen Rücken und er beruhigte sich allmählich wieder. Wenn es jetzt nicht noch ein weiteres Mal so laut knallte, dann würde Carlos sich auch wieder komplett entspannen. Ich klappte meinen Laptop auf. Der Akku war zum Glück noch voll. Ich versuchte weiter an meinem Text zu arbeiten, aber meine Gedanken schweiften immer wieder zu dem Blitzeinschlag und meiner unerwarteten Eingebung ab. Wie hatte ich das vorausahnen können?

Eine halbe Stunde später ließ der Regen nach und ich wagte mich aus dem Wohnwagen. Ich wollte doch gern wissen, was da passiert war. Als ich aus der kleinen Tür heraus auf die Wiese trat, traute ich meinen Augen nicht. Vor unserem Wohnwagen im Gras lagen überall Holzsplitter und Fetzen von Rinde. Als ich mich weiter umschaute, bemerkte ich, dass auch unser Vorzelt und der Wohnwagen davon bedeckt waren.

Ich blickte verwirrt über die Wiese und da sah ich ihn: ein riesiger Baum, beziehungsweise, das was von ihm übrig geblieben war. Sein nackter Stamm ragte zerborsten gen Himmel, ein tiefer Riss durchzog ihn bis hinunter zur Erde. Die Baumkrone lag in mehr oder weniger großen Stücken verteilt auf der gesamten Wiese. Die Rinde war anscheinend abgeplatzt und bis zu uns geflogen.

Es wirkte so, als wäre der Blitz komplett in den Baum eingedrungen und hätte ihn von innen heraus gesprengt. Zum Glück hatte niemand mit seinem Camper oder Zelt direkt in der Nähe des Baumes gestanden. Nur ein anderes Wohnmobil in einiger Entfernung schien auch von Holzsplittern bedeckt zu sein. So wie es aussah, war niemandem etwas passiert.

Ich ging auf den Baum zu und blieb einen Moment regungslos vor dem zerborstenen Stamm stehen. So etwas hatte ich vorher noch nie gesehen. Der Baum war bestimmt über zwanzig Meter groß gewesen. Was für eine Kraft musste der Blitz gehabt haben, um ihn so zu zerstören und die Splitter über hundert Meter bis zu uns zu schleudern?

Ich ging nochmal zum Wohnwagen zurück, um Daniel zu holen. Das musste er sich unbedingt anschauen. Er war auch ziemlich entsetzt, als er den Baum sah. Wir waren beide froh, dass wir uns einen Platz so weit entfernt ausgesucht hatten und der Blitz nicht in einen der Bäume am Waldrand eingeschlagen war. Das Gewitter schien nun auch endlich abzuziehen.

Der Himmel war schon wieder viel heller und auch das Donnern war deutlich leiser geworden.

Ich erzählte am Abend Kate von dem Ereignis. Wir hatten uns zum Telefonieren verabredet. Gespannt lauschte sie mir.

Als ich fertig war, meinte sie direkt: »Boah, zum Glück ist euch nichts passiert. So Berggewitter sind echt nicht ohne! Ich finde es übrigens total cool, dass du auf deine Intuition gehört hast. Sonst hättet ihr jetzt echt ein Problem so ohne Router und Laptops. Das wäre ja nicht so toll, wenn ihr mal eben die komplette Ausrüstung neu kaufen müsstet.«

»Oh ja, das stimmt. Da hätte ich nicht gewusst, wie wir das gerade hätten machen sollen. Das wäre ja voll teuer geworden.« Ich machte eine kurze Pause, bevor ich weitersprach. »Ich frage mich nur echt, wo dieser plötzliche Impuls herkam. Das hatte ich in letzter Zeit öfter schon mal mit Kleinigkeiten. Da hab ich beim Schwimmen im Meer zum Beispiel an eine Qualle gedacht und tatsächlich sind kurz darauf welche im Wasser aufgetaucht. Oder ich wollte bei einer Fahrt mit dem Wohnwagen plötzlich eine andere Straße wählen als das Navi gesagt hat, nur weil sie sich komisch angefühlt hat und am Ende war es eine Sackgasse und wir hatten voll Mühe zu drehen.«

»Und du wunderst dich tatsächlich darüber?«, meinte Kate mit einem breiten Grinsen.

»Klar, findest du das nicht seltsam? Woher konnte ich das wissen?«

»Ich finde, du hattest schon immer eine gute Intuition. Und jetzt seid ihr da den ganzen Tag in der Natur. Ich glaube, das verändert einen. Wahrscheinlich hattest du vorher auch schon so deutliche Impulse und du hast sie nur nicht mitbekommen. Jetzt hast du ja viel weniger Ablenkung.«

»Kann sein ...«, antwortete ich nachdenklich. »Ich habe schon das Gefühl, dass sich meine Wahrnehmung verändert hat. Ich höre zum Beispiel auch viel besser und mein Geruchssinn ist total stark geworden. Das ist aber nicht immer von Vorteil. Letztens ist ein Jogger an mir vorbeigelaufen und ich habe noch ewig seine Deo-Duftfahne gerochen.«

Kate lachte. »Ja, wahrscheinlich bist du total verwildert, wenn ihr mal wieder zu Besuch kommt. Dann erschlagen dich die ganzen Eindrücke.« Sie atmete tief durch. »Ich glaube, ich brauche auch mal wieder mehr Zeit in der Natur. Das hat mir in Neuseeland echt gut getan. Jetzt bin ich schon so lange in London und verstehe mich nicht falsch, die Stadt ist wirklich grandios, aber ich vermisse die Ruhe und das schöne Grün.«

»Das kann ich gut verstehen. Besuch uns doch mal mit Ben hier. Wir wollen noch mindestens eine Woche bleiben und das Wetter soll jetzt traumhaft werden. Der Wald würde dir gefallen. Hier sind wirklich uralte, riesige Bäume und da führen kleine Trampelpfade mitten durch den Wald. Das ist wie eine Fantasy-landschaft. Total magisch!«, erzählte ich begeistert.

»Oh, das glaube ich dir. Ich würde wirklich gern zu euch kommen, allein um dich wieder einmal zu sehen. Und dann könntest du Ben kennenlernen. Ihr würdet euch bestimmt gut verstehen. Aber momentan können wir nur für ein verlängertes Wochenende weg. Da ist Italien schon sehr weit. Mal sehen, vielleicht fahren wir mal in die Highlands...«, meinte Kate nachdenklich.

»Das ist bestimmt auch toll und auf jeden Fall mindestens genauso magisch!«

»Aber wir müssen echt schauen, dass wir uns bald mal wieder live sehen. Ist schon so lange her. Ich bin gespannt, wie das bei euch weitergeht. Und was du noch alles von deiner Intuition erzählst! Das wird bestimmt noch intensiver, glaub mir.« Ihre Augen funkelten geheimnisvoll bei dem letzten Satz.

Wir plauderten an diesem Abend noch eine ganze Weile und fast vergaß ich, dass zwischen uns tausende Kilometer lagen. Es tat einfach gut, ihr gegenüber zu sitzen und mich mit ihr auszutauschen – auch wenn wir uns nur über den Handybildschirm sahen.

Ich dachte mir später, dass es ja egal war, woher meine plötzlichen Eingebungen kamen. Ich würde dieser flüsternden Ahnung auf jeden Fall künftig noch viel mehr Beachtung schenken und mich von ihr führen lassen.

Am nächsten Morgen erwartete uns tatsächlich Sonnenschein. Der wolkenlose Himmel ließ uns schnell vergessen, wie heftig das Wetter in den letzten Tagen gewesen war. Einzig der zerborstene Baumstamm auf der anderen Seite der Wiese erinnerte an die starken Unwetter.

Daniel und ich saßen vor dem Wohnwagen und frühstückten. Die Sonne schien dabei warm auf meinen Rücken und mir gefiel es, dass es heute wieder so hell und freundlich draußen war. Gleich nach dem Frühstück machten wir uns mit dem Auto auf den Weg in die Berge. Wir wollten das schöne Wetter für eine erste Wandertour hier in der Gegend nutzen.

Ich hatte gelesen, dass im hundefreundlichen »Fiemme-Tal« auch Carlos im Lift mitfahren durfte. Und tatsächlich. Es war überhaupt kein Problem. Der Hund war sogar gratis. Carlos zögerte zwar kurz, aber als er sah, dass sein Herrchen auch in die Kabine einstieg, folgte er mir brav. Während der Fahrt saß der Hund dann vor der großen Scheibe und beobachtete eine Schafherde, über die wir hinwegfuhren. Die Höhe schien ihm dabei überraschend wenig auszumachen.

Wir fuhren mit dem Lift bis ganz nach oben und sahen uns dann dort an der Bergstation erst einmal um. Wir hatten nichts geplant und auch weder eine Karte noch irgendeinen Wanderführer mit dabei. Wir wollten uns hier oben einfach ein wenig die Beine vertreten und die Aussicht genießen.

So standen wir erst einmal eine ganze Weile vor einer großen Tafel mit einer gemalten Karte darauf und überlegten, welchen Weg wir wählen sollten. Jeder geübte Wanderer hätte wahrscheinlich geschmunzelt, wenn er uns dabei zugesehen hätte, wie wir ziemlich arglos einen Rundweg auswählten.

Mit dem Finger auf der Karte war dieser schnell abgegangen und in einer anderen Landschaft wäre es vermutlich ein Kinderspiel gewesen. Aber wir befanden uns in den Bergen. Wir hatten zwar die enormen Höhenunterschiede der Route gelesen, aber wir waren uns keinesfalls der Tragweite bewusst. Das wurde uns erst klar, nachdem wir stundenlang über einen mit Geröll bedeckten Weg steil nach oben kraxelten.

Während Daniel und ich uns hinter Carlos schnaufend den Berg hochkämpften, erinnerte ich mich daran, wie oft wir uns schon bei unseren Wanderrouten verschätzt hatten. Wir hatten ein echtes Talent dafür, uns aus Versehen immer wieder derart herauszufordern.

Das war nicht das erste Mal, dass aus einer gemütlichen Runde am Ende eine ausgedehnte Wandertour wurde. Unser Abenteuer auf dem Wolfspfad war ja auch noch nicht so lange her. Immerhin trugen wir dieses Mal sogar Wanderschuhe und hatten einen kleinen Rucksack mit Wasser dabei. Das war schon mal ein Fortschritt.

Als wir endlich den Gipfel erreicht hatten, waren wir schon über drei Stunden unterwegs und hatten noch nicht einmal die Hälfte unserer Runde geschafft. Ich fragte mich, wie wir ernsthaft eine Route mit Gipfelkreuz hatten aussuchen können und dabei auch noch glaubten, das wäre ein einfacher Weg.

Belohnt wurden wir mit einem grandiosen Blick über eine wunderschöne Bergkette der Dolomiten. Entspannt setzten wir uns nach dieser Anstrengung auf einen der Felsen und genossen die Aussicht.

Doch dieses Vergnügen dauerte nicht lange. Carlos hatte nämlich unterhalb von uns einen kleinen See entdeckt und rannte nun einen steilen Trampelpfad hinunter, der dorthin führte. Daniel und ich eilten ihm sofort nach.

Auf mein Rufen reagierte der Hund nicht mehr. Er hatte beschlossen, sich kurz abzukühlen. Danach könnte er ja immer noch schauen, was Frauchen da von ihm wollte. Unaufhaltsam raste Carlos weiter hinab und stürzte sich dann ohne zu Bremsen ins Wasser. Mit kräftigen Zügen schwamm er durch den See – sehr zum Vergnügen einer Gruppe Wanderer, die auf den Felsen saßen und das Schauspiel beobachteten.

Daniel und ich hatten den kleinen Bergsee noch nicht erreicht, da kam Carlos auch schon wieder aus dem Wasser gesprungen und rannte nun wie von einer Tarantel gestochen seine Runden am Ufer entlang. Das Wasser musste eisig gewesen sein.

Der Pudel war außer Rand und Band. Wie ein junges Fohlen lief er jetzt buckelnd über die Wiese. Ich blickte zu Daniel und wir schüttelten beide den Kopf.

»Dieser Hund!«, meinte Daniel lachend.

Am See war Carlos längst schon zu einer Art Attraktion geworden. Amüsiert wurde er von allen Seiten beobachtet, wie er da am Ufer herumtollte und sich wieder aufwärmte. Wir entschieden erstmal eine Rast zu machen.

Zum Glück hatte ich ein kleines Handtuch eingepackt und konnte Carlos wieder einigermaßen trocken rubbeln. Er schien überaus zufrieden nach seiner Schwimmaktion und räkelte sich in den Gräsern am Ufer.

Wir setzten uns neben ihn, zogen unsere Schuhe und Socken aus und ließen die Füße ins Wasser baumeln. Es war wirklich eiskalt, aber nach diesem langen Marsch war es auch eine echte Wohltat. Ich schloss die Augen und ließ mir die Sonne ins Gesicht scheinen.

Nach einer Weile drehte ich mich zu Daniel. »Kann ich dich etwas fragen?«

»Klar. Du fragst doch sonst auch nicht vorher«, antwortete er etwas überrascht.

»Ich will deine ehrliche Meinung. Sag einfach, was du denkst. Hast du das Gefühl, das mit dem Onlinekurs ist wirklich meins?«

»Puh, keine Ahnung … Wenn du das nicht weißt …« Er überlegte einen Moment, bevor er weitersprach. »Also, als du den Kurs vorbereitet hast, hatte ich schon das Gefühl, dass dir das echt Freude gemacht hat. Und mit den Teilnehmern, das passt, glaub ich, auch. Das ist ja dein Thema. Aber das ganze Drumherum … Mit den Erstgesprächen machst du dir jedes Mal voll Stress und bei der Facebookgruppe bin ich mir auch nicht immer sicher, ob dir das nicht zu viel ist.«

»Ja, ich habe irgendwie das Gefühl, dass die Leute in der Gruppe und in den Gesprächen etwas anderes von mir wollen. Die meisten suchen gar nicht ihre Berufung. Sie haben eher Druck auf der Arbeit, Stress mit ihrem Chef oder Partnerprobleme. Sie wollen oft gar nichts anderes machen, sondern einfach bessere Arbeitsbedingungen oder eine harmonische Beziehung. Ich weiß dann nicht wirklich, wie ich ihnen da helfen soll. Irgendwie kosten mich die Gespräche dann total viel Kraft.« Ich atmete tief aus und blickte in die Ferne.

Ich dachte über die letzten Gespräche nach. Ich hatte mich dabei nicht gerade wohl gefühlt. Die Erstgespräche waren ja komplett gratis. Trotzdem kam es mir so vor, als hätten manche echt hohe Erwartungen.

Ich drehte mich wieder zu Daniel. »Ich habe das Gefühl, als würden die Leute erwarten, dass ich in einem Gespräch alle ihre Probleme auf einmal löse.«

»Erwarten die Leute das oder du?«, hakte Daniel jetzt grinsend nach.

»Mmmhh, keine Ahnung … Eigentlich dienen die Gespräche ja dazu, dass die Leute gucken können, ob mein Kurs etwas für sie ist. Aber mir kommt es so vor, als hätten sie gar nicht wirklich Interesse an dem Onlinekurs. Vielleicht muss ich das auch anders in der Einladung schreiben. Mit manchen Leuten passt es ja sehr gut und die meisten sind auch super nett … Ich weiß nicht, woran es liegt, auf jeden Fall läuft es noch nicht so, wie ich es mir vorgestellt habe.«

»Es ist doch dein Business und dein Kurs. Du entscheidest, mit wem du arbeitest.«

»Ja, eigentlich schon, aber bei den Gesprächen weiß ich ja vorher nicht, wie die Leute sind. Da kann sich jeder anmelden. Und manche sind nicht gerade nett zu mir.«

Ich erinnerte mich an eine Frau, die mich im Gespräch immer wieder angegriffen hatte, weil ich mir so ein schönes Leben am Meer machen würde. Sie hätte es nicht so leicht. Sie könnte nicht einfach aus ihrem Alltag ausbrechen und dann den ganzen Tag faul am Strand rumliegen. Ich hatte mich damals echt zusammenreißen müssen. Am liebsten hätte ich einfach aufgelegt und mich tatsächlich an den Strand gelegt.

»Weißt du«, Daniel legte den Arm um mich, »du musst nicht mit jedem zurechtkommen. Und wenn sich jemand beim Gespräch blöd verhält, dann kannst du das auch sagen und im Notfall das Gespräch beenden. Du bist da zu nichts verpflichtet. Das ist ein kostenloses Angebot. Mach dir da doch nicht so einen Stress.«

»Ja, da hast du Recht. Ich werde das ändern. Ich weiß auch nicht, wieso mir das so schwer fällt.« Ich plantschte mit meinen Füßen etwas im Wasser herum und dachte über das nach, was Daniel gesagt hatte. »Danke! Das hat mir schon ein Stück weit geholfen«, sagte ich schließlich und lächelte ihn an.

»Was ist eigentlich mit deinem Buch?«, fragte Daniel nun plötzlich.

Ich sah ihn überrascht an. »Da habe ich gerade keinen Kopf für. Ich will jetzt erst einmal das mit dem Kurs so ins Laufen bringen, dass da auch regelmäßig Geld reinkommt. Dann kann ich auch wieder entspannt am Buch arbeiten.«

»Ich finde ja, dass du beim Schreiben immer am glücklichsten bist. Du solltest mehr Zeit damit verbringen.«

Zwei Hunde kamen jetzt auf Carlos zugestürmt und unterbrachen unser Gespräch. Ich stand schnell auf und beobachtete, was sie machten. Sie schienen aber ganz friedlich zu sein und motivierten Carlos zum Spielen. Daniel erhob sich jetzt auch und begann damit, sich die Socken und Schuhe wieder anzuziehen.

»Gehen wir weiter?«

Ich nickte. »Okay.«

Der Weg führte nun in Serpentinen bergab und es dauerte noch einmal drei weitere Stunden, bis wir erschöpft unseren Ausgangspunkt erreichten. Der Mann am Lift winkte uns eilig zu sich, als er uns sah. Er zeigte auf die Tafel mit den Öffnungszeiten und mir wurde bewusst, wie knapp wir dran waren. Eigentlich wäre der Lift schon geschlossen. Schnell sprangen wir mit Carlos in die Kabine und fuhren herunter zur Talstation.

Als wir etwas später unten ausstiegen, wurde die Anlage auch schon abgeschaltet. Wir waren tatsächlich die Letzten gewesen. Da hatten wir nochmal Glück gehabt. Nach den Öffnungszeiten des Lifts hatten wir nämlich heute Morgen nicht geschaut.

Jetzt freuten wir uns alle drei darauf nach Hause in unseren Wohnwagen zu kommen, etwas Leckeres zu essen und uns nach dieser langen Tour auszuruhen.

Wir blieben noch eine Woche im Fiemme-Tal, bevor es weiterging. Unser Weg führte uns weiter Richtung Norden. Nach diesen intensiven Wochen in den Bergen wollten wir gern wieder ans Meer. So wunderbar wir die Stille und Weite der Bergwelt auch fanden, wir vermissten den Ozean.

Südtirol

ATLANTIKKÜSTE – NIEDERLANDE

Nach über vier Monaten hatten wir Italien verlassen und fuhren nun nach Nordholland. Während wir der Autobahn in Richtung Norden folgten, begleiteten uns gemischte Gefühle. Daniel und ich hatten auf dem Weg hierher unseren ersten Heimatbesuch in Deutschland gemacht. Zwei Wochen waren es gewesen, in die wir versucht hatten, alles hinein zu quetschen, von Treffen mit Familie und Freunden, über Arztbesuche, Einkäufe und sonstige Erledigungen.

Ich erinnerte mich an das seltsame Gefühl, das ich dabei gehabt hatte, wieder in der Heimat zu sein: so vertraut und gleichzeitig doch auch so fremd. Für Daniel und mich hatte sich in den vergangenen Monaten unsere ganze Welt verändert. Doch in der Heimat schien alles beim Alten geblieben zu sein. Lange waren wir ja auch nicht weggewesen. Mir kam es jedoch wie eine Ewigkeit vor, wie ein früheres Leben. So viel hatte sich seit unserer Abfahrt geändert.

Der Heimaturlaub war mir vorgekommen wie ein Aufeinanderprallen zweier Welten. Ich hatte sie so gern miteinander verbinden wollen, aber ich wusste nicht, ob mir das wirklich gelungen war. Vielleicht brauchte das Zeit. Immerhin war es der erste Besuch gewesen, seit wir auf Reisen waren. Ich musste an Kate denken, die sich bei unserem letzten Telefonat schon gefragt hatte, wie es wohl sein würde, wenn ich so »verwildert« wieder zurückkäme. Kate war übrigens immer noch in London. Sie hatte ich daher leider nicht sehen können.

Jetzt gerade empfand ich es total entspannend, wieder im Auto zu sitzen und zum nächsten Ziel zu reisen. Irgendwie war das unser Alltag geworden. Ich blickte aus dem Fenster und beobachtete, wie die Landschaft vorbeirauschte.

»Das nächste Mal müssen wir das mit dem Besuch in Deutschland anders machen. Erst sehen wir niemanden und dann alle auf einmal. Das war mir viel zu stressig«, sagte ich nachdenklich zu Daniel.

»Ja, definitiv. Das waren viel zu viele Termine in kurzer Zeit. Das bin ich nicht mehr gewöhnt«, stimmte Daniel zu.

»Oh ja, ich auch nicht. Dabei habe ich mich so gefreut. Es war schön, alle wiederzusehen und mal zusammenzusitzen. Das hat mir gefehlt. Aber so war das zu viel. Das ist der Nachteil beim Reisen. Ich würde manche gern viel öfter sehen, aber ich will auch nicht total durchgetaktet von einem Termin zum nächsten eilen. Das müssen wir beim nächsten Mal besser machen.«

»Ja, das finde ich auch. Dann bleiben wir doch lieber etwas länger und teilen das auf. Ich habe mich auch gefreut, alle zu sehen. Aber jetzt bin ich total platt.«

Wir schwiegen einen Moment lang und ich dachte über die letzten zwei Wochen nach. Vor meinem inneren Auge spielte sich ein Film ab und ich erinnerte mich wieder an die einzelnen Treffen: die Wiedersehensfreude, die Geselligkeit, die Gespräche …

»Weißt du, was ich komisch fand?«, fragte ich Daniel nach einer kurzen Pause.

»Was denn?«

»Dass fast jeder gefragt hat, wann wir mit dem Reisen wieder aufhören und zurückkommen.«

»Ja, das stimmt. Das hat mich auch jeder gefragt.«

»Seltsam, oder? Wir sind doch erst aufgebrochen. Ich habe das Gefühl, wir haben gerade erst angefangen!«

»Das habe ich auch!«

Wir grinsten uns an.

In diesem Moment hörte ich, dass »Always in my head« von Coldplay im Radio lief. Diesen Song hatten wir während unserer Fahrt durch Italien immer wieder laufen lassen und er war auf gewisse Weise zu unserem Reiselied geworden. Ich drehte das Radio jetzt lauter, blickte noch einmal kurz zu Daniel am Steuer und dann zu Carlos, der gechillt auf der Rückbank döste. Dann schaute ich wieder vor mich auf die Straße.

Unser Abenteuer ging weiter. Eine neue Phase unserer Reise begann. Nachdem wir in den vergangenen Monaten erst einmal nur in Italien geblieben waren, wollten wir in den nächsten Wochen gleich mehrere Länder entdecken.

Wir hatten vor, von Norden aus immer am Atlantik entlang zu fahren: von den Niederlanden über Belgien nach Frankreich, dann durch Nordspanien, Portugal hinunter bis nach Andalusien. Tausende Kilometer Küste und die verschiedensten Orte lagen vor uns. Ich war gespannt, was uns erwartete …

Gerade mal fünf Stunden später saßen Daniel und ich an einem langen, hellen Sandstrand und beobachteten, wie die wuchtigen Wellen schäumend ans Ufer rollten. Es war ziemlich heiß. Viel heißer, als ich es in Holland erwartet hätte. Die Sonne stand hoch am Himmel und schien uns vom wolkenlosen Himmel entgegen. Die steife Brise erinnerte jedoch daran, dass wir uns nicht mehr am Mittelmeer, sondern an der Nordsee befanden.

Carlos grub sich neben mir eine Mulde und ließ sich dann mit einem genüsslichen Seufzer in den feuchten Sand plumpsen. Seinen Kopf legte er gemütlich auf dem

Rand der Kuhle ab, um so den Strand gut im Blick zu haben. Nicht dass er hier viel zu bewachen hätte.

Außer ein paar Möwen, die auf einer Reihe Steinen an den Wellenbrechern saßen, bekam er nicht viel zu sehen. Wir hatten den Strand für uns allein – und das im August.

Das war übrigens einer der Gründe, warum wir entschieden hatten, erst einmal in den Norden zu fahren und dann von dort aus der Küste in Richtung Süden zu folgen. Wir hatten die Hoffnung gehabt, hier an den langen Stränden des Atlantiks dem Trubel der Sommerferien zu entgehen.

Zudem hatten wir nach einem Ort gesucht, wo man auch in der Hauptsaison problemlos mit dem Hund ans Meer gehen konnte. Dass wir allerdings gleich am ersten Tag vollkommen allein an einem so großen Strand sitzen würden, hatten wir nicht erwartet.

Zugegeben, einen größeren Campingplatz oder eine Stadt hatten wir bewusst vermieden. Wir waren hier irgendwo im Nirgendwo. Unser Wohnwagen stand auf einem kleinen Bauernhof zwischen Feldern und Wiesen. Wir hatten auf der Karte nach einem Bereich gesucht, wo möglichst viel Grün zu sehen war.

Ich schloss die Augen und atmete entspannt aus. Die Ruhe und Abgeschiedenheit tat gut. Ich genoss es gerade sehr mit Daniel und Carlos allein zu sein.

Und doch wusste ich, dass auch wieder die Zeit kommen würde, wenn mir der Kontakt zu meinen Freunden fehlte und ich meine Familie vermisste. Irgendwie brauchte ich beides, Verbundenheit und Freiheit, Wurzeln und Flügel. Ich war gespannt, wie sich das mit der Zeit beim Reisen weiterentwickeln würde.

»Kommst du mit ins Wasser?«, fragte mich Daniel jetzt grinsend und zog sich sein Shirt über den Kopf.

»Klar!« Ich stand auf und schlüpfte aus meinem Kleid.

Ich hatte extra noch schnell die Badesachen angezogen, bevor wir zum Strand gegangen waren. Es war doch eine Weile her, dass ich das letzte Mal im Meer geschwommen war. Wir waren ja ziemlich lange in den Bergen gewesen.

Wenige Minuten später waren wir alle drei im Meer. Ich war überrascht, dass Carlos sich trotz relativ hoher Wellen mit uns hineinwagte. Elegant sprang der Pudel durch die Brandung und ließ sich dann im Wasser auf und ab treiben.

Es tat unglaublich gut, wieder im Meer zu schwimmen. Ich tauchte unter den Wellen hindurch und genoss es, mich danach vom Wasser wieder in Richtung Ufer tragen zu lassen. Es war erfrischend, aber nicht kalt. Ich schmeckte das Salz auf meinen Lippen und lauschte dem gleichmäßigen Rauschen, wenn das Wasser am Ufer über den Sand gespült wurde.

Ich freute mich so sehr auf unsere Atlantiktour. Heute war erst der erste Tag und es war schon so schön. In den nächsten Monaten würden wir immer am Meer sein. Ich war so gespannt darauf, wie sich die Küste in den verschiedenen Ländern verändern würde und was es mit mir machte, für eine so lange Zeit jeden Tag den Ozean sehen zu können.

Wir veränderten das Tempo unserer Reise. Statt wie in Italien relativ lange an einem Platz zu bleiben, zogen wir jetzt schnell weiter. Nach dem Bauernhof ging es zum Dünencamping.

Aufgeregt beobachteten wir, wie eine Frau unseren langen Wohnwagen mit einem Traktor mitten hinein in die sandige Dünenlandschaft zog.

Kaum stand der Wohnwagen, da eilte Daniel auch schon dorthin. Als ich sah, was er vorhatte, schüttelte ich den Kopf. Er legte tatsächlich prüfend eine Wasserwaage auf die Deichsel und gab der Frau im Traktor Handzeichen. Sie grinste breit und ich fragte mich, was sie wohl gerade dachte.

Freundlich folgte sie Daniels Anweisungen und wir standen eine Weile später ziemlich akkurat auf unserem neuen Platz. Zumindest bis zu dem Gewitter am Abend, das einen der Reifen freispülte und unser mobiles Zuhause nach vorn absacken ließ. Aber einen Versuch war es wert gewesen.

Ich kann mich noch gut daran erinnern, wie ich am nächsten Morgen mit Carlos über gewundene Trampelpfade durch die Dünen ging. Ein intensiver, süßlich-salziger Geruch strömte mir in die Nase. Es war eine eigentümliche Mischung aus dem Duft von wilden Blumen und Kräutern, die hier im Sand wuchsen, und der Meeresbrise, die der Wind herbrachte. Ich konnte die Wellen bis hierher hören.

Ich suchte nach einem Weg, um auf einen höheren, grasbewachsenen Hügel am Rand des Campingplatzes zu gelangen. Ich dachte mir, dass ich von dort aus wahrscheinlich bis zum Meer schauen konnte.

Leise gingen Carlos und ich an den anderen Stellplätzen vorbei. Wir waren die Einzigen, die zu so früher Stunde schon unterwegs waren. Alle anderen schienen noch zu schlafen. Die Meisten waren mit Zelten oder kleinen Wohnmobilen hier. So große Wohnwagen wie den unseren hatte ich noch nicht gesehen.

Der Campingplatz wirkte ein wenig skurril: eine karge Landschaft aus Sand und Dünenpflanzen, jetzt im Sommer ziemlich ausgetrocknet. Und auf jedem der kleinen Hügel standen Zelte oder kleine Campingwagen. Mich erinnerte das Bild eher an Safari in Afrika. Fast könnte man vergessen, dass man sich im Norden Hollands befand. Der Himmel war wolkenlos und kündigte einen herrlichen Sommertag an. Obwohl die Luft von dem Gewitter am Abend noch frisch war, konnte ich mit kurzer Hose und Top gehen, ohne dabei zu frieren.

Ich ging nun einen Hang hinauf und erreichte den höher gelegen Platz auf dem großen Hügel. Als ich dort stehen blieb, nutzte Carlos sogleich die Gelegenheit, um sich neben mir auf der Wiese zu wälzen. Genüsslich räkelte er sich von links nach rechts, während ihm die kurzen Gräser den Rücken massierten.

Ich sah mich währenddessen um. Man konnte von hier oben über den gesamten Campingplatz, die Dünenlandschaft bis hin zum Meer schauen. Zwischen den Dünen erkannte ich in einiger Entfernung einen großen See. Eingebettet in grünem Schilf lag er dicht am hellen Sandstrand. Langsam drehte ich mich um und ließ meinen Blick dabei über die Landschaft schweifen. Auf der gegenüberliegenden Seite erstreckte sich ein flaches Land mit Feldern und Wiesen. Es war von Wassergräben durchzogen und hier und da standen einzelne Häuser und Gehöfte.

Der Himmel färbte sich nun immer heller und ich beobachtete, wie am Horizont das Blau einem zarten Rosa wich und die letzten Sterne verblassten. Ich liebte dieses besondere Farbenspiel der Morgendämmerung. Ich setzte mich zu Carlos ins Gras, stützte mein Kinn bequem auf den Knien ab und verfolgte den Sonnenaufgang. Die Farben wurden nun rasch intensiver und ein leuchtendes Orangerot verdrängte die letzten Schatten der Nacht.

Gerade als die ersten Sonnenstrahlen hervorbrachen,

hörte ich plötzlich ein lautes Schnattern hinter mir. Ich drehte mich um. Über dem See tauchte ein Schwarm von Gänsen am Himmel auf. Ihre Silhouetten malten sich schwarz am Horizont ab. Staunend blickte ich nach oben und stand dabei auf.

Schon hatten die Vögel die Dünen erreicht und flogen schnatternd über mich hinweg. Ich folgte ihnen mit meinem Blick. Es wirkte wunderschön, wie sich die Tiere mit weit ausgebreiteten Flügeln hinabsinken ließen und ihr Gefieder dabei im Licht der aufgehenden Sonne leuchtete. Ich kniff die Augen etwas zusammen und sah ihnen nach, wie sie über die Felder weiter ins Inland hineinflogen.

Da hörte ich erneut ein Schnattern hinter mir, dieses Mal wesentlich lauter. Überrascht drehte ich mich wieder in Richtung Meer. Carlos war mittlerweile aufgesprungen und schaute mit mir zum Himmel hinauf. Der Zug der Gänse hatte wohl gerade erst begonnen.

Hunderte Silhouetten malten sich jetzt vor mir am Horizont ab. Eine Gruppe nach der anderen flog über uns hinweg. Mit leuchtenden Augen beobachtete ich das Schauspiel. Ich hatte mich in Deutschland immer total gefreut, wenn die Gänse im Frühjahr zurückkehrten. Es war für mich ein Zeichen gewesen, dass es bald schon wärmer werden würde und die dunkle Zeit des Jahres vorbei war. So viele Gänseschwärme wie hier hatte ich jedoch noch nie gesehen.

Als ich wenig später wieder an unserem Wohnwagen ankam, erzählte ich Daniel begeistert von meinem besonderen Erlebnis im Sonnenaufgang. Er hatte die Gänse auch gesehen. Das Schnattern hatte ihn geweckt und da war er früher aufgestanden und nach draußen gegangen, um zu schauen, was los war.

Es passte gut, dass Daniel jetzt schon auf den Beinen war. Denn wir wollten heute einen Ausflug machen und dafür hatte er seinen Wecker sowieso früher gestellt als sonst. Wir wollten nach Texel, eine kleine Insel direkt vor der Küste Nordhollands. Wir hatten schon alles vorbereitet und fuhren, gleich nachdem wir geduscht und uns umgezogen hatten, noch vor dem Frühstück nach Den Helder und von dort aus mit der Fähre auf die Nordseeinsel.

Die Überfahrt dauerte weniger als eine halbe Stunde. Und so saßen wir bereits um kurz nach neun auf der Terrasse eines schnuckeligen Cafés und frühstückten. Wir waren die ersten Gäste und das kleine Dorf, in dem wir uns befanden, wirkte noch verschlafen. Nur ab und zu ratterte ein Fahrrad über das Kopfsteinpflaster an uns vorbei die Straße hinunter.

Die ältere Frau, die uns großzügig mit Croissants, Brötchen, allerlei selbstgemachten Marmeladen und einem Teller Käse versorgt hatte, schlenderte nun summend über die Terrasse und goss die Blumen. Da hatte sie viel zu tun. Das Café hätte gut und gern auch ein Blumenladen sein können. Ob auf dem Tisch, den Fensterbänken oder auf dem Boden, überall standen Töpfe mit bunten Blumen. Ich nahm mein Handy heraus und machte ein Foto von Daniel und mir inmitten der üppigen Farbenpracht.

Dann widmete ich mich wieder unserem köstlichen Frühstück. Während ich mir eine riesige Ladung selbstgemachter Erdbeermarmelade auf mein Croissant schaufelte, erzählte ich Daniel, was ich mir gern auf Texel anschauen wollte.

»Die Insel ist so klein, da können wir ganz entspannt einmal rundherum fahren«, erklärte ich ihm. »Ich würde auf jeden Fall gern mal an den Strand mit dem roten Leuchtturm. Der ist oben im Norden. Und dann fände ich es total cool, wenn wir mittags irgendwo im Hafen frischen Fisch essen. Ansonsten hätte ich gesagt, gucken wir einfach mal spontan, was wir sonst so sehen. Was meinst du?«

»Klingt gut«, antwortete Daniel und nahm einen Schluck Milchkaffee aus dem riesigen Pott, den ihm die freundliche Dame eben gebracht hatte.

»So einen Kaffeebecher brauche ich auch!«, meinte ich grinsend.

Daniel lachte. »Der ist viel zu schwer für den Wohnwagen.« Er blickte auf unseren üppig gedeckten Tisch, als würde er überlegen, was er nun als Nächstes essen wollte. »Also verhungern tun wir hier jedenfalls nicht!«

Ich nahm nun schnell einen großen Bissen von meinem Croissant, bevor die Marmelade noch herunter tropfte. Zufrieden kaute ich auf der süß-klebrigen Masse. Die Buttercroissants schmeckten hervorragend und harmonierten auf wunderbare Weise mit dem fruchtigen Belag. Man merkte sofort, dass die Marmelade selbstgemacht war.

Es war jetzt schon so warm, dass wir unter einem bunten Sonnenschirm saßen. Ich war froh, dass ich mich für ein lockeres Kleid mit Spaghettiträgern entschieden hatte. Ich freute mich darauf, gleich zum Strand zu fahren und eine Runde im Meer zum Schwimmen. Ich war gespannt, ob der Strand so schön war, wie ich ihn auf den Bildern im Internet gesehen hatte.

Die Insel war tatsächlich nicht sehr groß. Obwohl wir mit der Fähre im Süden der Insel angekommen waren, fuhren wir gerade mal eine halbe Stunde mit dem Auto bis wir an der nördlichsten Spitze in der Nähe von »De

Cocksdorp« den Strand mit dem Leuchtturm erreichten.

Wir parkten den Wagen und gingen mit einer Tasche und einem Sonnenschirm bepackt zum Strand. Auf der rechten Seite erhob sich auf einer Anhöhe der Leuchtturm. Das warme Rot, in dem er gestrichen war, zeichnete sich leuchtend gegen den blauen Himmel ab. Mit den grünbraunen Gräsern und dem zartbeigen Sand wirkte die Landschaft wie ein Aquarell und erinnerte mich tatsächlich an die Bilder, die ich mir vorher angeschaut hatte.

Nur die Ausmaße des Strands wurden mir erst hier vor Ort bewusst. Vor uns erstreckte sich eine derart riesige Fläche Sand. Das Meer schien hunderte Meter entfernt zu sein. Ich konnte mich nicht erinnern, jemals an einem solch breiten Strand gewesen zu sein.

Wir gingen fast zwanzig Minuten, bis wir endlich das Wasser erreichten. Dort wiesen Schilder daraufhin, dass das Baden an diesem Ort verboten war. Doch da wir nicht die einzigen Besucher hier waren und sich viele Leute im Wasser tummelten, ging ich auch hinein.

Man konnte ziemlich weit hinausgehen und immer noch stehen. Das Wasser reichte mir gerade mal bis zum Bauchnabel. Und das war auch gut so. Ich spürte nämlich eine nicht unerhebliche Strömung, die mich bei jedem Schritt von links nach rechts zog. Schwimmen war hier vermutlich wirklich gefährlich.

Während ich da im Wasser stand und die Erfrischung genoss, bemerkte ich plötzlich einen Hund, der relativ weit draußen schwamm. Es schien ein brauner Labrador zu sein. Ein Mann beobachtete ihn aus einiger Entfernung. War das der Besitzer? Hatte er keine Angst, seinen Hund bei dieser Strömung so weit hinaus schwimmen zu lassen? Etwas besorgt blickte ich wieder zu dem Hund, da tauchte er plötzlich unter.

Erschrocken kniff ich die Augen zusammen und suchte das Wasser nach dem Hund ab. Er war weg. Ich wollte gerade schon nach Hilfe rufen, da tauchte der graubraune Kopf relativ nah vor mir wieder auf.

Verblüfft öffnete ich den Mund und starrte vor mich auf das Wasser. Das war kein Labrador, das war eine Robbe! Direkt vor mir schwamm tatsächlich eine Robbe! Und sie war nicht allein. Ich entdeckte nun noch weitere Robben zwischen den kleinen Wellen.

Ich traute mich nicht, mich zu bewegen. Wie angewurzelt stand ich im Wasser und schaute mit leuchtenden Augen den Tieren dabei zu, wie sie anmutig vor mir durchs Meer schwammen. Sie folgten der Strömung. Elegant wölbten sie ihren Körper, während sie sich auf und ab bewegten.

Mein Herz pochte vor Aufregung, doch mein verblüffter Gesichtsausdruck wechselte allmählich in ein breites Lächeln. Ich hatte zuvor noch nie Robben in freier Wildbahn gesehen. Jetzt war ich mit ihnen sogar zusammen im Wasser.

Es dauerte nur wenige Minuten, da waren die Robben an mir vorbei weiter die Küste entlang geschwommen. Zufrieden und gleichzeitig sehnsüchtig schaute ich ihnen noch eine Weile hinterher. Dann drehte ich mich um und wollte zurück ans Ufer gehen.

Bevor ich losging, blickte ich noch prüfend unter mich. Ich wollte nicht versehentlich auf etwas Spitzes oder Scharfkantiges treten. Das Wasser war hier so klar, dass ich meine Füße deutlich auf dem sandigen Boden erkennen konnte. Gleich neben mir entdeckte ich zu meiner Überraschung einen großen Krebs.

Im Seitwärtsgang kam er auf mich zu und ging nur wenige Zentimeter vor meinen Füßen entlang. Ich beobachtete ihn dabei fasziniert. Gleichzeitig zog ich ängstlich die Zehe ein. Ich wollte ungern mit dem riesigen Scherentier in Körperkontakt kommen.

Ich wartete, bis er komplett an mir vorbei war, um dann erneut einen Versuch zu starten. Aber da kamen auch schon die nächsten zwei Krebse angekrabbelt. Ich wusste nicht, ob ich darüber begeistert oder besorgt sein sollte.

Ratlos lugte ich vor mich ins Wasser. Die wuchtigen Scheren vor sich haltend, machten die Krebse mit ihren kleinen Beinchen Seitwärtsschritte und kamen mir dabei bedrohlich nah. Als dann noch eine kleine Qualle mit der Strömung an meinem rechten Bein vorbei trieb, entschied ich, dass ich für heute genug Wassertieren begegnet war und jetzt doch lieber so schnell wie möglich wieder zurück ans feste Land wollte. Mit sehr achtsamen Schritten verließ ich das Meer und atmete erleichtert aus, als ich wieder am Strand stand.

Noch bevor ich Daniel von meinem Erlebnis erzählen konnte, fragte er mich: »Waren das etwa Robben da bei dir? Ich habe sie von hier aus gesehen!«

Ich berichtete ihm alles und kurz darauf war er im Wasser, um sich auch einmal die Schar an Krebsen anzuschauen. Ich legte mich derweil zum Trocknen auf mein Handtuch und passte auf Carlos auf. Der Hund war wohl während meiner Abwesenheit auch im Wasser gewesen. Seine kleinen Löckchen waren nass und sandig. Er hatte es sich jetzt in einer frisch gebuddelten Kuhle gemütlich gemacht und schaute mich zufrieden an.

Wir blieben noch eine Weile an diesem außergewöhnlichen Strand. Erst der Hunger trieb uns weiter. Wir fuhren in Richtung Süden und ein Stück die Ostküste entlang. Ziel war der kleine Hafen von Oudeschild. Hier aßen wir im »Oude Vismarkt van

Texel« den berühmten »Kibbeling«, kleine Kabeljaufilets knusprig paniert mit Remouladensauce. Mit den Pommes war es zwar eher ein wenig wie Fastfood, aber es schmeckte einfach köstlich. Ich teilte meine Portion Fisch großzügig mit Carlos. Ich brachte es nicht übers Herz, ihm bei solch leckerem Fisch ein Schälchen Trockenfutter zu servieren.

Am Nachmittag gingen wir dann noch durch die Dünenlandschaft spazieren und sahen uns einige weitere Strände an, bevor wir die Insel mit einer der letzten Fähren am Abend wieder verließen. Ich wäre ja am liebsten noch ein paar Tage auf Texel geblieben. Inseln lösten schon immer ein besonderes Wohlgefühl bei mir aus. Sie hatten einfach einen besonders eigentümlichen Charme und ich liebte es, zu wissen, dass ich vom Meer umgeben war.

Aber wir wollten weiter Richtung Süden fahren. Daher blieb es bei dem kleinen Ausflug nach Texel. Und zwei Tage später verließen wir auch schon unseren Platz in den Dünen. Es ging nun die Nordseeküste entlang an »Bergen aan Zee« und »Zandvoort« vorbei, einmal quer über die Halbinseln von Zeeland bis schließlich nach Breskens.

Wir wechselten alle zwei bis drei Tage den Platz. Ein Rhythmus, an den wir uns rasch gewöhnten: ankommen, aufbauen, entdecken, wieder abbauen und weiterfahren. Für meinen Hunger nach Abenteuer und Erlebnissen war das genau das Richtige: immer wieder neue Landschaften, neue Wege und viele neue Eindrücke.

Unsere Arbeit hatten wir mittlerweile auch gut ins Reiseleben integriert. Ich hatte mich längst daran gewöhnt, alle paar Tage umzuziehen und fand es toll, meinen Schreibtisch in immer wechselnder Umgebung zu erleben. Morgens saß ich mit dem Laptop vor dem Wohnwagen, so als wären wir schon lange an diesem Ort und würden ewig bleiben. Dann kurz vor Mittag bauten wir alles in wenigen Minuten ab, bezahlten den Platz und rollten mit unserem Gespann zum nächsten Ziel.

Wir wählten dabei bewusst kurze Strecken und fuhren meist nur zwei bis drei Stunden. Am neuen Platz angekommen, begann ich gleich mit dem Kochen, während Daniel alles aufbaute. Und wenn wir dann kurz darauf beim Essen zusammen am Tisch saßen, fühlten wir uns schon wie zu Hause. Wir arbeiteten meist noch einige Stunden am Nachmittag und dann ging es mit Carlos auf Entdeckungstour. Für mich konnte das ewig so weitergehen …

Niederlande

ATLANTIKKÜSTE – FRANKREICH

Es war bereits Anfang September, als wir die Niederlande verließen und durch Belgien nach Frankreich fuhren. Unseren ersten Halt machten wir in Calais, wo die großen Fähren auf ihrem Weg nach Großbritannien durch den Ärmelkanal tuckerten. Von dort ging es in Sieben-Meilen-Stiefeln die französische Atlantikküste entlang.
Daniel und ich waren keine besonderen Fans vom Wattenmeer. Wenn wir uns nach einer langen Fahrt auf den Strand freuten und dann dort nichts sahen außer braunem Schlick, weil das Meer eben gerade mal nicht da war, dann sind wir einfach weitergefahren. Gefallen haben mir die Normandie und Bretagne mit ihren steilen Klippen und schroffen Felsen dennoch sehr.

Mehr durch Zufall kamen wir an den Strand »Omaha Beach« in der Nähe von Saint-Laurent-sur-Mer, der mit seiner ursprünglichen Schönheit so beeindruckend war und mir gleichzeitig durch seine Geschichte auch einen Schauer über den Rücken jagte. Große Denkmaltafeln erinnerten hier an einen der erschütterndsten Tage des Zweiten Weltkrieges.

Es war ein seltsames Gefühl zu wissen, dass auf dem Boden, über den wir nun so entspannt schlenderten, einmal tausende Menschen ihr Leben gelassen hatten. Heute war es ein wunderschönes Fleckchen Erde, wo man die Seele baumeln lassen konnte.

An jenem Tag damals musste es die Hölle gewesen sein. Das Einzige, was dazwischen lag, war Zeit. Ein seltsamer Gedanke. Ich fühlte mich damit mehr als unbehaglich und wir zogen trotz der unverkennbaren

Schönheit dieser Gegend eilig weiter.

Die Bretagne begrüßte uns mit ihrer ungewöhnlichen Mischung aus Rauheit und Lieblichkeit. Es war bereits am Abend, als wir die kleine Stadt Saint Lunaire erreichten und unseren Wohnwagen auf dem Campingplatz dort abstellten. Daniel und ich beeilten uns mit dem Aufbauen und gingen dann mit Carlos vom Platz aus zum Meer.

Man spürte, dass der Herbst allmählich nahte. Es war windig und das Meer schlug mit hohen Wellen ungestüm gegen die gezackten Felsen, die die Bucht einrahmten. Die Landschaft war so wild und ursprünglich, dass sie dem Ort etwas Mystisches verlieh. Die Klippen waren hier bei Weitem nicht so steil wie in der Normandie und bunte Blumen und Büsche zierten das Gestein.

Wir entdeckten einen schmalen Pfad, der am Rand der Bucht auf eine Anhöhe führte und folgten ihm bis nach oben. Dort angekommen setzten wir uns auf die weichen, trockenen Gräser und schauten aufs Meer. Wir ließen uns die kräftige Brise um die Nase wehen und beobachteten, wie die wuchtigen Wellen schäumend über die abgerundeten Steine am Strand rollten. Nur wenige Touristen hielten sich jetzt noch in der Bucht auf.

Ich saß dicht neben Daniel und blickte fasziniert auf die rosa Granitfelsen, die im Licht der letzten Sonnenstrahlen glutrot aufleuchteten. Die Atmosphäre hatte etwas Magisches. Es lag ein Zauber in der Luft, wie ihn nur die Natur selbst zu kreieren vermag.

Wieder war ich verführt, an diesem Ort doch etwas länger zu bleiben. Der ursprüngliche Charme dieser natürlichen Schönheit hatte mich doch in seinen Bann gezogen. Doch die Neugierde war stärker und so zogen wir schon am nächsten Tag weiter.

Wir wussten selbst nicht, warum wir es auf einmal so eilig hatten. Doch am nächsten Ziel ergab es sich, dass wir genau zur richtigen Zeit am richtigen Ort waren. Auch wenn wir uns dessen bei unserer Ankunft noch nicht bewusst waren. Es begann damit, dass ich hier gleich meine erste Lieferung vom Universum erhielt.

Dazu muss ich kurz erklären, dass ich motiviert durch unsere Reise mit einem kleinen Spiel begonnen hatte. Vor Jahren hatte ich das Buch »Bestellungen beim Universum« gelesen und kurz darauf den Film »The Secret« geschaut. Es ging darum, dass man sich etwas vom Leben wünschte und es quasi wie eine Bestellung ans Universum schickte und dann darauf vertraute, dass man es tatsächlich erhielt.

Ich fand das Thema von Anfang an total faszinierend. Ich habe mir damals alles Mögliche bestellt, vom Blumenstrauß, einem freien Parkplatz bis hin zum großen Lottogewinn oder den Traummann an meiner Seite. Manches hat funktioniert, manches nicht. Manchmal ging es ganz schnell, manchmal hat es ewig gedauert. Aber egal, wie oft es geklappt hat oder nicht, es hat mir einfach total viel Spaß gemacht.

Irgendwie kam ich auf die Idee, mir während unserer Reise für jeden neuen Platz etwas zu wünschen und dann einfach neugierig zu schauen, ob ich es erhielt oder nicht. Das machte die Ankunft an den neuen Orten noch aufregender und spannender, als sie ohnehin schon war.

Ich erzählte dann jedes Mal Daniel, was ich mir für den neuen Ort wünschte, damit er es bezeugen konnte, falls es geklappt hatte. Bisher hatte ich in Holland auf diese Weise schon eine komfortable Hundedusche und einen tollen Platz mit Meerblick zum Schreiben erhalten. Auf den überraschenden Geldsegen, den ich auch bestellt hatte, wartete ich allerdings noch.

Dieses Mal hatte ich mir übrigens einen großen, ruhigen, sonnenverwöhnten Stellplatz gewünscht und als extra Bonus, dass wir nicht mehr selbst kochen müssen, sondern bekocht werden. Den zweiten Teil meines Wunschs fand ich ziemlich unrealistisch. Aber ich wollte gern einmal etwas Verrücktes ausprobieren. Und falls es nicht klappte, war es ja auch nicht schlimm.

Wir waren mittlerweile in der Region Pays de la Loire und hatten uns einen netten, kleinen Campingplatz an der Côte de Lumière ausgesucht. Der Platz lag sehr ruhig in einem Pinienwald und ein kleiner Fußweg führte direkt an einen langen Naturstrand. Als wir den Platz erreichten, stieg ich aus und ging zielstrebig zur Rezeption. Daniel wartete mit Carlos im Auto.

Am Empfang begrüßte mich eine junge Frau sehr freundlich. Als ich ihr mit gebrochenem Französisch erklärte, dass ich ihr bereits gestern eine E-Mail für die Reservierung geschickt hatte, grinste sie und sprach dann auf Deutsch weiter.

»Bianca? Richtig? Wir können auch gern deutsch sprechen.«

Ich nickte zustimmend. »Oh, das ist ja super. Mein Französisch ist nicht gerade so super.«

»Ich habe gute Neuigkeiten für dich«, sprach sie nun weiter. »Eben ist jemand abgereist und ich kann euch jetzt einen schönen, sonnigen Platz geben. Da habt ihr es auch sehr ruhig. Eigentlich wäre nur noch was hinten an der Straße frei gewesen. Ihr kommt gerade im richtigen Moment. Der Platz, auf den ihr jetzt gehen könnt, ist erst seit fünf Minuten wieder frei.«

Ein breites Lächeln zog sich über mein Gesicht. Sonnig und ruhig? Das hatte ja dann echt wieder geklappt mit meiner Bestellung! Ich freute mich schon darauf, Daniel davon zu erzählen. Die nette Frau nahm meine Daten für die Anmeldung auf und gab mir einen Lageplan mit, in dem sie unseren Platz markierte.

Ich wollte gerade schon die Rezeption verlassen, da rief sie mir noch nach: »Ach, das habe ich fast vergessen: Ich koche für meine Gäste. Ihr könnt euch hier aus der Liste etwas aussuchen.« Sie hielt mir einen Zettel hin. »Sagt mir einfach bis mittags Bescheid, damit ich weiß, was ich einkaufen muss. Die Muscheln hole ich täglich frisch im Hafen. Also falls ihr keine Lust habt, selbst zu kochen, mache ich das gern für euch.«

Ich starrte sie einen Moment lang vollkommen verblüfft an. Dann nahm ich mit offenem Mund den Zettel entgegen. Das war doch nicht möglich, oder? Hatte sie gerade tatsächlich gesagt, dass sie für uns kochen würde?

»Danke schön!«, brachte ich stockend heraus, bevor ich ging.

Auf dem Weg zurück zum Auto, kreisten meine Gedanken um diese prompte und überraschende Lieferung des Universums, die ich gerade erhalten hatte. Damit hatte ich nicht gerechnet. Ich hatte es aus Neugier und Spaß bestellt, aber ich hätte nie gedacht, dass es wirklich funktioniert. An unserem Wagen angekommen, stieg ich wortlos ein. Daniel schien meine Verwirrung sogleich zu bemerken.

»Was ist los?«, fragte er mich. »Gibt es Probleme mit dem Platz?«

»Nein, alles gut. Wir haben einen ruhigen und sonnigen Platz. Außerdem …«, ich atmete entspannt durch und versuchte so lässig wie möglich weiterzureden, »…außerdem kocht die Besitzerin gern für uns, wenn wir das wollen.«

»Ach komm! Du nimmst mich doch auf den Arm,

oder?«, entgegnete Daniel.

»Doch, das hat sie genauso zu mir gesagt. Hier ist die Liste mit den Gerichten.« Ich hielt den Zettel hoch. »Ich werde morgen dann übrigens Muscheln essen!« Jetzt musste ich grinsen. Es hatte tatsächlich funktioniert. Einfach unglaublich! Das konnte doch unmöglich ein Zufall sein. Wie verrückt war das denn!

»Okay. Das ist mal cool!« Er warf einen Blick auf die Liste. »Dann nehme ich die Lasagne… Kannst du mir das nächste Mal ein Rumpsteak beim Universum bestellen? Das fehlt nämlich auf der Liste.« Er lachte.

Anscheinend konnte er das, was hier gerade passierte, lockerer annehmen als ich. Obwohl ich so viel Spaß an dem Spiel hatte und daran glaubte, dass es funktionierte, war ich immer noch perplex darüber, dass sich dieser spezielle Wunsch so schnell erfüllt hatte. Da musste ich mir für die nächsten Orte noch ein paar coole Sachen überlegen.

»Bianca?«, riss mich Daniel aus meinen Gedanken. »Kannst du mir sagen, wie wir zu unserem Platz kommen? Ich würde jetzt gern den Wohnwagen abstellen und alles aufbauen. Ich muss unbedingt aus dem Auto raus und mir die Beine vertreten.«

»Oh klar!« Ich schaute auf den Plan. »Erst einmal geradeaus und dann links. Ich sag dir wann.«

Daniel fuhr los und kurz darauf hatten wir unseren neuen Platz bezogen. Er war wirklich schön und lag idyllisch zwischen blühenden Büschen und einem großen Baum.

Nachdem wir fertig aufgebaut hatten, gingen wir sofort zum Strand. Wir wollten unbedingt sehen, wie das Meer hier aussah. Es war mittlerweile schon spät am Nachmittag und die Flut kam gerade. Doch als wir den Strand entlang gingen, sahen wir, dass die Ebbe eine kleine Insel vor der Küste freigespült hatte. Wir konnten gerade noch beobachten, wie sie in der steigenden Flut wieder verschwand.

Das weckte natürlich unsere Neugier. Und am nächsten Tag gingen wir deshalb extra zwei Stunden früher an den Strand, um dort nach der verborgenen Insel Ausschau zu halten. Unsere Wasserschuhe hatten wir natürlich auch gleich mitgebracht, falls sich die Möglichkeit ergab auf diese kleine Felseninsel zu gelangen.

Zu unserer Überraschung waren wir dieses Mal aber nicht die Einzigen am Strand. Eine ganze Schar an Menschen wartete am Ufer darauf, dass das Wasser allmählich zurückging und den Weg auf die Insel freigab. Sie trugen Gummistiefel und waren mit Eimern und allerlei Gerätschaften bestückt. Wir stellten uns mit in das Getümmel und warteten ab, was passierte.

Nach und nach wurde die Insel freigespült. Es wirkte fast so, als würde sie sich aus dem Meer empor heben. Gleichzeitig gab das Wasser auch einige Steine und Felsplatten zwischen dem Strand und der Insel frei. Es sah aus wie ein Pfad, der vom Strand direkt auf die Insel führte. Ich war total fasziniert. Etwas Vergleichbares hatte ich bisher noch nie gesehen. Es wirkte wie eine Insel aus einer magischen Fantasygeschichte oder einer alten Legende.

Kaum war der steinerne Weg halbwegs aus dem Wasser aufgetaucht, setzte sich die Menschenmasse auch schon in Bewegung. Und wir folgten ihr. Aufgeregt balancierte ich mit meinen Schwimmschuhen über die Steine zwischen den Pfützen hindurch. Sie waren teilweise etwas glitschig und hier und da tropfte noch Wasser von den Felsen herunter.

Wir hatten die Insel fast erreicht, da erblickte ich in

einer der Wassersenken einen Seestern. Und dann noch einen und noch einen! Die Insel war über und über mit Seesternen bedeckt. Sie waren viel größer und farbenreicher, als ich sie mir vorgestellt hatte. Von leuchtend Rot und Orange über Safrangelb bis hin zu Purpur und Violett schimmerten die außergewöhnlichen Meerestiere uns im flachen Wasser entgegen. Staunend spazierten Daniel und ich zwischen den Seesternen hindurch. Carlos hatte ich an der Leine, um besser darauf achten zu können, wo er hintrat. Aber er passte extrem gut auf.

Eine Insel voller Seesterne, die sich bei Ebbe aus dem Wasser erhob! Davon hatte ich noch nie etwas gehört! Das klang wie ein Märchen! Die anderen Leute, die hier waren, schienen weniger zum bloßen Gucken auf die Insel gekommen zu sein. Sie waren jetzt fast alle fleißig damit beschäftigt, Muscheln zu sammeln. Eifrig füllten sie ihre Eimer. Ich beobachtete sie dabei neugierig und fragte mich, ob sie das wohl regelmäßig machten.

»Woher kommen Sie?«, riss mich eine ältere Frau aus meinen Gedanken. Man sah meinem Gesichtsausdruck wohl an, dass ich nicht von hier war. »Deutsch, oder? Ich habe Sie eben mit ihrem Mann reden hören.«

»Ja genau, wir kommen aus der Mitte von Deutschland«, antwortete ich.

Die Frau stellte sich mit dem Namen Judith vor und stammte aus Hamburg. Sie war vor zwanzig Jahren hierher ausgewandert. Die Liebe zu einem französischen Mann hatte sie an die Côte de Lumière geführt.

»Diese Insel und der Pfad dort tauchen nur zwei Mal im Jahr aus dem Meer auf, einmal im Frühjahr und einmal im Herbst«, erklärte mir Judith. »Das passiert immer dann, wenn die Flut am höchsten und die Ebbe am niedrigsten ist. Einem bleiben nur ein bis zwei

Stunden Zeit, um trockenen Fußes zur Insel zu gelangen und dort Muscheln zu sammeln.«

Ich lauschte ihr fasziniert. Ich konnte kaum glauben, dass das tatsächlich nur zwei Tage im Jahr geschah und wir genau jetzt mit dabei waren! Was für ein Zufall! Als wir heute an den Strand gegangen waren, hatten wir die naive Vorstellung gehabt, dass die Insel jeden Tag hier aus dem Meer auftauchte.

»Das ist ja spannend! Da haben wir echt Glück, dass wir jetzt gerade hier sind«, sagte ich mit einem breiten Grinsen im Gesicht.

»Ja, das habt ihr. Ich finde ja, im Leben ist alles immer eine Frage des Timings. Es kommt nicht nur darauf an, wo man ist, sondern auch wann. Das macht den besonderen Reiz des Lebens aus. Die kleinen Zufälle, die besonderen Begegnungen… Manchmal entscheiden wenige Minuten über den weiteren Verlauf unseres Lebens. Weißt du, ich habe damals ganz knapp mein Schiff verpasst und musste dann auf das nächste warten. Bei der Fahrt habe ich dann meinen Mann Gaston kennengelernt und jetzt lebe ich schon über zwanzig Jahre hier, habe zwei Kinder und einen kleinen Laden im Ort. Was wäre wohl aus mir geworden, wenn ich das Schiff damals nicht verpasst hätte?«

»Was für eine schöne Geschichte! Das ist ja toll, dass du so deinen Mann kennengelernt hast. Ich glaube auch, dass das richtige Timing sehr wichtig ist. Ich liebe diese kleinen Zufälle so wie diesen heute hier mit der Insel. Das macht das Reisen so besonders.«

»Oh ja, wie wahr! Beim Reisen merkt man das immer sehr! Wie lange seid ihr denn schon hier?«

»Seit gestern erst.«

»Oh seit gestern erst. Dann hast du wahrscheinlich noch keine Muscheln hier gegessen, oder? Das musst du unbedingt machen. Sie sind einfach köstlich«, schwärmte Judith, während sie die Schalen einer ihrer eingesammelten Muscheln aufbrach. Mit einem Grinsen schlürfte sie den Inhalt roh heraus. »Auch mal probieren?« Sie hielt mir eine Muschel entgegen.

»Nein, für mich nicht. Danke!«, antwortete ich schnell. Ich schluckte und versuchte mir nicht allzu stark anmerken zu lassen, wie widerlich ich den Gedanken fand, die Muscheln einfach roh aus der Schale zu saugen.

Judith lachte. »Schon okay. Ich musste mich auch erst daran gewöhnen. Aber ich sag dir, du verpasst was! … So, ich muss jetzt auch weiter. Uns bleibt nicht mehr viel Zeit. Das Wasser steigt gleich schon wieder. Und ich will heute Abend Muscheln für die ganze Familie machen. Ich wünsche euch eine gute Reise!«

»Danke schön! Dir weiterhin alles Gute!«

Daniel und ich haben keine Muscheln gesammelt. Daniel mochte sie nicht besonders und ich überließ die Zubereitung dann doch lieber den französischen Köchen. Ich habe jedoch einige Seesterne »gerettet«, die in der heißen Sonne auf den trockenen Felsen lagen. Ich war mir nicht sicher, ob sie durchhalten würden, bis ihre Heimat wieder im Wasser versank und habe sie daher behutsam in die Pfützen gelegt.

Wieder zurück am Wohnwagen angekommen, genossen wir zum Abschluss dieses außergewöhnlichen Tages ein herrliches Abendessen. Ich wusste, es würden wahrscheinlich auch wieder herausfordernde Zeiten auf uns zukommen. Aber heute, jetzt und hier, fühlte ich mich vom Leben mehr als reich beschenkt.

Ich hatte das Gefühl, als würden wir ein Wunder nach dem anderen erleben. Dieser Tag, die Insel mit den Seesternen, mein erfüllter Wunsch beim Universum, das alles fühlte sich so magisch an. Und ich war gespannt darauf, wie es weitergehen würde.

Wir blieben noch einige Tage an dem idyllischen Ort, bevor wir der Atlantikküste weiter in Richtung Süden folgten.

Unser nächstes Ziel war der »Camping Panorama du Pilat«. Der Platz trug seinen Namen nach der berühmten »Dune du Pilat«, Europas höchster Wanderdüne. Fast drei Kilometer lang und über einhundert Meter hoch türmten sich hier gigantische Sandmassen am Meer auf

Es war der einzige Platz unserer Atlantiktour, den wir schon kannten. Wir wollten hier einen letzten Halt in Frankreich machen, bevor es dann nach Nordspanien ging.

Ich hatte mir beim Universum dieses Mal einen Stellplatz mit besonders schöner Aussicht gewünscht. Ich wusste, dass es einige Plätze im Pinienwald gab, wo man weit über das Meer schauen konnte. Doch sie waren natürlich auch heiß begehrt und immer schnell belegt.

Dann hatte ich mir eine kleine Liste mit verschiedenen Wünschen für die Zukunft gemacht. Da ging es vor allem um den finanziellen Aspekt. Ich wünschte mir, dass wir einfach entspannt Maut zahlen könnten und mit dem Wohnwagen die Autobahn entlangrollen würden, statt im Zickzack über die Landstraßen zu gurken. Und dann hatte ich auch so etwas aufgeschrieben wie einen tollen Friseurbesuch, jeden Tag leckere Croissants, ein schönes, neues Kleid und eine extra weiche Hundedecke für Carlos.

So sehr ich die Einfachheit unseres Nomadenlebens und das Reisen mit leichtem Gepäck auch liebte, so konnte ich mir dennoch auch ein wenig Luxus gönnen, wenn das schon so gut mit den Bestellungen beim Universum klappte. Ich ahnte ja nicht, welche Auswirkungen das haben würde.

Wir holperten mit unserem Gespann schon eine Weile über eine schmale Landstraße zwischen verblühten Sonnenblumenfeldern und Kuhweiden, da meldete sich das Navi und verwies uns auf die Autobahn, die hier gleich in der Nähe verlief. Zielstrebig lenkte die freundliche Stimme uns auf die nächste Auffahrt.

»Das ist ja spannend! Ich dachte, hier wäre überall Maut. Anscheinend gibt es einen Abschnitt, der frei ist«, meinte Daniel, während er konzentriert vor sich auf die Straße schaute.

Ich begann zu grinsen und dachte an meinen Wunsch auf meiner Liste. Würde er sich etwa jetzt schon erfüllen?

Als hätte Daniel dasselbe gedacht, fügte er nun noch hinzu: »So etwas kannst du dir ruhig öfter bestellen!«

Er grinste mich jetzt breit an und ich freute mich über die überraschende Wende auf unserer Fahrt. Ich wollte ihm gerade antworten, da erstarb sein Lächeln so schnell, wie es gekommen war.

»Was ist das denn?«, fragte er entgeistert.

Vor uns tauchte eine Mautstation auf. Es war zu spät, um noch zu wenden. Sichtlich verärgert lenkte Daniel den Wagen bis kurz vor die Schranke, ließ die Scheibe runterfahren und drückte auf den großen Knopf am Automat. Zerknirscht nahm er das Ticket entgegen und warf mir danach einen vorwurfsvollen Blick zu.

»Was kann ich denn jetzt dafür? Ich habe mir nur was gewünscht. Ich habe nichts gemacht«, verteidigte ich mich schnell. Was für eine skurrile Situation, dass wir ausgerechnet jetzt falsch gefahren und hier auf der Mautstraße gelandet waren, wo ich diesen Punkt gestern auf meine Liste geschrieben hatte.

»Schon gut. Wahrscheinlich habe ich einfach vergessen, das Navi richtig einzustellen. Ich guck da gleich mal nach«, brummte Daniel nun.

Gesagt, getan. Am nächsten Rastplatz hielten wir an und Daniel tippte auf dem Navigationsgerät herum. Ich verfolgte gespannt die Anzeige: Menü … Routenoptionen … »Mautstraßen meiden«. Das Navi war definitiv richtig eingestellt.

»Das verstehe ich nicht …«, murmelte Daniel und überprüfte das Ganze erneut. »Vielleicht hat es sich aufgehängt. Ich mache mal einen Neustart und stelle es nochmal ein.«

Ich verkniff mir jeden Kommentar und versuchte, nicht allzu sehr zu grinsen. Das war doch kein Zufall. Seit Wochen fuhren wir jetzt schon durch Frankreich und das Navi hatte uns immer außerhalb der kostenpflichtigen Straßen gelenkt. Und ausgerechnet jetzt, wo ich das auf meine Wunschliste gesetzt hatte, funktionierte das Navi nicht mehr richtig.

»Und wenn wir einfach die Strecke mit Maut fahren?«, fragte ich vorsichtig.

»Das sind ein paar hundert Euro mit dem Wohnwagen. Wir haben das doch extra mal nachgeschaut. Da bezahlen wir wahrscheinlich mehr als für die zehn Tage auf dem Campingplatz. Also ich würde das in der aktuellen Situation lieber einsparen und dann halt etwas länger fahren.«

»Stimmt! Auf der Landstraße sehen wir auch mehr vom Land. Und wir haben es ja eigentlich nicht eilig.« Ein bisschen wurmte es mich dennoch, dass es momentan zu teuer für uns war. Andererseits war es natürlich auch nicht so wichtig. Abgefahren war die Situation mit dem Navi aber trotzdem. »Es ist schon irgendwie cool, dass das jetzt passiert ist, nachdem ich es auf die Liste geschrieben habe, oder?«

»Sehr cool!« Die Ironie in Daniels Stimme war nicht zu überhören. »Bitte lass uns nächstes Mal vorher besprechen, was du dir da genau wünschst, damit ich vorbereitet bin.«

»Haha … Also glaubst du, dass das mit den Bestellungen wirklich funktioniert?«

»Das habe ich nicht gesagt.« Er lachte.

Wir verließen den Rastplatz nun wieder. Und zu unserer Überraschung lenkte uns das Navi trotz aller Bemühungen konsequent immer wieder auf die Mautstraße. Es gab keine logische Erklärung dafür und wir versuchten es auch nicht mehr zu verstehen. Wir drückten eine Zeit lang auf allen Knöpfen herum, bis wir es schließlich aufgaben.

Es endete dann damit, dass wir das Gerät komplett abschalten mussten und ich uns mit der Karte auf meinem Handy führte. So hatte ich mir das definitiv nicht vorgestellt. Das nächste Mal würde ich die Worte für meine Wünsche etwas bedachter wählen.

Es war bereits Abend, als wir endlich an unserem Ziel ankamen. Die Sonne neigte sich bereits zum Horizont und die riesigen Pinien auf dem Campingplatz warfen dunkle Schatten. Und doch schienen wir wieder genau im richtigen Moment anzukommen. Ein Pärchen mit einem kleinen Camper war gerade dabei abzubauen.

Der Platz lag etwas abgeschieden auf einer Anhöhe am Waldrand. Man konnte nach rechts hin zwischen den Bäumen hindurch die große Sanddüne sehen. Und nach vorn hatte man einen atemberaubenden Ausblick auf das Meer. Ich schätzte, dass wir hier gut fünfzig Meter oberhalb des Strandes waren.

Ich blieb stehen und blickte in die Ferne. Die Sonne schien mir orangerot entgegen und tauchte die Landschaft in ein warmes, behagliches Licht. Die schmalen Silhouetten der hohen Pinien malten sich vor dem Atlantik ab. Dieser erstreckte sich dahinter scheinbar endlos dem Horizont entgegen.

Ich konnte nicht erkennen, wo das Meer aufhörte und der Himmel begann. Das Wasser lag glatt und ruhig vor mir. Nicht die kleinste Welle war zu sehen. Zauberhaft spiegelte sich das Firmament auf der Wasseroberfläche und gab mir das Gefühl, als würde ich von oben auf den Himmel hinabschauen.

»Sucht ihr noch einen Platz?«, riss mich eine junge Frau aus meinen Gedanken.

Ich drehte mich um und sie lächelte mich freundlich an. Mit ihren kurzen, roten Locken und den Sommersprossen im Gesicht schien sie pure Lebensfreude auszustrahlen. Auf ihrem Shirt stand in rosa Buchstaben »Believe in magic«. Das passte ja gut.

»Danke! Ja, wir suchen noch einen Platz. Wir sind gerade erst angekommen. Wird euer Platz denn frei?«, antwortete ich, während ich mich auf dem Stellplatz umschaute.

»Genau, wir sind fast fertig. Ich denke, wir brechen in ungefähr zehn Minuten auf. Wir wollen die Nacht durchfahren. Den Platz kann ich euch echt empfehlen. Man kann hier wunderbar in der Sonne frühstücken und der Ausblick ist einfach einmalig.«

»Oh ja, das habe ich auch gedacht. Wir haben ja schon viel gesehen. Aber so einen Ausblick hatten wir noch nicht … War denn bisher noch niemand hier, weil er den Platz will?«

»Nein, ihr seid die Ersten. Wahrscheinlich hat keiner Lust abends nochmal umzuziehen. Die Meisten sind mittags hier angekommen.«

»Sehr cool, dann würde ich sagen, wir haben einen tollen, neuen Platz gefunden! Danke!«

Wir halfen dem Pärchen noch beim Ausparken und eine halbe Stunde später saßen wir vor unserem Wohnwagen und beobachteten, wie die Sonne glutrot im Meer versank. Der Platz war so schön, dass ich am liebsten gar nicht mehr weiterziehen wollte. Zum Glück wollten wir hier mindestens zehn Tage bleiben, bevor es dann wieder zügiger weitergehen sollte.

Am nächsten Tag saß ich auf einem der hohen, sandigen Hügel inmitten der großen Düne. Carlos hatte sich neben mir gemütlich eingerollt und schaute mit halboffenen Augen dösend vor sich. Ich hatte mir Block und Stift mitgebracht, um etwas zu schreiben. Jetzt legte ich die beiden Sachen neben mich auf den Boden und ließ meinen Blick über die ungewöhnliche Landschaft schweifen.

Links von mir lag der Pinienwald und ich konnte von hier aus einige Zelte und Wohnmobile im Schatten der Bäume sehen. Vor mir ging es viele Meter den Sandhügel hinunter bis zum Strand. Dahinter erstreckte sich der Atlantik, weit und tiefblau, heute ebenso ruhig und glatt wie gestern. Und rechts von mir türmten sich Berge von Sand, soweit das Auge reichte. Wie eine kleine Wüste inmitten von grünen Pinienwäldern erhob sich die gigantische Düne vom Meer aus empor. Als hätte man ein Stück aus der Sahara genommen und es einfach an der französischen Küste platziert.

Kleine Karawanen von Touristen pilgerten über die Düne: winzige Silhouetten im Sand, die sich schwarz vor den goldenen Hügeln und dem blauen Himmel abmalten. Und als wäre das Bild noch nicht skurril genug, turnten auf der Düne auch etliche Gleitschirmflieger herum. Das lag daran, dass sich hier der Sand aufheizte und man mit dem richtigen Wind wunderbar von der Düne starten konnte, um sich dann die Küste entlang gleiten zu lassen.

Ein Gewirr von knallbunten Schirmen bewegte sich auf der Düne und am Himmel vor mir. Manche der Flieger liefen mit aufgezogenem Schirm über den Sand, manche saßen auch dort und machten Pause, andere hoben gerade ab und folgten der Küste. Es mussten an die hundert Flieger sein. Und einer von ihnen war übrigens Daniel. Er war nämlich auch leidenschaftlicher Gleitschirmflieger. Aus diesem Grund hatte er die Düne und den Campingplatz überhaupt erst entdeckt.

Ich hatte mich einige Zeit bemüht, Daniels orange-blau gestreiften Schirm in dem farbenprächtigen Getümmel nicht zu verlieren. Doch nachdem er irgendwann abgehoben und mit einer langgezogenen Kurve die Küste entlang geflogen war, hatte ich ihn aus den Augen verloren. Seitdem war einige Zeit vergangen. Ich hatte geschrieben, das bunte Treiben auf der Düne beobachtet und ein wenig mit Carlos gespielt.

Jetzt genoss ich es einfach, hier zu sein und für einen Moment mal gar nichts zu machen. Ich stützte meinen Kopf auf eines meiner Knie ab und schloss die Augen. Der Sand unter mir war aufgeheizt von dem sonnigen Tag, ich fühlte die wärmenden Sonnenstrahlen in meinem Gesicht und auf den Armen. Ich atmete tief durch. Eine sanfte Brise brachte den salzigen Duft des Meeres vom Fuße der Düne bis zu mir hinauf.

Am liebsten hätte ich die Zeit angehalten und wäre noch tiefer in die Magie dieses Augenblicks eingetaucht.

Alles schien perfekt. Und ich war glücklich darüber, genau jetzt hier zu sein.

Da ließ mich eine vertraute Stimme plötzlich aufhorchen: »Bonjour Madame!«

Ich schaute mich zuerst um und dann ging mein Blick nach oben an den Himmel. Es war Daniel. Er flog gerade gut zehn Meter über mir und winkte mir freudig zu. Carlos sprang auf und schaute ebenfalls hinauf. Ich war mir nicht sicher, ob er sein Herrchen wirklich dort oben erkannte, aber er wedelte jetzt aufgeregt mit dem Schwanz.

»Bonjour!«, rief ich zu Daniel lachend hinauf. Er schien wirklich sehr viel Freude zu haben. Er winkte mir noch einmal zu, machte dann eine elegante Wendung und entfernte sich nun wieder von der Düne in Richtung Meer. Lächelnd blickte ich ihm nach. Seine Silhouette wurde allmählich kleiner, als er sich vom Wind die Küste entlang tragen ließ.

Ich legte mich entspannt in den warmen Sand. Carlos nutzte die Gelegenheit und kuschelte sich sogleich an mich. Während ich ihn streichelte, erinnerte ich mich daran, wie wir vor gut zwei Jahren schon einmal hier an diesem Ort gewesen waren. Es fühlte sich an, wie in einem anderen Leben.

Damals hatten wir hier Urlaub gemacht. Es war derselbe Ort gewesen und doch erlebte ich ihn dieses Mal vollkommen anders. Daniel und ich waren seit Monaten unterwegs, der Wohnwagen war zu unserem »Zuhause« geworden und die Düne nicht das eine große Urlaubsziel, sondern nur eine Zwischenstation unter vielen.

Wir waren viel entspannter und kamen schneller an. Für uns spielte es keine Rolle, wenn es mal ein paar Tage regnen würde. Dann könnten wir diese Tage nutzen, um mehr zu arbeiten. Wir waren bereits gefüllt mit vielen sonnigen Wochen und wunderbaren Erlebnissen. Wir hatten kaum Erwartungen an diesen Ort, zumindest nicht so wie damals.

Da hatten wir versucht, so viel wie möglich in die wenigen Tagen hineinzuquetschen und die zwei Wochen Urlaub möglichst gut zu nutzen, bevor es wieder zurück in den stressigen Alltag ging.

Dieses Mal brauchten wir keine Erholung von unserem Alltag, keine Auszeit vom Stress. Wir konnten einfach hier sein und es genießen. Der große Unterschied war, dass wir jetzt viel mehr Zeit hatten und gleichzeitig viel weniger Zeit brauchten.

Als Daniel einige Zeit später zu uns kam, konnte ich sein breites Lächeln schon von weitem erkennen. Es sah richtig glücklich aus. Carlos sprang sofort auf und begrüßte sein Herrchen stürmisch. In wildem Galopp sprang der Hund um ihn herum und wedelte dabei. Daniel streichelte Carlos, setzte sich dann zu mir und gab mir einen Kuss.

»Und wie war es?«, fragte ich, obwohl ich mir die Antwort bereits denken konnte.

»Herrlich! Einfach ein Traum!«, schwärmte Daniel. »Ich muss nur gleich erstmal duschen. Ich bin total verschwitzt. Ich habe vergessen, wie anstrengend das mit dem Schirm im weichen Sand ist.«

»Wir könnten doch zum Abschluss dieses perfekten Tages noch eine Runde schwimmen gehen, oder?« Ich sah an Daniel vorbei zum Atlantik hinunter, der da in leuchtendem Blau verführerisch vor uns lag.

»Das bedeutet aber auch, dass wir die komplette Düne runter und wieder hoch gehen müssen«, meinte Daniel skeptisch. »Du weißt, wie weit das ist.«

»Und wenn wir einfach von hier aus runter rennen?« Ich grinste ihn übermütig an. »Das macht bestimmt Spaß!«

Ich stand auf und blickte auf den langen, sandigen Hang vor mir, der unten im Wasser des Ozeans mündete.

»Komm schon! Das wollte ich immer schon mal machen. Das wird lustig«, ermunterte ich Daniel.

»Okay. Wer zuerst im Wasser ist!« Daniel sprang jetzt schnell auf und hechtete an mir vorbei.

Ich ließ meinen Block, meine Flipflops und die Flasche Wasser, die ich mir mitgebracht hatte einfach liegen und eilte ihm hinterher. Carlos holte uns beide zügig ein und hüpfte neben Daniel mit großen Sätzen aufgeregt die Düne hinunter.

Ich rannte so schnell ich konnte. Meine Füße versanken bei jedem Schritt knöcheltief im Sand. Ich ließ mich von der Schwerkraft ziehen und beschleunigte nun immer mehr. Der Hang war viel steiler, als ich ihn in Erinnerung hatte. Längst konnte ich nicht mehr bremsen. Mit überraschender Geschwindigkeit und riesigen Schritten jagte ich den Sandberg hinunter. Der Wind rauschte dabei in meinen Ohren und ich begann zu lachen.

Unten angekommen lief ich die letzten Meter über den schmalen Strand und ließ mich dann ins kühle Nass fallen. Ich tauchte einmal durch das erfrischende Wasser und ließ mich dann treiben. Mein Atem ging schnell und mein Herz raste. Daniel und Carlos waren gleich neben mir. Ich musste wieder lachen. Der Pudel schwamm genüsslich um mich herum, als hätte er den ganzen Tag nur darauf gewartet, endlich ein Bad im Meer nehmen zu können und sich abzukühlen.

Ich schwamm zu Daniel, zog ihn an mich heran und

küsste ihn. Ich spürte seine nasse Haut. Er schmeckte salzig nach Meer und Abenteuer. Und da war ein Leuchten in seinen Augen, wie ich es früher bei ihm nur selten gesehen hatte.

»Was für ein wunderbarer Tag!«, flüsterte ich. Ich schaute ihm jetzt direkt in die Augen. »Ich liebe dich!«

Er lächelte. »Ich liebe dich auch!«

»Ich bin so froh, dass wir diese Reise machen und jetzt hier sind. Am liebsten würde ich die Zeit anhalten! Es ist gerade alles so perfekt!«

»Und es wird noch besser! Du wirst sehen! Wir sind ja erst am Anfang!«

»Das stimmt!«

Ich ließ mich nach hinten sinken und trieb jetzt mit dem Rücken auf den winzigen Wellen. Ich schloss die Augen und ließ alle Muskeln locker. Es tat gut, sich vom Wasser tragen zu lassen. Das war etwas, was ich schon als Kind gut konnte. Ich brauchte keine Luftmatratze oder das Tote Meer dafür. Ich konnte das auch im See oder im Schwimmbad – einfach loslassen und mich treiben lassen.

Daniel hatte das auch schon oft versucht, aber er war jedes Mal untergegangen, wenn er damit aufhörte, Schwimmbewegungen zu machen. Ich fühlte, wie er mir jetzt sanft über die Schulter strich.

»Bianca? Kommst du? Ich habe einen Bärenhunger. Ich mache uns jetzt zur Feier des Tages Burger!«

»Einen Moment noch!« Ich atmete ein letztes Mal tief durch und versuchte mir dieses einmalige Gefühl des perfekten Tages mit all seinen Facetten einzuprägen. Was immer uns noch erwarten würde, für solche Momente hatte es sich gelohnt, das Risiko einzugehen.

Wir blieben fast zwei Wochen an der »Dune du Pilat«. Ich war jeden Morgen aufs Neue erstaunt, wenn ich die Tür des Wohnwagens öffnete und sich mir ein Panorama aus Pinien, Sand und Meer bot, das man auf eine Postkarte hätte drucken können.
Eine Besonderheit an den Stränden, die hier in der Nähe der großen Sanddüne lagen, war, dass man wählen konnte, wie groß die Wellen sein sollten. Es war nämlich so, dass direkt an der Düne die Bucht von Arcachon begann und große Sandbänke die Wellen abfingen. So war das Meer in der Nähe des Campingplatzes fast immer sehr ruhig. Fuhr man jedoch einige Kilometer die Küstenstraße hinunter, so wurden die Wellen mit jedem Strand höher.

Wir fuhren jeden Mittag zu einer kleinen Pause an einen anderen Strand. Am nächstgelegenen «plage du petit nice« luden sanfte Wellen zum Baden ein. Ein Stück weiter am »plage de la lagune« konnte man sich dann freudig größeren Wogen anvertrauen und durch die Wellen springen. Spätestens aber am »plage de la salie sud« blieben wir in gebührendem Abstand vom Wasser stehen und beobachteten, wie sich hier die Surfer in den ungezähmten Atlantik wagten, während sich die Wassermassen meterhoch aufbäumten und dann tosend niederschlugen.

Ich war einmal in Frankreich von einer hohen Welle erfasst worden. Nachdem sie mich so lange durchgewirbelt und durch den Sand geschleift hatte, dass ich nicht mehr wusste, wo oben und unten war, hatte der Ozean mich im wahrsten Sinne des Wortes an den Strand gespukt.

Ich weiß noch, wie ich dort erschöpft und atemlos im Sand gelegen hatte. Seither hatte ich Respekt vor der enormen Kraft des Wassers. So sehr ich das Meer auch liebte, so wusste ich mittlerweile, wann es klug für mich war, hineinzugehen und wann eher nicht.

Am letzten Tag auf dem Campingplatz erwartete mich dann noch ein sehr ungewöhnliches Ereignis, etwas, das ich so definitiv nicht erwartet hätte. Es war noch vor der Morgendämmerung, als mich Carlos weckte und nach draußen wollte.

Überrascht krabbelte ich aus dem Bett und zog mir eine Strickjacke über den Schlafanzug. Es kam sehr selten vor, dass der Hund nachts nach draußen wollte. Es musste schon sehr dringend sein, wenn er mich aus dem Bett holte. Daran, dass er vielleicht etwas gehört hatte und deswegen den Wohnwagen so eilig verlassen wollte, habe ich in dem Moment nicht gedacht.

Ich leinte Carlos an und ging mit ihm hinaus. Der Pudel zog mich munter einen schmalen Weg des Campingplatzes entlang und ich folgte ihm nichtsahnend.

Ich bog gerade verschlafen um eine Kurve, da standen sie vor uns: zwei riesige Wildschweine, gerade mal zwei Meter von uns entfernt. Sie schauten mindestens so überrascht wie ich. Und für einen Moment standen wir vier uns einfach starr gegenüber.

Mir dämmerte, warum mich Carlos zu dieser frühen Stunde aus dem Bett geschmissen hatte und so zielstrebig in diese Richtung gegangen war. Ganz toll!

Als die Wildschweine dann plötzlich neugierig auf den Hund zugingen, löste ich mich aus meiner Erstarrung und rannte, so schnell ich konnte zum nächstgelegenen Waschhaus. Den Hund schleifte ich dabei hinter mir her. Er wollte lieber Bekanntschaft mit den Schweinen machen. Ich musste ihn mit Kraft durch die Tür ziehen und erntete dafür einen vorwurfsvollen Blick.

Sichtlich frustriert stand Carlos nun an mein Bein gelehnt im Eingang des Waschhauses und spähte mit mir zusammen durch den Türspalt nach draußen.

Die Wildschweine hatten uns längst vergessen und machten sich derweil über die Essensreste auf einem Zeltplatz her. Hier hatte wohl gestern Abend ein gemütliches Beisammensein stattgefunden und auf mehreren Tischen standen noch Flaschen, Gläser und Teller mit Essensresten.

Fasziniert beobachtete ich, wie die wuchtigen Tiere überaus filigran über die Zeltleinen stiegen und mit überraschender Grazie durch das Gelage hindurchzirkelten, ohne etwas umzuwerfen oder Lärm zu machen. Außer mir schien niemand von dem Besuch der Borstentiere etwas mitzubekommen. Die Leute in den Zelten schliefen wohl noch.

Nach einer Weile verschwanden die Wildschweine dann aus meinem Blickfeld. Ich entschied mich dafür, sicherheitshalber noch einige Minuten zu warten. Ich machte mir weniger Sorgen um mich. Vielmehr fürchtete ich um Carlos Wohlergehen. Ich hatte keine Ahnung, wie sich die riesigen Schweine im Kontakt mit dem Hund verhalten würden. Vielleicht hatten wir eben einfach nur Glück gehabt.

Ich lehnte gerade an der Wand und starrte auf die großen Waschbecken vor mir, als die Tür aufging und eine Frau im Morgenmantel hereinkam. Ich überlegte mir schon, wie ich jetzt auf Französisch erklären sollte, dass ich hier mit Carlos Schutz vor den Wildschweinen suchte, da blickte die Frau den Hund interessiert an.

Mit freudigem Lächeln fragte sie mich: »Est-ce un caniche royal?«

Da ich diese Frage in Frankreich fast täglich hörte, wusste ich, dass die Frau mich fragte, ob Carlos ein

Königspudel sei.

»Oui, c`est un caniche royal«, bejahte ich ihre Frage schmunzelnd. Eine Antwort, die ich mittlerweile gut beherrschte.

Die Frau war entzückt. »Oh, vraiment ? C'est incroyable!«

Sie schaute mich an, als hätte ich da tatsächlich den König höchstpersönlich an der Leine. Keine Verwunderung darüber, warum ich hier mitten in der Nacht neben den Duschen rumstand und einen Hund im Waschhaus dabei hatte. Nur pure Begeisterung, weil es sich um einen Königspudel handelte. Carlos gefiel die herrschaftliche Ansprache wohl sehr. Er posierte vor der Frau, als wollte er zeigen, wie viel Königliches da in ihm steckte. Ich musste wieder schmunzeln.

Ich ging davon aus, dass die entspannte Ankunft der Frau wohl bedeutete, dass die Wildschweine weitergezogen waren und machte mich nun auf den Weg zurück zum Wohnwagen. Meinen persönlichen König nahm ich dabei an die kurze Leine. Er hätte nämlich lieber die Suche nach den Wildschweinen fortgeführt.

Ein dunkles Grunzen aus einiger Entfernung ließ mich die letzten Meter dann doch noch einmal schneller laufen. Mit einem Rums knallte ich eilig die Tür hinter mir zu, als wir wieder im Wohnwagen waren.

»Alles okay?«, fragte Daniel verschlafen.

»Ja, alles okay. Entschuldigung. Schlaf weiter. Ich erzähle es dir morgen.«

Ich lag schon im Bett, da hörte ich das dunkle Grunzen wieder. Dieses Mal sehr laut. Es kam direkt von unserem Platz, als würden die Schweine gleich neben unserem Wohnwagen stehen. Ich drehte mich zur Seite und grub den Kopf in mein Kissen. Für heute hatte ich genug Wildtierbegegnungen gehabt. Ich war müde und sehnte mich nach Schlaf. Es waren nur noch wenige Stunden, bis die Sonne aufging.

Ich kuschelte mich in meine Decke ein und atmete tief durch. Es dauerte noch einen Augenblick, dann war ich endlich eingeschlafen.

ATLANTIKKKÜSTE – NORDSPANIEN

Unsere Reise nahm nun wieder Fahrt auf. Wir passierten die Grenze zu Spanien. Die Landschaft rauschte an uns vorbei. Wir zogen von Platz zu Platz. Jeden Tag eine neue Umgebung, ein neuer Ort, ein anderer Strand. Unsere einzigen Konstanten waren wir selbst und das Meer.

Die Tage schienen mit all den vielen Eindrücken endlos zu sein. Es war erst zwei Wochen her, dass wir Frankreich verlassen hatten, aber seitdem hatte ich so viel gesehen, so viel Neues gelernt und erlebt, dass es mir bereits wie eine Ewigkeit vorkam. Dabei hatten wir keinesfalls Stress oder Eile, ganz im Gegenteil. Es schien fast so, dass umso mehr Zeit wir uns ließen, desto langsamer verging sie. Ich fragte mich manchmal selbst, wie wir es schafften, an einem einzigen Tag so viel zu erleben und dabei auch jeden Tag zu arbeiten.

Ich konnte es mir selbst nicht wirklich erklären, aber mein Zeitgefühl veränderte sich während der Reise. Oft saß ich einfach am Meer und tat nichts. Ich genoss es nur, jetzt hier zu sein, ganz in diesen Augenblick einzutauchen und alles wahrzunehmen. Das sanfte Rauschen der Wellen, den Klang der Möwen, die warmen Sonnenstrahlen und den Wind in den Haaren. Ich beobachtete, wie das Meer im Sonnenlicht funkelte und kleine Wolken vorbeizogen.

Es kam mir dann vor, als hätte ich einen ganzen Tag am Meer verbracht, als wäre die Zeit nur für mich stehen geblieben, während ich dort gesessen hatte, damit ich diesen Moment voll auskosten und mit all seinen Facetten erfassen konnte. Tatsächlich waren meist nur wenige Minuten vergangen. Es war ein seltsames Gefühl – vollkommen neu und wunderschön.

Früher war ich oft in eine Art Autopilot verfallen, während ich durch mein Leben gehetzt war. Dadurch hatte ich vieles verpasst. Ich war der Zeit so nachgejagt, dass sie mir wie Sand zwischen den Fingern zerronnen war. Ich hatte mir selten Zeit zum Durchatmen genommen. Meist war ich mit meinen Gedanken woanders gewesen und viel zu beschäftigt damit, allen Erwartungen zu genügen, um wirklich den Augenblick zu genießen.

Ich dachte jetzt an Momo und ihre Schildkröte Cassiopeia. Umso langsamer Momo gegangen war, desto schneller war sie vorangekommen, weil die Zeit selbst dadurch langsamer geworden war. Konnte das wirklich sein? Konnte sich Zeit so anders anfühlen? War dieses Ankommen in dem Moment das, was ich damals so schmerzhaft im Leben vermisst hatte?

Wahrscheinlich hätte ich nicht alles auflösen und auf Reisen gehen müssen, um das zu erleben. Solche Momente hätte ich auch schon früher haben können. Vermutlich hatte ich sie aber bewusst vermieden, weil sie mich die Wahrheit über mein Leben hätten spüren lassen. Und das hätte ich nicht ertragen können.

Es war viel leichter gewesen, mir zu sagen, dass ich keine Zeit hatte, als wirklich einmal innezuhalten. Vielleicht war ich in Wahrheit vor mir selbst weggelaufen, davor, dass ich es lieber allen Recht gemacht und mich versteckt hatte, anstatt das zu tun, was mich glücklich gemacht hätte.

Erst hier mit etwas Abstand, nach so vielen Monaten, die wir nun unterwegs waren, wurde mir das zum ersten Mal bewusst.

Mehr durch Zufall gelangten wir an den »Praia As Catedrais«, den Kathedralenstrand, an der wilden Küste Galiziens. Dieser besondere Strand trug seinen Namen aufgrund der hohen Felsen und Höhlen, die sich dort befanden. Gigantisch große Bögen aus dunklem Gestein formten einen Durchgang, der wie das mächtige Grundgerüst einer Kathedrale wirkte.

Ich hatte beim Anmelden auf dem kleinen Campingplatz in der Nähe des Örtchens Ribadeo einen Flyer mit einer Wegbeschreibung auf der Rückseite entdeckt. Diese hatte uns hergeführt. Und wir hatten großes Glück. Wir erreichten diesen besonderen Strand zur richtigen Zeit. Die Ebbe hatte gerade die Höhlen freigegeben, die bei Flut jeden Tag aufs Neue vom Meer überschwemmt wurden.

Es war mittlerweile Anfang Oktober und sowohl die Touristeninformation als auch das Tickethäuschen waren verlassen. Wir blickten von oben auf den eigentümlichen Strand. Nur eine Handvoll Touristen liefen dort unten über den Sand. Sie wirkten winzig zwischen den übergroßen mit Felsnadeln gekrönten Höhlen. Über eine Treppe gelangten wir nach unten. Staunend gingen wir über den Strand den mächtigen Felsen entgegen. Das Gestein war noch nass und glitzerte in der Sonne.

Je näher wir kamen, umso deutlicher wurden die Ausmaße dieser skurrilen Felsenlandschaft. Übergroße Pfeiler, Bögen und Kuppeln ragten vor uns empor, als hätte der Ozean den Weg zu einer versunkenen Stadt freigegeben. Die Sonnenstrahlen brachen sich im Nebel der Gischt und tauchten die Felsen in ein geheimnisvolles Licht.

Ich hatte meine Flipflops ausgezogen und trug sie nun in der Hand, während ich über den glatten, nassen

Sand schritt. Wenn heute hier schon vor uns Besucher waren, so konnte man das nicht mehr sehen. Das Meer hatte ihre Spuren verwischt. Und es war, als würden wir diesen Strand mit den wenigen anderen Menschen ganz neu entdecken.

Wir standen nun direkt unter einem der mächtigen Steinbögen. Vor uns lag der Eingang in eine der Höhlen und ich lugte neugierig hinein.

»Das ist wunderschön! So beeindruckend, oder?«, sagte ich begeistert zu Daniel.

Er nickte zustimmend, während er die steile Schieferwand vor uns hinaufsah.

»Ich glaube, ich gehe mal da rein und gucke, wie weit ich komme.« Ich zeigte auf den Höhleneingang vor uns. »Kommst du mit?«

»Nein, ich gehe lieber noch draußen entlang«, erwiderte Daniel zu meiner Überraschung.

»Echt nicht? Bist du denn gar nicht neugierig?«, hakte ich nach.

»Doch, schon … Aber ich will meine Schuhe nicht ausziehen und da drin steht Wasser.« Er zeigte auf die Pfützen am Höhleneingang. Ich folgte kurz seinem Blick und betrachtete dann seine schwarzen Turnschuhe.

»Im Ernst? Wegen der Schuhe?« Ich schüttelte den Kopf.

»Mach du das mal. Ich warte hier mit Carlos auf dich.«

»Okay. Wenn du meinst. Aber ich sage dir, du verpasst was.«

Ich drehte mich um und betrat die Höhle. Die nassen, kantigen Felsen waren fast schwarz und es wurde schnell dunkler, als ich weiterging. Ich blieb einen kurzen Moment stehen und wartete, bis sich meine Augen an das schwache Licht hier im Inneren der Höhle gewöhnten. Kleine Tropfen regneten auf mich herab und die Rinnsale und Pfützen auf dem Boden erinnerten daran, dass dieser Ort gerade noch unter Wasser gestanden war.

Ich wagte mich jetzt tiefer in den Gang hinein. Er wurde deutlich enger und ich musste durchs Wasser gehen. Das Rauschen des Meeres war nun nicht mehr zu hören. Alles, was ich vernahm, war mein eigener Atem und das leise Plätschern des Wassers, das von den Wänden widerhallte, während ich durch die Pfützen schritt. Ich gelangte an eine Mulde im Boden. Das Wasser wurde zunehmend tiefer und ich spürte schroffe Felsen unter meinen nackten Füßen.

Zögerlich blieb ich stehen. Das Wasser reichte mir jetzt fast bis zu den Knien und ich konnte nicht sehen, wo ich hintrat. Mein Herz begann zu klopfen. Ich schaute mich um und überlegte, was ich nun tun sollte. Die rabenschwarzen Felsen schienen das Licht hier drinnen förmlich zu schlucken. Es war unvernünftig weiterzugehen, aber ich war zu neugierig, um jetzt umzukehren.

Vorsichtig tastete ich mich voran. Die Wände waren kaum zu erkennen. Doch als ich weiterging, schien von irgendwo Licht herein und die gezackten Steine der niedrigen Höhlendecke spiegelten sich verzerrt vor mir in den Pfützen am Boden wider. Es war ein eigentümliches Bild. Fast wusste ich nicht, wo oben und unten war. Ich hatte Mühe bei diesem Spiel aus Licht und Schatten, zwischen spiegelndem Wasser und dunklen Felsen nicht die Orientierung zu verlieren. Es war zauberhaft und auch unheimlich.

Da tauchte der Ausgang der Höhle vor mir auf und ich ging hinaus. Zu meiner Überraschung fand ich mich auf einem schmalen Pfad zwischen hohen Felsen wieder.

Über mir konnte ich den blauen Himmel sehen. Rechts und links von mir ragten steile Schieferwände hinauf. Es erschien wie eine schmale Schlucht, gerade mal ein bis zwei Meter breit. Der nasse Sand verriet mir, dass auch hier eben noch das Meer hindurch geflossen war.

Ich überlegte kurz, ob ich weitergehen sollte. Ich wusste nicht, wie viel Zeit mir blieb, bis sich das Meer diese Höhlen wieder zurückholen würde. Falls ich in eine Sackgasse gelangte, müsste ich den Weg wieder zurückgehen. Es wäre keine gute Idee noch hier zu sein, wenn die rauen Wellen des Atlantiks zwischen den engen Felsen hindurch rauschten und alles fluteten.

Doch abermals gewann meine Neugier. Ich war zu fasziniert von diesem mysteriösen Ort, als dass ich meine Erkundungstour jetzt hätte abbrechen können. Außerdem sagte mir mein Gefühl, dass es noch einen anderen Ausgang gab. Ich strich mit den Fingern an den glatten Steinen entlang, während ich über den nassen Sand diesen eigentümlichen Pfad weiterging. Es dauerte nicht lange und ich kam an einen Platz. Eingerahmt in über dreißig Meter hohe Felsen führten von hier gleich mehrere Wege in verschiedene Richtungen.

Ich entschied mich für einen und durchquerte einen großen, lichtdurchfluteten Tunnel. Er machte einen leichten Bogen. Als ich um die Ecke schaute, sah ich den Strand. Ich ging weiter und stand kurz darauf wieder unter einem der großen Steinbögen, ganz nah an dem Ort, wo ich meine kleine Höhlentour begonnen hatte. Daniel wartete zusammen mit Carlos an einem der hohen Felsen. Er kam mir sogleich entgegen, als er mich sah.

»Und wie war es?«, fragte Daniel.

»Mega! Da sind viele verschiedene Gänge und Höhlen, teils sieht es aus wie eine schmale Schlucht.

Echt toll!«, erzählte ich ihm mit leuchtenden Augen.

»Das Wasser war wohl ziemlich hoch, oder?« Er schaute auf meine kurze Hose, deren Saum dicht über meinen Knien nass geworden war.

»Ja, teils stand da echt hoch das Wasser drin, aber dafür haben sich die Felsen da ganz wunderbar drin gespiegelt. Du hast ehrlich was verpasst.«

Wir gingen jetzt zusammen durch die gigantischen Felsentore. Es war ein erhebendes Gefühl, hier hindurchzuschreiten. Wie Wächter einer längst vergangenen Zeit ragten die dunklen Steine zum Himmel und hielten Tag für Tag der Kraft des Wassers stand.

Ich erinnerte mich an das, was ich auf dem Flyer gelesen hatte: Der ursprüngliche Name dieses Ortes war »Aguas Santas« gewesen, was ich am ehesten mit »heilige Gewässer« übersetzen würde. Meiner Meinung nach passte diese Bezeichnung ziemlich gut. Die mystische Atmosphäre war deutlich spürbar. Es war traumhaft schön, was die Natur hier geschaffen hatte.

Als wir wenig später den Strand verließen, spülten bereits die ersten langen Wellen der Flut unsere Fußabdrücke vom Sand hinfort. Es würde nicht mehr lange dauern und dieser Ort würde samt der Höhlen wieder vom Ozean eingenommen sein.

Daniel hatte zum Abschluss noch ein Foto von mir unter einem der Felsbögen gemacht. Das schickte ich jetzt schnell an Kate. Wir hatten seit Wochen nicht gesprochen. Ich musste sie unbedingt in den nächsten Tagen einmal anrufen und fragen, wie es ihr ging.

Wir waren erst seit wenigen Minuten wieder zurück an unserem Wohnwagen, da erhielt ich auch schon einen Videoanruf von Kate. Eilig nahm ich ihn an.

»Hey! Wie schön! Lange nicht gesehen! Wie geht es dir?«, begrüßte ich sie freudestrahlend.

»Hi Süße! Ja, die Zeit vergeht hier wie im Flug. Sorry, ich wollte mich längst mal gemeldet haben.« Sie schaute an mir vorbei auf den blühenden Busch und den blauen Himmel hinter mir. »Wow! Das sieht ja bei euch noch wie Sommer aus! Mega! Soll ich dir mal unser Wetter zeigen?«

Sie drehte das Handy um und auf dem Bildschirm erschien ein Fenster. Draußen konnte ich dunkel einen grauen Himmel erkennen. Regentropfen liefen die Scheibe hinab und verwischten die Sicht.

»Oh krass! Das ist ja düster«, meinte ich überrascht.

Kate drehte das Handy wieder und sah mich jetzt aufgeregt an.

»Ja, hier regnet es schon seit Wochen, aber ich habe mega gute Neuigkeiten: Ben arbeitet ja für das archäologische Institut und die haben immer wieder Programme für die Studenten im Ausland. Jetzt ist da jemand krank geworden und sie brauchen eine Vertretung, die mitfährt und den Leiter bei der Tour unterstützt. Und da haben sie Ben gefragt.« Kate wurde beim Reden immer schneller und ich konnte ihr kaum folgen. »Das Ganze dauert gut zwei Monate und findet in Beliz statt. Und das Tolle ist, eine der Reisegesellschaften, für die ich als Übersetzerin arbeite, bietet da Touren an. Und sie haben für die Zeit einen Job für mich. Das heißt, Ben und ich fliegen zusammen nach Beliz.«

Sie stoppte ihren Bericht und sah mich nun erwartungsvoll mit einem breiten Grinsen an.

»Wow! Das ist der Hammer! … Hilf mir nochmal, Beliz ist wo?«

»Mittelamerika? Karibisches Meer? Maya-Tempel?«

»Krass, kenne ich nicht, aber hört sich genial an! Wie toll! Ich freue mich für dich! Das ist ja dann eure erste gemeinsame Reise!«

»Ja, irgendwie schon. Auch wenn wir teils an verschiedenen Orten arbeiten, können wir auf jeden Fall zusammen wohnen.«

»Es läuft gut zwischen dir und Ben, oder?«

»Ja, voll. Der kann echt meine Gedanken lesen. Das passt so gut.« Sie lächelte verliebt. »Und wie ist es bei euch? Ich habe das Gefühl, jedes Mal, wenn du mir ein Bild schickst, seid ihr gerade in einer anderen Ecke. Ihr seid ziemlich schnell unterwegs, oder?«

»Schon, aber es ist trotzdem total entspannt. Gerade sind wir hier an der Küste von Nordspanien, aber morgen wollen wir nach Santiago de Compostela.«

»Oh da bin ich ja mal gespannt, wie es dir gefällt. Du musst dann mal die Pimientos de Patron probieren! Die sind so lecker! … Ach, und was ich dich noch fragen wollte: Du hast mir doch das mit den Bestellungen beim Universum geschrieben. Machst du das noch?«

»Ja, klar! Das ist voll witzig. Ich habe mir erst vor kurzem einen gratis Tennisplatz gewünscht, weil Daniel mal mit mir Tennis spielen wollte. Aber du kennst mich ja was Bälle angeht. Den Platz haben wir bekommen. Mein Spielen hat sich aber nicht großartig verbessert. Das sah, glaub ich, ziemlich lustig aus. Wir haben viel gelacht. Dann habe ich mir nette Nachbarn am Stellplatz gewünscht und wir hatten da zwei Surfer neben uns. Ich sag dir, die sahen aus, wie aus einem Werbekatalog, blonde Haare, blaue Augen, voll durchtrainiert. Ich bin mir nicht sicher, ob das Universum mich da vielleicht falsch verstanden hat. Sie sahen auf jeden Fall ziemlich NETT aus, würde ich sagen …«

Kate und ich lachten.

»Das fand Daniel bestimmt auch nett!«, meinte Kate belustigt und betonte das Wort nett so wie ich.

»Naja, ich muss da mit meinen Bestellungen noch klarer werden«, gestand ich schmunzelnd ein. »Für den nächsten Platz wünsche ich mir auf jeden Fall einen coolen Wäscheservice und eine Möglichkeit, um mir neue Turnschuhe zu kaufen. Die alten fallen langsam auseinander. Ich denke, das mit dem Schuhgeschäft wird in einer Stadt wie Santiago de Compostela ja kein Problem sein. Und was den Wäscheservice angeht, mal sehen. Ich habe auch noch so ein paar verrückte Sachen wie eine Spülmaschine oder eine Badewanne auf meiner Liste. Das habe ich bisher noch auf keinem Campingplatz gesehen.«

»Und wie sieht es mittlerweile finanziell aus? Ist das etwas entspannter geworden?«, fragte Kate jetzt.

»Ach, lass uns lieber das Thema wechseln. Das ist immer noch so ein auf und ab. Es passt immer, aber manchmal ist es echt knapp. Ich bin froh, dass wir mit unserer Campingkarte fast überall so günstig stehen können. Momentan mache ich da einfach kontinuierlich mit meiner Gruppe und dem Kurs weiter und denke da gar nicht viel drüber nach.« Ich schnaufte. »Das wird bestimmt mit der Zeit besser.«

»Das glaube ich auch! Aber wenn es mal zu eng ist, sagst du Bescheid, ja?«

»Klar! Danke!« Ich fand es total lieb von Kate, dass sie sich so um mich sorgte und mir Hilfe anbot. »So, jetzt erzähl aber mal mehr über Beliz. Besichtigst du dann auch die Maya-Tempel und wohnt ihr da mitten im Dschungel oder in irgendeiner Stadt?«

Kate erzählte mir ausführlich von den Plänen. Ihre Augen glühten dabei förmlich vor Begeisterung. Ich liebte es, ihr zuzuhören, wenn sie von fernen Ländern und fremden Kulturen erzählte. Eben wusste ich noch gar nicht, dass es ein Land namens Beliz gab und jetzt wollte ich da auch unbedingt irgendwann einmal hin.

Am darauffolgenden Tag schlenderten Daniel und ich mit Carlos durch die Straßen von Santiago de Compostela. Überall wurde man daran erinnert, dass sich hier das Ziel des Jakobswegs befand. Auch jetzt noch Anfang Oktober waren zahlreiche Pilger in die Stadt gekommen, um sich ihren letzten Stempel für ihren Pilgerausweis zu holen und in der Kathedrale die Ruhestätte des heiligen Jakobus zu besuchen.

Ich liebte es, in die Gesichter der Pilger zu schauen. Bei den meisten konnte man sehen, dass ein langer Weg hinter ihnen lag und diese Zeit nicht nur körperlich Spuren hinterlassen hatte. Da war dieses besondere Funkeln in den Augen, diese Ausgelassenheit, die man nur empfand, wenn man nach langer Reise und Anstrengung sein Ziel erreicht hatte.

Man konnte deutlich erkennen, wie gut der Weg der Seele zu tun schien. Die besondere Stimmung war ansteckend. Fast hätte ich vergessen, dass wir nicht gepilgert, sondern bequem mit dem Auto angereist waren.

Wir kamen schließlich an einem kleinen, eher versteckten Restaurant vorbei und kosteten dort »patatas bravas«, frittierte Kartoffeln in scharfer Sauce. Ich bestellte mir natürlich auf Kates Tipp hin auch noch »pimientos de padron« dazu. Ich bekam eine Schale mit kleinen, grünen Paprikaschoten. Sie waren frittiert und danach großzügig mit einem ganzen Berg Meersalz bestreut worden.

Wir ließen uns Zeit mit dem Essen und verweilten

noch bis spät am Abend in der Stadt. Danach gingen wir gemütlich zu Fuß zurück zum Campingplatz.

Wir hatten zum ersten Mal einen Campingplatz mitten in der Stadt gewählt. Er lag direkt neben einem großen Einkaufszentrum. Mir Schuhe zu kaufen, war also kein Problem. Und was die Wäsche anging, so wurde mein Wunsch auch erfüllt. Ich konnte sie an der Rezeption abgeben und dann am nächsten Morgen frisch gewaschen, getrocknet und gefaltet wieder abholen. An diesen Service könnte ich mich gewöhnen!

Wir reisten jedoch bereits schon am nächsten Tag weiter zur letzten Station in Galizien, bevor es dann nach Portugal gehen würde. Während der Fahrt scrollte ich in meinem Handy und schaute mir die Fotos der letzten zwei Wochen an. Ich hatte mich unglaublich wohl in Nordspanien gefühlt.

Die raue Küste mit ihren steilen Klippen, den saftig grünen Wiesen, die oft bis ans Meer reichten und die wilden Surferstrände waren so anders, als das, was ich bisher von Spanien gekannt hatte. Wir waren durch duftende Eukalyptuswälder gewandert, einem kleinen Stück des Jakobswegs gefolgt und haben im weichen Gras gesessen und aufs Meer geschaut.

Es war schön, sich die Bilder jetzt noch einmal anzusehen und mich daran zu erinnern. Zugegeben, mit unserem langen Gespann hatten wir hier auch einige Situationen erlebt, bei denen mir das Adrenalin nur so in die Höhe geschossen war, aber das war es wert gewesen. Und am Ende sind wir ja auch immer sicher angekommen.

Etwas traurig war, dass ich diese Erfahrungen im Moment kaum mit jemandem teilen konnte. Klar, ich war nicht allein. Ich machte fast alles zusammen mit Daniel und Carlos. Und ich telefonierte ja auch immer wieder mal mit Kate und auch mit meiner Mutter und meiner Schwester. Aber mit jedem Tag, den wir weiterfuhren, entfernten wir uns ein Stück mehr von unserer Heimat.

Wir wussten nicht, wann wir das nächste Mal nach Deutschland kommen würden. In diesem Jahr höchstwahrscheinlich nicht mehr.

Ich vermisste die Treffen, das Zusammensein, den Kontakt… Warum konnte ich nicht beides haben? Abenteuer und Gemeinschaft, Freiheit und Verbundenheit?

Ich weiß nicht warum, aber ich musste in dem Moment an die Wildpferde denken, die in den italienischen Bergen frei über das weite Land streiften und trotzdem immer bei ihrer Herde waren.

Eigentlich hatte ich ja auch eine Herde. Ich schaute neben mich zu Daniel und dann hinter mich zu Carlos. Wir waren eben eine sehr kleine Herde …

»Alles okay?«, fragte mich Daniel jetzt. »Du wirkst so nachdenklich.«

»Ja, alles okay. Ich habe mir eben nur nochmal die Fotos von Spanien angeschaut. Das war echt schön. Übermorgen geht es ja schon nach Portugal. Ich bin mal gespannt, wie das wird.«

»Ja, das ist echt krass, dass wir jetzt schon kurz vor Portugal sind. Das wird bestimmt richtig toll, vor allem unten an der Algarve. Da kann ich auch endlich mal wieder Gleitschirmfliegen.«

»Stimmt! Und es ist bestimmt noch schön warm dort. Ab jetzt geht es erstmal nur noch Richtung Süden!« Ich grinste.

Irgendwo dort würden wir wohl den Winter verbringen, vielleicht in Portugal, vielleicht auch in Andalusien. Wir wussten noch nicht genau wo. Wir würden uns überraschen lassen, wohin uns unsere Reise letztendlich führen würde.

ATLANTIKKÜSTE – PORTUGAL

Wir überquerten die Grenze zu Portugal und ließen Spanien hinter uns. Zum ersten Mal seit vielen Wochen hatten wir uns einen Campingplatz ausgesucht, der nicht direkt am Meer lag. Wir steuerten den »Peneda-Geres Nationalpark« im Norden des Landes an.
Hier fanden wir ein hübsches Plätzchen mitten im Wald direkt an einem Flussufer gelegen. Es fühlte sich fast wie Wildcamping an. Außer uns entdeckten wir nur ein kleines Wohnmobil, das sich auch zum Ende der Saison noch hierher verirrt hatte. Es war mittlerweile Anfang Oktober und es schien so, als würde der Platz bald schon schließen. Dabei war das Wetter noch herrlich warm.

Nachdem wir fertig aufgebaut hatten, fuhren wir los, um den Nationalpark zu entdecken. Wir fanden einen Wanderweg direkt an einem Bach entlang. Urig-wild schlängelte sich der Pfad durch den Wald. Und wir folgten ihm eine Stunde lang.

Es war ein idyllisches Fleckchen Erde und so viel grüner und üppiger, als ich mir Portugal vorgestellt hatte. Als wir dann noch am Abend an einem Tisch vollgestellt mit kleinen Portionen lokaler Köstlichkeiten saßen, dachte ich schon, Portugal würde besonders entspannt für uns werden. Doch ich sollte mich irren. Das merkte ich spätestens, als wir weiterfuhren und uns wieder der Küste näherten.

So schnell wir diesen tollen Campingplatz im Inland gefunden hatten, so schwer taten wir uns nun damit, etwas direkt am Meer zu finden. Ich hatte mir eine malerische Landschaft mit kleinen Fischerdörfern vorgestellt, ein kleiner Platz ganz idyllisch am Strand gelegen. Doch das fanden wir hier nicht.

Vielleicht sind wir an den falschen Ecken abgebogen. Vielleicht haben wir uns die falschen Campingplätze angeschaut, aber wir fuhren immer weiter Richtung Süden und suchten und suchten. Neben dem einen Campingplatz befand sich eine düster qualmende Industrieanlage. Beim nächsten musste man durch lange Betontunnel unter einem Golfplatz hindurchgehen, um den Strand zu erreichen und der dritte Platz war eingezäunt wie ein Hochsicherheitstrakt.

Alles Recherchieren im Internet oder »Express-Wünschen« beim Universum half nichts. Es gelang mir einfach nicht, einen schönen Platz für uns am Meer zu finden. Als Daniel dann einen Versuch wagte, standen wir eine Weile später vor verschlossener Tür. Der Campingplatz hatte wie viele andere an der Küste längst geschlossen.

Es war bereits spät am Abend und wir hatten fast schon Lissabon erreicht, als wir endlich fündig wurden. Zum Glück ließ uns noch jemand herein. Wir bauten im Dunkeln alles auf und sanken gleich danach hundemüde ins Bett.

Erst war ich ein wenig betrübt darüber, dass wir so ein langes Stück der Küste ausgelassen hatten. Doch dafür konnten wir jetzt ausgiebiger Lissabon und Umgebung erkunden. Ich freute mich schon lange darauf, Portugals Hauptstadt einmal zu besuchen. Mir kam die Idee, ein bis zwei Nächte in ein Hotel in der Innenstadt zu gehen und dann von dort aus die Stadt bequem zu besichtigen. Das hatten wir bisher noch gar nicht gemacht.

Was ich dabei nicht bedacht hatte, war die Tatsache, dass in den meisten Hotels hier absolutes Hundeverbot galt. So wie ich zuvor angestrengt nach einem schönen Campingplatz am Meer gesucht hatte, wühlte ich mich nun durch etliche Hotelseiten.

Jedes Mal wenn ich endlich eine hundefreundliche Unterkunft aufgespürt hatte, fand ich irgendwo auf der Homepage im Kleingedruckten den schlichten Hinweis, dass sich die Gastfreundschaft für Haustiere nur bis zu einem Körpergewicht von fünf Kilogramm beschränkte. Da würde bei Carlos auch keine Diät helfen.

Auf persönliche Anfrage, ob mein Pudel mit ins Zimmer dürfte, bekam ich freundlich die Adresse einer Hundepension, wo wir Carlos für die Zeit des Hotelaufenthalts abgeben könnten. Spätestens wenn ich das Gewicht des Vierbeiners angab, war das Gespräch vorbei. Dabei machte ich Carlos schon drei Kilo schlanker und gab vierundzwanzig Kilo an statt der korrekten siebenundzwanzig, in der Hoffnung damit unter irgendeiner Grenze zu liegen.

Wo die Franzosen die stattliche Größe des Königspudels bewundert hatten, erschien der Hund hier wie ein riesiges Monster. Ich hatte das Gefühl, als wollte ich ein Pony mit aufs Zimmer nehmen.

Einfach wäre gewesen, meinen Plan zu ändern und eine kleinere Stadttour ohne Hotel zu machen. Aber ich hatte mich nach meiner aufwendigen Recherche irgendwann festgebissen und wollte jetzt auf Biegen und Brechen meinen Kopf durchsetzen. Irgendwie brachte Portugal meine schlechtesten Seiten zum Vorschein.

Bisher war die Suche nach Unterkünften immer leicht gewesen. Ich hatte meinem Bauchgefühl vertraut und immer schnell einen guten Platz für uns gefunden. Dass das hier so schwierig war, ärgerte mich und ich wollte jetzt mit dem Kopf durch die Wand.

Nach vielen Stunden fand ich dann doch noch ein

kleines, überaus freundliches Hotel für uns, das sogar sehr zentral in der Innenstadt lag. Ich musste zwar ein zweiseitiges Formular unterschreiben und versichern, dass ich für alle möglichen Schäden meines haarigen Ungetüms aufkommen würde, aber dann durfte Carlos tatsächlich mit.

Es war seltsam, nach so langer Zeit im Wohnwagen jetzt in einem Hotelzimmer zu sein. Ich merkte, wie sehr ich mich daran gewöhnt hatte, immer draußen in der Natur zu wohnen. Ich stellte mein Gepäck ab, legte für Carlos die Hundedecke aus und machte mich bereit für eine erste Erkundungstour durch die Straßen Lissabons. Daniel würde bei Carlos bleiben und sich ein ausgiebiges Schaumbad gönnen. Am Abend wollten wir dann gemeinsam losziehen.

Wenige Minuten später verließ ich das Hotel und schlenderte über kunstvoll in Mustern verlegte Pflastersteine eine breite Allee hinunter. Ich ließ mich treiben, nahm all die verschiedenen Eindrücke auf. Die Stadt schien in kein Klischee zu passen. Es gab von allem etwas. Ich ging an Nobelboutiquen und winzigen Ramschläden vorbei.

Ich staunte über den herrschaftlichen Prunk ebenso, wie über die maroden Bauten und versifften Ecken der Innenstadt. Alles schien hier direkt nebeneinander zu existieren. Die Atmosphäre war ganz speziell und ließ sich nur schwer in Worte fassen.

Sie hatte etwas Unkonventionelles, war ungewohnt originell und auf feurig-leichte Weise beschwingt heiter. Wie ein Künstler, der sich selbst vergaß, wenn er mit Leidenschaft ein Kunstwerk schuf und es nur der Freude willen machte und nicht wegen des Publikums. Ich spürte eine Leichtigkeit, die ich in den letzten Tagen in Portugal vermisst hatte.

Mir war vorher nicht bewusst gewesen, wie hügelig die Straßen Lissabons waren. Schnaufend lief ich eine der steilen Gassen hinauf, um dann auf der anderen Seite wieder herunter zu gehen. Ich machte immer wieder Pausen. Gönnte mir auf meinem Weg zuerst ein »pastei de nata«, ein typisch portugiesisches Puddingtörtchen und danach eine Tüte voll heißer Maronen von einem der vielen Verkäufer, die mit ihren urigen Öfen in kleinen Rauchwolken am Gehweg standen. Jetzt im Herbst schien die ganze Stadt wunderbar nach den gerösteten Kastanien zu duften.

Ich setzte mich auf eine Bank an einem großen Springbrunnen und naschte die köstlich-nussige Speise. Die Maronen waren noch so heiß, dass ich mir teils die Fingerspitzen verbrannte, als ich die Schalen aufbrach. Aber die Kastanien waren einfach zu lecker, um abzuwarten, bis sie abgekühlt wären.

Als Nächstes ging es durch die Einkaufsstraße »Rua da Prata« und den bekannten Triumphbogen »Arco da Rua Augusta« bis ans Wasser, um von dort aus einen Blick auf die bekannte Brücke »Punta de 25 abril« in Richtung Meer zu werfen. Auf dem Rückweg machte ich noch ein Foto vom »Elevador de Santa Justa«, dem Aufzug, der einen bequem in den oberen Teil der Stadt brachte.

Ich entschied mich jedoch weiterhin zu Fuß zu gehen. Erstens weil ich so mehr von der Stadt sah und zweitens weil die Schlange vor dem Aufzug schier endlos wirkte und ich die kostbare Zeit meines Ausflugs nicht mit Warten verbringen wollte. Auch die gelbe Tram, die berühmt-berüchtigte Straßenbahn, habe ich nur fotografiert, statt mit ihr zu fahren.

Lieber stiefelte ich wieder schwitzend eine der steilen

Gassen hinauf. Belohnt wurde ich bei meinem Aufstieg mit einem kleinen Konzert eines Straßenkünstlers. Er hatte enormes Talent und schnell hatte sich eine riesige Menschentraube gebildet. Ich blieb noch eine Weile stehen und lauschte ihm, bevor ich mich dann endgültig wieder auf den Weg zurück zum Hotel machte, um Daniel abzuholen.

Er wartete schon fertig gestriegelt und hungrig auf mich. Wir bummelten gemeinsam noch ein bisschen durch die Stadt, bevor wir uns ein Restaurant zum Abendessen suchten. Es war gerade dunkel geworden, da saßen Daniel und ich im Altstadtviertel an einem Tisch mitten auf einer Treppe. Der kleine Holztisch stand wie viele andere Tische einfach auf einer der Stufen des langen Aufgangs vom Platz »Praça Rossio« zur Altstadt »Bairro Alto«.

Während wir aßen, gingen rechts und links die Leute an uns vorbei die Treppe hinauf. Dennoch war es überraschend gemütlich. Carlos lag derweil unter meinem Stuhl und blickte aufmerksam die Treppe hinunter.

Dort waren etliche weitere Restaurants. Es war ein skurriler Anblick. So etwas hatte ich vorher noch nie gesehen: eine Treppe voll mit Menschen, die dort entspannt saßen und speisten, während andere neben ihnen die Stufen hinauf oder hinab stiegen. Man konnte ihnen von oben wunderbar auf die Teller schauen.

Jetzt servierte uns eine junge Frau an der schlicht dekorierten Tafel unser Essen: gegrilltes Fleisch in würziger Chimichurri-Sauce. Ich wollte ein Foto von Daniel und mir machen. Doch auf der einen Seite blendete die grelle Leuchtreklame des Restaurants mit ihren Fotos von den Gerichten meine Kamera und auf der anderen zierte eine graue Betonwand voller Graffitis den Hintergrund. Das sah ein bisschen aus, als würden wir mitten im Ghetto essen.

Ich musste lachen. Irgendwie passte das zu dieser Stadt. Es war auf seine Weise sonderbar schön und irgendwie ungewöhnlich gewöhnlich.

Als wir am nächsten Tag wieder auf dem Campingplatz ankamen, wartete unser mobiles Zuhause schon im Schatten einer großen Pinie. Es fühlte sich fast so an, als wären wir kurz im Urlaub gewesen und würden jetzt wieder daheim ankommen. Nur dass unser Heim sich gerade dort befand, wo alle anderen Urlaub machten.

Wir hatten entschieden länger auf dem Platz zu bleiben. Nach unserer langen Fahrt die Küste hinunter und unserem Ausflug nach Lissabon brauchten wir beide ein paar Tage, wo wir etwas mehr arbeiten wollten.

So saß ich wenig später mit dem Laptop vor dem Wohnwagen und tippte munter drauflos. Es war noch warm, aber seit gestern war ein frischer Wind aufgezogen und die Wellen am Strand waren so mächtig, dass ich sie hören konnte, obwohl unser Platz über einen Kilometer vom Wasser entfernt lag.

Noch hatte ich keine Ahnung, was dieser plötzliche Wetterumschwung zu bedeuten hatte. Erst am nächsten Abend sollte ich erfahren, dass es weit mehr, als die typische Brise des Herbstwindes war.

Daniel und ich saßen gerade beim Abendessen im Wohnwagen. Draußen war es bereits dunkel und vor einigen Stunden hatte es begonnen, zu regnen. Wir hatten es uns drinnen gemütlich gemacht. Als uns plötzlich gleich mehrere Nachrichten aus Deutschland erreichten.

Erst bekam ich eine Whatsapp von meiner Mum,

dann schrieb Daniels Mutter. Kurz darauf meldete sich ein Kumpel von Daniel und ich erhielt eine Nachricht von Lina. Von ihr hatte ich seit unserem letzten Besuch in Deutschland nichts mehr gehört. Sie alle hatten ferngesehen und wollten nun besorgt wissen, wo wir waren. Sie schrieben, dass ein Hurrikan auf dem Weg nach Portugal wäre und sich alle in Sicherheit bringen müssten.

Nach weiteren zwei Nachrichten recherchierte ich im Internet. Der »Zombiesturm« Leslie, wie er oder besser sie genannt wurde, war auf dem Weg zu uns. Und umso genauer ich nachschaute, desto klarer wurde mir, dass wir uns exakt dort befanden, wo Leslie auf die Küste treffen sollte.

Wir standen mit unserem Wohnwagen auf einer Anhöhe mit Blick zum Meer und hatten kaum Schutz. Ich blickte auf die Grafiken des Wetterdienstes. Der Bereich nördlich von Lissabon war pink eingezeichnet. Was bedeutete denn pink?

Ich entdeckte darunter eine Skala. Sie reichte von grün, alles okay, bis hin zu rot, extrem starker Wind. Das grelle Rot-Pink bildete den Abschluss der Skala und bedeutete so viel wie »Ein Hurrikan kommt! Bringt euch alle in Sicherheit!«

Ich schaute mir noch das Video des Deutschen Wetterdienstes an. Der Reporter warnte davor, in Portugal das Haus zu verlassen oder sich an der Küste aufzuhalten. Urlauber auf Campingplätzen sollten schnellstmöglich evakuiert werden. Ich fragte mich, wieso uns das niemand vor Ort gesagt hatte. Oder hatten wir es nur nicht mitbekommen?

Ich erzählte Daniel alles, was ich herausgefunden hatte.

»Was meinst du? Was sollen wir jetzt machen?«,

fragte ich ihn unsicher.

»Ich weiß nicht. Stimmt das denn wirklich, dass der Hurrikan genau hier entlang zieht?«, antwortete Daniel nachdenklich mit einer Gegenfrage.

»Laut den Karten schon. Also genau genommen ziemlich exakt hier.«

»Und wann?«

»Heute Nacht, in den nächsten Stunden. Ich denke mal, deshalb ist das Meer auch schon derart aufgewühlt.«

Daniel schien nachzudenken. Er schwieg eine Weile, bevor er schließlich wieder etwas sagte. »Also, was mich wundert, ist, dass hier niemand auf dem Campingplatz irgendetwas gesagt hat. Hier ist zwar nicht mehr viel los. Aber wenn das so gefährlich wäre, würden die doch evakuieren, oder?«

»Also darauf würde ich nicht unbedingt wetten!« Ich lachte. »Die sind hier ja ziemlich entspannt drauf. Vielleicht haben sie unseren Bereich auch einfach vergessen. Der Campingplatz ist ja groß.«

»Willst du denn lieber ins Hotel gehen?«, fragte Daniel jetzt.

»Es wäre doch zumindest sicherer…«, gab ich zu bedenken.

»Was sagt denn dein Gefühl?«

Ich schaute Daniel überrascht an. Erst jetzt, wo er diese Frage stellte, fiel mir auf, dass ich weder aufgeregt war, noch Angst hatte. Ich war vollkommen entspannt. Mein Gefühl sagte mir ganz klar, dass wir hier absolut sicher waren. Klar, wäre es vielleicht vernünftiger, nach all den Warnungen die Sachen zu packen und für eine Nacht sicherheitshalber ins Hotel zu gehen. Aber es war nicht nötig. Uns drohte hier keine Gefahr.

Ich zögerte noch einen Moment, bevor ich Daniel

antwortete und ließ mir alles noch einmal durch den Kopf gehen. Auf der einen Seite waren da die Warnungen und all die Fakten und Grafiken und auf der anderen Seite nicht mehr als ein Gefühl. Ich konnte noch nicht einmal sagen, warum ich mich hier sicher fühlte. Aber wenn ich auf meine Intuition hören würde, dann konnten wir unbesorgt bleiben und gleich ins Bett gehen.

»Mein Gefühl sagt, dass alles okay ist und wir hier sicher sind«, sagte ich schließlich.

»Gut. Dann bleiben wir«, beschloss Daniel.

»Echt? Und wenn ich mich irre?«, hakte ich unsicher nach.

»Warum solltest du dich irren? Das hast du doch sonst auch nicht, wenn es um deine Intuition ging. Außerdem sagt mein Gefühl auch, dass wir hier nicht in Gefahr sind. Und ich habe echt keine Lust bei dem Wetter da draußen mit dem Auto herumzufahren.«

»Das stimmt! Okay, dann bleiben wir.«

Und so ignorierten wir tatsächlich alle Nachrichten. Ich las noch gemütlich, während Daniel im Internet surfte, dann gingen wir ins Bett. Wir schliefen sogar ziemlich schnell ein.

Am nächsten Morgen war Leslie vorbeigezogen. Sie hatte in manchen Gebieten deutlich ihre Spuren hinterlassen. Doch unser Wohnwagen stand noch und auch auf dem Platz sah alles normal aus. Der Sturm hatte kurz vor der Küste noch einmal seinen Kurs geändert und sich auch deutlich abgeschwächt. Wir hatten in der Nacht tatsächlich kaum etwas von ihm mitbekommen.

Früher hätte ich wahrscheinlich nicht auf mein Bauchgefühl gehört. Ich wäre zur Sicherheit ins Hotel gegangen. Ich hätte meine Intuition zwar wahrgenommen, aber vermutlich nicht auf sie gehört. Ich wäre den Fakten und dem Rat der anderen gefolgt. Vielleicht hatten wir einfach Glück gehabt. Vielleicht war es unvernünftig und dumm gewesen, einfach ins Bett zu gehen. Aber es hatte sich richtig angefühlt.

Und es gab mir ein ganz neues Gefühl von Sicherheit, dass ich meiner Intuition tatsächlich vertrauen konnte. Ich spürte deutlich, dass das Leben mit mir sprach und uns bei unserer Reise unterstützte. Und ich wusste, dass umso mehr ich dieser Stimme in mir lauschen würde, desto unabhängiger würde ich von den Stimmen da draußen sein. Das war etwas, was ich mir mein Leben lang gewünscht hatte.

Wir fuhren weiter in Richtung Süden und erreichten die Algarve. Zum Abschied zeigte sich Portugal mir von seiner schönsten Seite. Endlos lange Sandstrände erstreckten sich an schwarz-braunen Klippen. Die Wellen des Atlantiks rollten ungezähmt heran und trugen weiße Schaumkronen ans Ufer – türkisblaues Wasser, umgeben vom Nebel der Gischt, eingetaucht in die goldenen Strahlen der Sonne, einzigartig schön und auf seine besondere Weise pure Magie.

Wenn man genau hinsah, konnte man erkennen, wie sich die Wellen elegant immer weiter erhoben, bis man durch sie hindurch den Himmel erblicken konnte. Scheinbar langsam und bedächtig neigten sie sich nach vorn, um dann sehr plötzlich mit Wucht umzuschlagen und mit lautem Tosen an den Strand gespült zu werden.

Wir genossen die warmen und sonnigen Herbsttage, im Wissen, dass der Sommer sich auch hier nun dem Ende zuneigte. Wir saßen oft am Strand und beobachteten die Surfer, wie sie immer wieder aufs

Neue ihr Glück versuchten, bis sie schließlich von einer der mächtigen Wellen getragen wurden.

An einem Nachmittag, als die Wellen nicht allzu hoch waren, traute auch ich mich mit unserem kleinen Funboard hinaus. Als sich dann jedoch eine Welle von hinten näherte, bemerkte ich, dass sie viel größer war, als ich erwartet hatte. Mit Schrecken starrte ich auf die gigantischen Wassermassen, die da auf mich zurollten und erinnerte mich an mein Erlebnis in Frankreich. Noch einmal wollte ich nicht von einer Welle verschlungen und derart durchgewirbelt werden.

Um abzubrechen, war es jedoch zu spät. Ich wusste, dass ich nur eine Chance hatte. Entweder würde es mir gelingen, Tempo zu gewinnen und diese Welle würde mich tragen oder aber sie würde gnadenlos über mir zusammenbrechen.

Schnell wandte ich mich in Richtung Strand und paddelte so kraftvoll, wie ich nur konnte. Der furchteinflößenden Welle dabei den Rücken kehrend. Ich wollte mich gerade schon nervös umdrehen, als ich plötzlich bemerkte, wie ich enorm beschleunigte. Es war unglaublich. Mit überraschender Geschwindigkeit trug mich das Wasser in Richtung Strand.

Freudig glucksend gab ich mich dem Flow hin. Für einen Augenblick war ich im völligen Einklang mit der Kraft des Ozeans. Es waren nur wenige Sekunden, doch sie hallten noch Stunden später in meinem Körper nach. Ich begriff nun, warum die Surfer so ausdauernd nach diesem Moment rangen.

Mit einem Lächeln lag ich im Sand, glücklich darüber, dass ich das gerade erleben durfte und gleichzeitig sehnsüchtig, weil es so schnell vorbei gewesen war.

Es war bereits Ende Oktober, als wir Portugal

schließlich verließen und nach Andalusien aufbrachen. Hier wartete ein Ort auf uns, den wir so schnell nicht wieder verlassen sollten.

ANDALUSIEN

Die Tage wurden allmählich kürzer. Wir gelangten nach Tarifa, an den südlichsten Punkt des europäischen Festlands, direkt an der Straße von Gibraltar, wo sich Atlantik und Mittelmeer begegneten. So oder so endete unsere Atlantiktour hier.
Nachdem wir nun tausende Kilometer den Atlantik entlang gefahren waren, würde es fortan am Mittelmeer weitergehen. Es sei denn, wir würden nach Marokko übersetzen und dort unsere Reise fortsetzen. Doch es war, als hätten wir, ohne es zu planen, unser Ziel erreicht. Wir blieben. Erst für ein paar Tage, dann für eine Woche und schließlich für Monate.

Es war schon so, dass wir mit dem Gedanken gespielt hatten, den Winter in Andalusien zu verbringen, aber wir hatten dabei keineswegs an Tarifa gedacht. Doch irgendwie ließ uns die wilde und natürliche Küste des Atlantiks nicht los und wir zögerten, weiter ans Mittelmeer zu fahren, wo herausgeputzte, adrett bestückte Strände auf uns warteten.

Zunächst gingen wir wie gewohnt auf einen Campingplatz. Doch kaum hatte der November begonnen, da brachen sintflutartige Regenfälle aus. Lautstark trommelte der Regen Tag und Nacht auf das dünne Dach des Wohnwagens. Und bereits am zweiten Tag versanken wir mitsamt Vorzelt im Schlamm und konnten unser mobiles Zuhause nur noch mit Gummistiefeln verlassen.

Ich begann daher nach einem geeigneten Winterquartier zu suchen. Ich hatte die Hoffnung, dass wir über die Wintermonate ein leerstehendes Ferienhaus mieten könnten, am liebsten abgelegen mitten in der Natur. Ich kann nicht sagen warum, aber Daniel und ich hatten plötzlich das Bedürfnis nach der langen Zeit des Herumreisens, nun einmal zu verweilen und zwar jetzt und hier. Und das Leben führte uns zu einem idyllischen Fleckchen Erde.

Wir fanden ein kleines Haus, ein Stück den Berg hinauf. Es lag mitten im Grünen. Ziemlich klein und sehr spartanisch eingerichtet, war es dennoch gemütlich. Der Ausblick von der Terrasse war so atemberaubend, dass wir unseren Vorsatz, nur ein Haus mit Heizung zu nehmen, einfach spontan über Bord warfen. Und wir sollten es nicht bereuen.

Jeden Morgen saß ich mit meinem Kaffee draußen vor dem Haus und schaute über die Straße von Gibraltar bis hin zu den Bergen von Marokko. Dort erhob sich spektakulär die Sonne als übergroßer, leuchtender Feuerball aus den dunklen Silhouetten der Bergkette und färbte den Himmel in den schönsten Farben. Davor lag die Stadt Tarifa verschlafen und malerisch an einem kilometerlangen Sandstrand. Und gleich daneben erstreckte sich der Atlantik, soweit das Auge reichte.

Das alles konnte ich von hier oben betrachten, während ich gemütlich auf der Terrasse saß und genüsslich meinen Kaffee aus Kates Becher schlürfte. Es kam mir jedes Mal wie ein Wunder vor, so beeindruckend und auf einzigartige Weise immer wieder traumhaft schön. Gab es eine bessere Art in den Tag zu starten?

Dieser Ausblick begleitete mich dann auf meiner Morgenrunde. Ich ging mit Carlos über kleine Trampelpfade hügelige Wiesen entlang. Mal an Kühen vorbei, mal mitten durch eine Herde von Pferden. Meist kam eine Gruppe Esel zu uns, um Carlos zu begrüßen.

Ab und an kreuzte auch ein kleines, schwarzes Ibericoschwein unseren Weg. All die Tiere liefen in diesem Gebiet frei herum und waren überaus entspannt. Oft lagen die Pferde bei Sonnenaufgang noch auf den großen Weiden und räkelten sich genüsslich im Gras. Ich setzte mich dann manchmal eine Weile zu ihnen und genoss die harmonische Stille.

Ich hatte das Gefühl, es hätte ewig so weitergehen können. Morgen für Morgen war ich dankbar dafür, hier an diesem Ort zu sein. Ich war froh, dass das Leben uns hergeführt hatte. Fast schon hätten wir den Winter im Wohnwagen verbracht. Es war schon ein seltsamer Zufall, dass wir nach unserem langen Weg gerade hier in Tarifa geblieben waren.

Wir hatten die Stadt genau in der Zeit erreicht, als auch hier im Süden der Sommer endgültig zu Ende gegangen war. Irgendetwas hatte uns davon abgehalten, weiterzufahren. Mit dem Ende unserer Atlantiktour war auch das Ende des beständigen Weiterreisens gekommen, zumindest für die nächsten Monate.

Interessanterweise schien es nicht nur uns so zu gehen. Tarifa war ein Sammelbecken für digitale Nomaden und Aussteiger. Auf einigen Parkplätzen am Strand sahen wir zahlreiche Wohnmobile, umgebaute Busse oder Ähnliches stehen. In der Stadt selbst gab es etliche Restaurants und Geschäfte, die Auswanderer eröffnet hatten. Tarifa war anders als die spanischen Städte, die ich bisher kannte.

Die verschiedensten Kulturen verschmolzen in der kleinen Hafenstadt. Es war eine bunte Mischung aus andalusischem Flair, marokkanischem Einfluss, einer Brise Surferfeeling und alternativer Lebensweisen. Im »Café 10« sprach man auch gern Englisch, während man dort den selbstgebackenen Kuchen aß, den es auf Wunsch auch vegan oder glutenfrei gab. Im »Chilimosa« kochten die Besitzer Saira und Denny mit viel Liebe ihre vegetarischen Lieblingsgerichte, die sie auf ihren Reisen gesammelt hatten.

Irgendetwas hatte diese Stadt an sich, dass Menschen, die sich eher für ungewöhnliche Lebenswege entschieden hatten, hier verweilten und sich ihren Traum vom Auswandern erfüllten. Eine besondere Weltoffenheit und Herzlichkeit war hier deutlich spürbar. Und das Ganze schien sich mit dem Surferkult gut zu ergänzen.

Tarifa war nämlich auch so eine Art Mekka für Kitesurfer. Bei dem endlos langen Sandstrand und dem beständigen Wind, der hier am Meer herrschte, wunderte mich das nicht. Ich war froh, dass unser Haus geschützt am Berg lag und wir von dem Wind meist nicht viel mitbekamen.

Die Straße von Gibraltar war übrigens auch für die Tierwelt ein besonderer Anziehungspunkt. An diesem Ort, wo zwei Meere ineinanderflossen und sich zwei Kontinente begegneten, tummelten sich erstaunlich viele Wale und Delfine. Zudem nutzten jedes Jahr zahlreiche Zugvögel die kurze Strecke übers Wasser, um im Herbst nach Afrika zu fliegen und im Frühjahr zurückzukehren. Ich kam mir selbst ein wenig wie einer dieser Zugvögel vor, der seine Heimat verlassen hatte, um den dunklen Winter nun in wärmeren Gefilden zu verbringen.

Nachdem ich auf einem Flyer in der Stadt zufälligerweise gelesen hatte, dass eine Schweizer Stiftung Bootsfahrten organisierte, auf denen man Wale und Delfine beobachten konnte, war ich sogleich Feuer und Flamme. Ich wollte unbedingt noch bei einer der letzten Fahrten der Saison mit aufs Boot. Daniel brauchte ich glücklicherweise auch nicht lange zu überreden.

Und so saßen wir mollig warm eingepackt am nächsten Tag auf einer der schmalen Metallbänke des Ausflugsschiffs. Die Sonne stand hoch am Himmel und ein kühler, frischer Wind blies uns entgegen, als wir den Hafen verließen. Außer uns waren nur ein paar andere Touristen mit an Bord.

Dafür hatte sich das halbe Team der Stiftung samt seiner Gründerin an Deck eingefunden. Ich hatte gelesen, dass die Schweizerin, die diese Organisation leitete, vor vielen Jahren auch mehr durch Zufall nach Tarifa gekommen war. Als sie dann hier auf dem Wasser Delfinen begegnet war, hatte sie ihr komplettes Leben umgekrempelt und sich dem Schutz und der Erforschung der besonderen Meerestiere gewidmet. Jetzt stand die ältere Frau mit dicker Jacke zusammen mit einem der Wissenschaftler an der Reling und schaute prüfend auf das Meer vor uns.

Ich war total aufgeregt. Ich hoffte so sehr, dass wir Delfine sehen würden. Sehnsüchtig blickte ich aufs Wasser.

»Siehst du etwas?«, fragte ich Daniel nervös.

»Nein, du?«, antwortete er, während er seinen Blick über den Ozean gleiten ließ. Er schien dabei wesentlich entspannter zu sein als ich.

»Ich sehe auch nichts. Meinst du, wir treffen auf Delfine? Vielleicht begegnet man ja nicht bei jeder Fahrt welchen. Ich würde so gern einmal Delfine sehen! Wir sind jetzt schon so lange unterwegs und haben noch keinen gesehen.«

Daniel schmunzelte. »Jetzt entspann dich ein bisschen. Wir haben doch eben erst den Hafen verlassen. Und die Frau hat erklärt, dass wir ein Stück in Richtung der marokkanischen Küste fahren und dort dann nach

Delfinen und Walen gucken.«

»Stimmt! Ich bin einfach mega aufgeregt. Ich freue mich total. Ich will schon so lange mal Delfine beobachten.« Konzentriert tastete ich mich mit meinem Blick über die Wasseroberfläche und versuchte etwas zwischen den dunkelblauen Wellen zu erkennen. Die Minuten dehnten sich dabei endlos lang.

Wir waren schon eine Dreiviertelstunde unterwegs, da tauchten plötzlich die ersten Delfine vor uns auf. Erst zwei, dann drei und plötzlich waren da zahlreiche Tiere um unser Boot herum. Sie schwammen neben uns her, ließen sich von der Bugwelle tragen oder tauchten unter dem Bootsrumpf hindurch.

Die Stimmung an Bord hatte sich von einem Moment auf den anderen total verändert. Nachdem die Menschen zuvor ziemlich still dagesessen und aufs Meer geschaut hatten, liefen nun alle aufgeregt auf dem Boot hin und her. Man unterhielt sich, lachte und zeigte immer wieder aufgeregt aufs Wasser. Die Tiere lösten eine solche Freude aus. Es war einfach herrlich mit anzusehen, wie spielerisch und leicht sich die Delfine im Wasser bewegten.

Ich lehnte gerade an der Reling und beobachtete eine Gruppe Delfine mit Jungtieren, wie sie gleichmäßig auf- und abtauchten, da sprang plötzlich ein Delfin direkt vor meiner Nase aus dem Wasser. Er war so nah, dass ich ihn, wenn ich meine Hand ausgestreckt hätte, mühelos hätte berühren können. Seine glatte, nasse Haut glitzerte in der Sonne, während er seinen Körper elegant wölbte.

Mit einem lauten Platschen tauchte der Delfin wieder unter und spritzte mich dabei nass. Lachend mit Freudentränen in den Augen wischte ich mir die nassen Haarsträhnen aus dem Gesicht und blickte vor mich in das tiefe Blau, in dem dieses außergewöhnliche Meerestier gerade verschwunden war.

Am liebsten wäre ich einfach hinterher gesprungen und mitsamt Klamotten in den eisigen Atlantik eingetaucht. Das Wasser zog mich magisch an. Ich wollte mit den Delfinen zusammen schwimmen und erfahren wie es sich anfühlte, mit ihnen gemeinsam im Meer zu sein.

»Wow! Das sah ja toll aus!«, riss mich Daniel aus meinen Gedanken. »Der hat dich ja fast berührt.«

»Das war so schön!«, antwortete ich mit einem schwärmerischen Seufzer. »Ich glaube, ich will jeden Tag hier aufs Meer fahren!«

Daniel lachte. »Das war ja klar!«

Wir fuhren nun weiter und ließen die Delfine hinter uns. Ich dachte schon, es würde jetzt zum Hafen zurückgehen, doch schon wenige Minuten später verlangsamte das Boot sein Tempo und die Ansage »Grindwale auf zwei Uhr« ertönte.

Als ich auf die rechte Seite des Boots rüberging, sah ich sie: Die schwarzen Riesen dösten gemütlich an der Wasseroberfläche. Einer der Wale kam nun auf das Boot zugeschwommen. Je dichter er kam, umso deutlicher wurden mir die riesigen Ausmaße des Tieres. Mit der Größe eines Autos hob der Wal sich vor mir gemächlich aus dem Wasser empor, um dann wieder komplett unter Wasser zu verschwinden. Beeindruckt sah ich ihm nach.

Als wir uns auf den Rückweg machten, lehnte ich beseelt an der Reling. Dieser Ausflug hatte meine kühnsten Erwartungen übertroffen. Und als wäre das noch nicht genug gewesen, sahen wir auf dem Weg zurück in den Hafen dann auch noch zwei Finnwale mit einem Walbaby. Sie waren vom Mittelmeer zum Atlantik unterwegs und durchschwammen zügig die

Straße von Gibraltar. Neben diesen Meeresriesen mit einer Körperlänge von fast zwanzig Metern wirkte unser Boot plötzlich viel winziger.

Ich dachte den Rest des Tages immer wieder an mein besonderes Erlebnis mit dem Delfin. Wahrscheinlich wäre ich wirklich jeden Tag mit der Stiftung hinausgefahren, wenn der Betrieb über die Wintermonate nicht eingestellt worden wäre. Aber mir blieb dieser einzigartige Augenblick für meine Sammlung unvergleichlicher Reisemomente.

Der Winter kam, doch im warmen Andalusien fühlte er sich wie ein nie endender Frühling an. Wir feierten meinen Geburtstag, Weihnachten und Silvester. Es war seltsam, das ohne Freunde und Familie zu tun. Bisher hatte ich an meinem Geburtstag immer eine kleine Feier gemacht und Weihnachten hatten wir stets mit unseren Familien verbracht. Jetzt waren da nur Daniel und ich und der süße Carlos.

Wir bekamen schon viele Anrufe und Nachrichten, aber das war nicht dasselbe. Selbst mit Plätzchen backen und Kerzen aufstellen, kam ich nicht wirklich in Weihnachtsstimmung. Kein üppiges Essen mit der Familie, bei dem man nachher kugelrund auf dem Sofa lag und Geschenke auspackte, kein Wichteln mit Freunden und die Schneewahrscheinlichkeit lag bei null Prozent. An Heiligabend blühten gerade die Rosen und bunte Schmetterlinge schwirrten an uns vorbei, als wir auf der Terrasse saßen und Plätzchen aßen.

An solchen Tagen vermisste ich meine Familie, meine Freunde und meine Heimat. So sehr ich es liebte, hier am Meer zu sein und auch während der Wintertage viel Licht und Wärme zu genießen, so sehr fehlte mir der

Kontakt. Es war ein Preis, den wir momentan noch für unser Reiseleben zahlen mussten.

Über Weihnachten nach Hause zu fahren, war uns zu schwierig vorgekommen. Wir wollten Carlos keinesfalls mit ins Flugzeug nehmen und die Strecke mit dem Auto zu fahren, war uns zu weit und auch zu teuer erschienen. Vielleicht hätten wir es trotzdem machen sollen. Vielleicht würden wir es im nächsten Jahr anders machen. An diesem Weihnachten lagen jedenfalls zweitausend Kilometer Wegstrecke zwischen uns und unserer Heimat.

Wahrscheinlich war es unsere Sehnsucht nach ein bisschen Winterfeeling und Schnee, die uns im Januar dann dazu veranlasste, an Daniels Geburtstag einen Ausflug nach Granada zu machen. Wir wollten etwas Besonderes machen und freuten uns auf ein kleines Abenteuer. Und dieser Geburtstag sollte tatsächlich unvergesslich werden, wenn auch anders als gedacht. Ich glaube nicht, dass Daniel das jemals noch einmal wiederholen will. Aber lass mich die Geschichte dazu von Anfang an erzählen.

Ich war vor vielen Jahren einmal mit einer Studienfreundin in Granada gewesen und hatte dort die Tradition des Tapas-Essens kennengelernt. Zu jedem Getränk, das man bestellte, bekam man gratis eine kleine Portion zu essen dazu, eine sogenannte »Tapas«. Dabei wechselten die Speisen und man wusste vorher nie, was man bekam. Ich fand das damals ziemlich lustig und auch extrem lecker. Als ich Daniel von Granada erzählte und dabei noch erwähnte, dass dort in der Nähe im Winter auch Schnee lag, hatte er sofort Lust über seinen Geburtstag im Januar dorthin zu fahren.

Wir blieben für drei Tage in Granada und abgesehen

von der Heimfahrt war es eine extrem tolle Tour. Wir stapften mit Carlos hoch oben in der »Sierra Nevada« durch Schnee und Eis und machten sogar Schneeengel. Abends zogen Daniel und ich dann durch die Gassen und bestellten uns solange »Cerveza« mit Tapas, bis wir schließlich satt und betrunken ins Bett fielen. Doch so unterschiedlich die Tapas-Überraschungen auch waren, sie hatten fast alle eins gemeinsam. Man verwendete viel Olivenöl bei der Zubereitung.

Meist schwammen die Köstlichkeiten in kleinen Schälchen mit Öl. Und so lecker ich die Speisen auch fand, am dritten Abend wies mich mein Körper unmissverständlich daraufhin, dass ich heute lieber darauf verzichten und mir stattdessen Salat bestellen sollte. Wir waren bereits ab dem zweiten Tag von Bier auf Cola umgestiegen, da wir beide nicht wirklich trinkfest waren.

Nun folgte ich dem Impuls meines Körpers und aß an diesem Abend einen grünen Salat, auch wenn ich dabei immer wieder schmachtend auf die frittierten Leckereien auf Daniels Teller starren musste.

Im Nachhinein war ich sehr froh darüber. Denn einer musste ja schließlich fit sein, um dann am nächsten Tag beim »Tapasfiasko« den Fluchtwagen nach Hause zu fahren. Während der Heimreise sandte nämlich auch Daniels Körper äußerst klare Signale. Nur schien bei ihm längst alles zu spät zu sein. Das Schicksal nahm unweigerlich seinen Lauf.

So fand ich mich wenige Stunden später auf einer überfüllten Schnellstraße am Steuer unseres Wagens wieder. Der spanische Verkehr an diesem Abend war chaotisch und zu allem Überfluss regnete es auch noch. Die Sicht war grauenhaft und ich bahnte mir hochkonzentriert meinen Weg zwischen den vielen

Autos hindurch.

Das Schlimme an der Situation war aber weder die nasse Straße noch der starke Verkehr. Das eigentliche Drama spielte sich vielmehr im Inneren des Wagens ab. Denn direkt neben mir auf dem Beifahrersitz kotzte Daniel schon seit Minuten lautstark in eine Tüte. Es kam mir vor, als würde sich sein Körper dem gesamten Inhalt von drei Tagen Tapas auf einmal entledigen.

Carlos hing mir vom Rücksitz aus nervös im Nacken und gähnte vor Stress. Ich suchte indessen verzweifelt nach einem Seitenstreifen oder einer Möglichkeit abzufahren. Doch es gab weder das eine noch das andere. Erbarmungslos war ich gezwungen, immer weiterzufahren. Es gab keine Möglichkeit zur Flucht. Ich konnte weder anhalten, noch aus dem Wagen springen.

»Einfach nach vorn schauen, Spur halten und weiteratmen! Es geht vorbei!«, wiederholte ich gebetsmühlenartig in Gedanken.

Dieser Moment brannte sich unweigerlich in mein Gedächtnis ein, ob ich mir das nun wünschte oder nicht. Auch solche Augenblicke gehörten eben zu unserer Reise mit dazu und nahmen ihren Platz in meinen Erinnerungen ein. Dieses Geburtstagsessen würde ich wohl so schnell nicht mehr vergessen!

Als wir dann endlich eine Ausfahrt erreichten, atmete ich erleichtert aus. Ich war noch nie so froh darüber, anhalten zu können, um das Auto zu verlassen. Und ich glaube, Daniel und Carlos ging es ähnlich.

Die Zeit verging und im März kamen meine Eltern zu Besuch. Wir nutzten die Gelegenheit und machten mit ihnen verschiedene Ausflüge. Wir bestaunten beim »bird watching« die riesigen Geier, die in der Nähe von

Tarifa in den Felsen lebten und beobachteten Adler und riesige Schwärme von Milanen, die gerade aus Afrika zurückkehrten. Ich liebte es, den »Tourguide« zu spielen und meinen Eltern die schönen Strände und die Natur hier zu zeigen.

Als besonderes Highlight fuhren wir auch für einen Tag nach Marokko. Daniel war so lieb, auf Carlos aufzupassen, während ich zusammen mit meinen Eltern einen Familienausflug zum benachbarten Kontinent machte. Ich fand es überaus faszinierend, dass man mit einer Fähre gerade mal eine Stunde auf die andere Seite der Straße von Gibraltar brauchte und sich dort dann in einer vollkommen anderen Welt wiederfand.

Für mich waren die kleinen, gewundenen Gassen der Hafenstadt Tanger mit den vielen fremden Eindrücken fantastisch. Staunend ging ich über den Markt mit den bunten Gewürzbergen, allerlei Gemüse, Ölen, Stoffen und geflochtenen Körben. Neben einem Stand mit leuchtend bunten Tuniken und Rosenblättern folgten kurz darauf Holzstangen mit frisch geschlachteten Hühnern, Säcke mit getrockneten Bohnen und Berge von Oliven. Befremdlich anders und spannend schön.

Erst als wir unterwegs waren, merkte ich, wie seltsam es für mich war, nach der langen Zeit des Reisens nun diese Tour gemeinsam mit meinen Eltern zu erleben. Als würde sich meine alte Welt mit der neuen verbinden. Es war schön, ihre vertrauten Gesichter in dieser neuen Umgebung zu sehen. Ich sah meinen Eltern zwar nicht besonders ähnlich, aber hier erkannte man sofort, dass wir zusammengehörten.

Mein Vater war ein sportlich-schlanker Mann mit Brille. Sein dunkelbraunes Haar ließ nicht vermuten, dass er schon über sechzig war. Meine Mutter war blond und vom Hauttyp her viel heller als ich. Sie erkannte man hier auf dem Markt schon von weitem als Touristin.

Es tat gut, zur Abwechslung wieder einmal als Familie unterwegs zu sein und ich wünschte mir, meine Schwester wäre jetzt mit ihrem Mann und den Kindern auch mitgekommen. Allerdings erinnerte mich dieser Ausflug nach Marokko auch daran, dass ich in vielen Dingen anders war als meine Eltern. Die beiden kamen mir deutlich bedachter und vorsichtiger vor als ich. Ich machte mir oft gar keine Gedanken darüber, was passieren könnte und war meist viel zu verzaubert von neuen Eindrücken, als dass ich an irgendwelche Gefahren oder Risiken dachte.

Vielleicht war es auch einfach die natürliche Sorge, die Eltern bei ihren Kindern hatten. Aber als ich mich in das bunte Getümmel der marokkanischen Gassen stürzen wollte, weil ich plötzlich Lust verspürte, mich wie in den anderen Städten einfach treiben zu lassen, da wollten meine Eltern mich doch nur sehr ungern verabschieden und allein durch diese Stadt ziehen lassen. Sie fürchteten um meine Sicherheit, vielleicht sogar zu Recht. Ich weiß es nicht.

Aber ich fühlte mich absolut sicher. Ich empfand die Menschen als freundlich und ließ mich auch gern mal von einem der Straßenverkäufer zum Laden seines Bruders in der hintersten Ecke führen. Ich befürchtete nichts. Mein Bauchgefühl sagte mir auch hier, wo ich sicher war und wo nicht und wem ich trauen konnte und bei wem ich besser vorsichtig sein sollte. Und ich hatte in den vergangenen Monaten gelernt, dass ich meiner Intuition vertrauen konnte.

Was für ein Glück, dass meine Eltern nicht wussten, was ich alles schon auf der Reise erlebt und gemacht hatte. So oft hatte meine Neugier gegen die Vorsicht gewonnen. Dabei hatten mir meine Eltern als Kind viele

Freiheiten gelassen und mein natürliches Interesse unterstützt. Ich hatte immer große Freude daran gehabt, Neues auszuprobieren und die Welt zu erkunden.

Schon als Kind bin ich im Dorf oft allein losgezogen und die Wiesen und Wälder waren mein Spielplatz gewesen. Manchmal bin ich sogar mit einer Freundin quer durch den Wald bis zum Nachbarort gelaufen. Ich weiß nicht, ob meine Eltern das alles wussten. Jedenfalls war es okay gewesen, wenn ich bis zum Abendessen wieder zu Hause war.

Sie hatten mir stets vertraut. Des Öfteren war ich mit Kratzern und Löchern in der Hose von meinen abenteuerlichen Streifzügen durch die Natur zurückgekehrt. Meine Mutter war zwar nicht begeistert darüber gewesen, doch sie hatte mich gelassen.

Wenn ich mich an die Zeit erinnerte, dann gab es kaum etwas, das ich nicht ausprobiert hatte. Vom Singen und Tanzen über Kampfsport und Musikinstrumente hatte ich so viele Erfahrungen wie möglich gesammelt. Was ich in dieser Welt nicht fand, das hatte ich in Büchern gesucht. Dort war ich regelmäßig in Fantasielandschaften eingetaucht und hatte fremde Wesen auf ihren Abenteuern begleitet.

Ich glaube, ich war ein echter Wildfang gewesen, bei Wind und Wetter draußen. Und wo auch immer ich Hunde gesehen hatte, musste ich sie gestreichelt haben. Auch die, die als gefährlich deklariert waren, wurden von mir gekuschelt. Warnschilder am Zaun oder Zwinger hatte ich wohl ignoriert. Ich weiß nicht, ob ich einfach Glück hatte oder von klein auf ein gutes Gespür für Tiere besaß, aber mir ist nie etwas passiert.

Jetzt fand ich es ein wenig seltsam, dass meine Eltern hier auf mich aufpassen wollten. Aber nach einem kurzen Hin und Her gab ich schließlich nach. Unser

Tourguide lächelte höflich, als er Zeuge der kurzen Diskussion wurde. Mir schien es, als würde er so etwas nicht zum ersten Mal erleben. Er hatte übrigens vorgeschlagen, dass wir uns ruhig auch einmal eine Stunde allein auf den Weg machen könnten. Ich dachte bei mir, das würde er uns wahrscheinlich nicht anbieten, wenn hier tatsächlich eine Gefahr drohte.

Wir setzten unseren Weg gemeinsam durch die engen Gassen der Altstadt fort. Ich hatte übrigens mehr durch Zufall eine VIP-Tour gebucht. Sie war nicht viel teurer als die Standardtouren der großen Reiseveranstalter gewesen und ich hatte zunächst gedacht, man würde sie nur VIP nennen, weil es besser klang.

Aber sie war tatsächlich anders als die klassischen Touren mit dem Reisebus. Wir hatten einen überaus netten, persönlichen Reiseführer, der sogar deutsch sprach.

Er hieß Mostafa, war ungefähr Anfang vierzig und trug im Gegensatz zu den anderen Touristenführern, die ich in der Stadt sah, kein traditionelles, marokkanisches Gewand, sondern moderne Kleidung. Mostafa begleitete meine Eltern und mich durch die Stadt und das Umland.

Teils waren wir zu Fuß unterwegs, teils hatten wir ein Auto mit Fahrer. Unser Guide führte uns auch mal abseits der klassischen Touristenrouten. So tranken wir zum Beispiel zusammen mit anderen Marokkanern auf einer kleinen Terrasse Pfefferminztee, die wir über ziemlich versteckte Sträßchen erreicht hatten.

Ich war dankbar dafür, dass wir nur zu viert durch die Innenstadt unterwegs waren. Ich hätte nicht gerade sonderlich Lust darauf gehabt, in einer riesigen Gruppe hinter einem roten Fähnchen durch die klassische »Tourimeile« zu latschen und dabei von einer Masse an übereifrigen Verkäufern belagert zu werden.

Wir waren nicht ganz so auffällig und hatten jederzeit auch mal die Möglichkeit zu verweilen und uns etwas genauer anzusehen. Ich dachte mir, lieber eine Sehenswürdigkeit verpasst und dafür in die Stimmung eingetaucht. Ich wollte keine Liste mit den Top-To-dos abhaken, sondern vielmehr wissen, wie sich diese Stadt anfühlte.

Ich wollte spüren, wie es war, wenn ich durch die Straßen ging und mich dabei umsah und wie es wirkte, wenn ich in einem Café oder gemütlich auf einer Mauer saß und alles in Ruhe beobachtete. Mich interessierte, was die Stadt mit mir machte und wer ich war, wenn ich sie besuchte.

Tanger war definitiv anders, als ich es mir vorgestellt hatte. Ich sah junge Frauen ohne Kopftuch in Trendklamotten neben anderen in traditionellen Gewändern. Es gab kleine Marktgassen, in denen es so aussah, als hätte man im Hinterhof gerade erst eine Ziege geschlachtet und uralte Gemeinschaftsöfen, wo die Anwohner ihren Brotteig schon seit dem Mittelalter zum Backen hinbrachten. Und dann gab es aber auch moderne Supermarktketten und spanische Modeläden. Es fühlte sich manchmal wie eine kleine Zeitreise an, wenn wir von einer Ecke der Stadt in eine andere wechselten.

Als wir mit der Fähre am Abend schließlich wieder zurückfuhren, war ich beseelt. Ich genoss die Nähe und das Zusammensein mit meinen Eltern noch einmal ganz bewusst. Ich war unendlich dankbar dafür, diese Zeit mit ihnen hier verbringen zu können.

Zudem hatte mich die Freundlichkeit der Marokkaner wirklich berührt. Obwohl sie so viel weniger zu haben schienen, wirkten sie glücklich. Ich hatte ihre Dankbarkeit dem Leben gegenüber und ihren

Sinn für Gemeinschaft so deutlich gespürt. Dieses Gefühl nahm ich nun mit, als wir mit dem Schiff nach Tarifa zurückkehrten.

Meine Eltern reisten zwei Tage später wieder ab. Uns bleiben nun noch drei Wochen in unserem idyllischen Winterquartier, bevor wir mit dem Wohnwagen weiterziehen würden. Eigentlich hätte es so schön sein können. Wenn nicht plötzlich etwas passiert wäre, was eine alte Angst in mir wieder hochkatapultierte.

Ich saß gerade mit dem Laptop vor dem Haus auf der Terrasse, da kam Daniel zu mir nach draußen. An seinem Blick merkte ich schon, dass etwas nicht stimmte.

»Was ist los?«, fragte ich besorgt.

Er setzte sich zu mir und atmete tief durch, bevor er anfing. »Ich habe gerade mit dem Steuerbüro gesprochen. Da ist etwas schief gelaufen. Ich kann dir jetzt nicht alle Einzelheiten erklären. Aber bei dem System, mit dem ich die Abrechnungen mache, hatte sich ab Sommer etwas verändert und das ist mir nicht aufgefallen. Ich habe dadurch einen Fehler bei den Zahlen gemacht …«

Er stockte.

»Und jetzt?«

»Jetzt habe ich im letzten Jahr zu wenig Mehrwertsteuer abgeführt. Das ist eine ziemlich große Sache. Es wird wahrscheinlich eine Prüfung geben. Und ich muss auf jeden Fall etwas nachzahlen.«

»Wie viel denn?«, fragte ich erschrocken.

»Wahrscheinlich so fünf bis zehntausend Euro.«

Ich hatte das Gefühl, als würde mir jemand den Boden unter den Füßen wegziehen. Alles drehte sich und meine Gedanken kreisten wie wild in meinem Kopf.

»Aber du hast in den letzten Monaten doch gar nicht so viel verdient.«

»Das ist ja auch keine Gewinnsteuer, sondern die Mehrwertsteuer. Ich habe ja keine so hohe Marge bei den Produkten. Und da waren auch ausgerechnet letztes Jahr noch die Monate, wo ich so viel Werbung geschaltet und viel verkauft habe, aber kaum etwas hängen geblieben ist.«

Ich schluckte. »Und jetzt?«

»Keine Ahnung …«

Wir saßen einen Moment schweigend nebeneinander und starrten in den Garten. Ich wusste nicht, was ich sagen sollte.

Schließlich ergriff Daniel wieder das Wort: »Die genauen Zahlen bekomme ich gleich. Vielleicht ist es ja doch nicht so hoch wie erwartet.« Er seufzte.

»Vielleicht haben sie sich auch geirrt und du musst gar nichts nachzahlen?«

»Leider nicht. Ich fürchte, dass es stimmt. Es ist so ärgerlich, dass mir das nicht vorher aufgefallen ist.«

»Hast du denn auch die Möglichkeit, es in Raten zu zahlen?«

»Bei der Mehrwertsteuer verstehen die keinen Spaß. Die hätte ich ja sofort abführen müssen. Ich kann froh sein, wenn ich keine Strafe wegen dem Fehler bekomme.«

Ich wollte gerade etwas erwidern, da klingelte Daniels Handy. »Das ist das Steuerbüro!« Er nahm ab und stand dabei zügig auf.

Während er zu sprechen begann, ging er wieder ins Haus und ich war allein draußen auf der Terrasse. Ich blickte auf die leuchtend bunten Blumen, die großen Palmen und dahinter aufs Meer. Jetzt saß ich hier in diesem Paradies und machte mir doch wieder Sorgen. Immer wenn ich dachte, wir hätten das Thema mit dem Geld einigermaßen im Griff, dann kam es wieder hoch.

Ich konnte nicht glauben, wie lange mich das jetzt schon begleitete. Ich hatte schon so viel an mir gearbeitet und so vieles in meinem Leben verändert. Ich war echt fleißig gewesen. Trotz dieser wunderbaren Orte, an denen wir gewesen waren, hatte ich auch immer viel gearbeitet und doch blieb oft nur wenig hängen. Ohne Daniel hätte ich es sowieso nicht geschafft

Jetzt hatte es endlich mal eine Zeit lang besser ausgesehen und wir hatten nicht mehr am Ende jeden Monats zusammensitzen müssen, um zu gucken, wie es weiterging. Und dann kam so etwas. Ich schnaufte.

Dabei kostete unser Reiseleben schon so wenig. Wir waren fast immer auf Campingplätze gegangen, die uns mit der Campingkarte einen Rabatt gewährten. Und weil hier das Haus über den Winter sowieso komplett leer stand, bezahlten wir gerade mal so viel wie für den Campingplatz. Was würden wir machen, wenn wir das Geld für die Steuer nicht zusammenbekamen?

Ich wollte nicht zurück nach Deutschland. Und es würde auch nichts bringen. Eine Wohnung würde wahrscheinlich genauso viel kosten, vielleicht sogar mehr. Wir hatten keine Möbel, keine Küche, kein Geschirr, nichts ... So seltsam es auch erschien, unser Reiseleben war momentan definitiv günstiger als der normale Alltag in Deutschland. Bei diesem Gedanken wurde mir schlecht und ich bekam kaum noch Luft. Die Angst schnürte mir regelrecht die Kehle zu.

Ich schloss die Augen und atmete mehrmals tief durch. Irgendwie hatten wir das bisher immer hinbekommen. Dann würden wir das auch jetzt schaffen. Das Leben hatte uns so oft auf dieser Reise geholfen. Es hatte mich immer wieder beschenkt. Ich durfte jetzt nicht das Vertrauen verlieren. Die Angst durfte einfach nicht gewinnen.

Ich dachte daran, dass ich ausgerechnet heute Abend auch noch eine Liveveranstaltung in meiner Facebookgruppe hatte. Ich war sowieso immer so aufgeregt. Vielleicht sollte ich sie absagen. Andererseits hatten mir einige geschrieben, dass sie an meinem Kurs interessiert waren und mir dort Fragen stellen wollten. Vielleicht würde ich heute Abend dann ein paar Kurse verkaufen. Jeder Euro, den ich einnahm, würde uns jetzt helfen.

Die Leute in den sozialen Medien sahen meist nur die Sonnenseite unseres Reiselebens. Wenn ich Fotos vom Strand oder von mir mit dem Laptop im Garten teilte, gingen sie automatisch davon aus, dass ich es gepackt hatte und mein Business gut lief.

Aber ich wollte auch nicht jammern oder mich über irgendetwas beklagen. Meist war ich ja überglücklich und dankbar für das Reisen und meine Selbständigkeit.

Letzten Winter hatte ich noch in einem stressigen Job gehockt und war deprimiert gewesen über das Grau in Grau der dunklen Jahreszeit. Jetzt saß ich hier bei strahlend blauem Himmel zwischen bunten Blumen und machte eine Arbeit, die ich wirklich gern machte. Aber es gab halt trotzdem Herausforderungen. Es war nicht alles leicht.

Ich wusste nicht, ob es richtig war, meine Geldsorgen geheim zu halten. Bisher hatte ich nicht den Mut gehabt, in den sozialen Medien darüber zu sprechen. Da waren ja auch viele fremde Menschen.

Ich hatte keine Ahnung, wie sie reagieren würden. Außerdem machte es vielen Mut, dass wir ausgebrochen und losgezogen waren. Würde ich diese Menschen dann nicht verunsichern?

Daniel kam jetzt wieder nach draußen und riss mich damit aus meinen Gedanken.

»Und?« Ich sah ihn fragend an.

»Also, es ist so. Ich muss das wirklich noch diesen Monat nachzahlen«, erklärte er ernst, aber sehr gefasst. »Aber ich habe gleich auch mal bei dem Anbieter meiner Kreditkarte nachgefragt. Der Mann war sich ziemlich sicher, dass ich da kurzfristig einen Kredit bekomme. Sie haben gerade so eine Aktion für Selbständige.«

»Gott sei Dank!« Ich atmete erleichtert aus. Das mulmige Gefühl im Magen blieb aber trotzdem.

Wir sprachen den Rest des Tages nicht mehr über das Thema. Ich ging noch eine Runde mit Carlos über die Wiesen spazieren, um den Kopf freizubekommen. Dann bereitete ich mich auf meine Liveveranstaltung vor. Als ich dann da vor der Kamera saß und die Fragen beantwortete, ging es mir schon viel besser.

Und als dann eine Teilnehmerin in den Chat schrieb, wie sehr ihr mein Kurs geholfen hatte und dass sie jetzt endlich nach so vielen Jahren der Suche eine Arbeit gefunden hatte, die sie wirklich glücklich machte, da hatte ich meine Sorgen fast schon vergessen. Eine andere erzählte, dass meine Geschichte sie dazu ermutigt hatte, sich selbständig zu machen und dass es gerade richtig gut bei ihr lief. Das freute mich so sehr.

Doch dann kam die Frage, vor der ich mich so gefürchtet hatte. Ich schaute in den Chat und da standen die Worte, die ich am liebsten einfach ignoriert und nicht vorgelesen hätte: »Wie machst du das mit dem Geld verdienen beim Reisen?«

Ich spürte sofort, wie mir heiß wurde und sich ein Kloß in meinem Hals bildete. Ich wollte so gern erzählen, wie schwer es manchmal war. Ich wollte sagen, dass ich Angst hatte und mich nach mehr Sicherheit sehnte.

Ich wollte darüber sprechen, wie viel Mut es mich jeden Tag aufs Neue kostete und wie frustriert ich war, wenn ich mich manchmal abstrampelte und trotzdem nur wenig reinkam. Ich hätte sagen können, dass es nicht immer leicht wäre, aber dass ich es nicht bereute, diesen Schritt gegangen zu sein, weil mein neues Leben all das wert war.

Doch meine Angst war zu groß. Diesen Kampf gewann sie. Ich fürchtete zu sehr, dass mich alle für eine Versagerin halten würden. Ich hatte zu viel Angst vor Ablehnung und Kritik. Und ich wollte diesen Frauen auch nicht ihre Hoffnung nehmen. Gerade nach dem, was ich vorhin in den Kommentaren gelesen hatte.

Also sagte ich stattdessen: »Das Reisen ist unser normaler Alltag. Wir arbeiten jeden Tag übers Internet, so wie vorher schon auch. Und statt Miete und Nebenkosten haben wir die Campingplätze und im Winter das Ferienhaus.«

Das war nicht gelogen. Dennoch spürte ich, wie etwas in mir zerbrach, als ich diese Antwort gab. Es machte mich traurig, dass ich nicht zu mir stehen und diesen Frauen die ganze Wahrheit erzählen konnte.

Da war er wieder, der alte Schmerz, nicht gut genug zu sein und mich immer anstrengen zu müssen. Ich hatte geglaubt, dass ich ihn mit meinem alten Leben und den alten Jobs hinter mir gelassen hätte. Doch jetzt spürte ich diesen Schmerz wieder ganz deutlich.

Es beschäftigte mich noch bis in die Nacht hinein. Lange wälzte ich mich hin und her, bevor ich endlich einschlief.

In den nächsten Tagen überraschte mich das Leben dann

erneut. Daniel bekam mühelos den Kredit und ich hatte so viele Kursbuchungen wie noch nie. Zudem schneite bei Daniel dann auch noch ein Großauftrag rein. Es schien, als hätte das Universum uns erhört. So gut hatte unser Konto schon lange nicht mehr ausgesehen.

Ich war darüber unglaublich erleichtert. Es fühlte sich wie ein Wendepunkt an. Ich fragte mich, ob wir jetzt endlich dieses ständige Auf und Ab und die Geldsorgen hinter uns hätten? Ich hoffte es so sehr.

Ich war nun auch wieder viel optimistischer, was die Zukunft anging. Doch komplett ließ mich das ungute Gefühl in meinem Bauch noch nicht los. Ich wünschte, ich hätte offen darüber sprechen können, als ich an dem Abend in dem Livevideo gefragt worden war. Ich sehnte mich danach, diesen Part von meinem Leben und diese verletzliche, ängstliche Seite von mir auch zu zeigen. Ich wollte nicht immer stark sein müssen.

Da war immer noch diese Wunde, die Angst nicht gut genug zu sein und es verdient zu haben, weshalb ich diesen Teil meiner Geschichte verborgen hielt. Jetzt wo alles gerade so gut lief, war es leicht, ein Pflaster über diese Wunde zu kleben. Aber ich fragte mich, was passieren würde, wenn es wieder schlechter laufen würde.

Andalusien

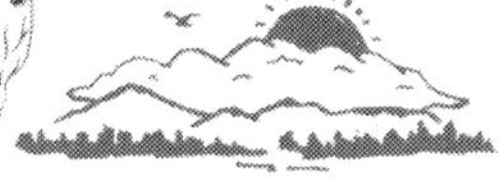

ROADTRIP MITTELMEERKÜSTE

Es war ein merkwürdiges Gefühl, als Daniel und ich Anfang April mit Carlos das Haus verließen und wieder mit dem Wohnwagen loszogen. Ungewohnt und doch so vertraut wartete unser kleines Zuhause auf uns. Wir wollten unsere Reise dort fortsetzen, wo wir sie vor fünf Monaten unterbrochen hatten und die Küste weiterfahren. Auf den Atlantik folgte nun das Mittelmeer.

Obwohl die Zeit in Tarifa so herrlich gewesen war, freuten wir uns darauf, nun wieder aufzubrechen. Wir hatten Lust, neue Orte zu erkunden und dabei neue Erfahrungen zu machen. Das Reisetempo wählten wir dieses Mal anders. Wir hatten uns darauf geeinigt, weitere Strecken zu fahren und dafür dann etwas länger an den einzelnen Orten zu bleiben.

Ich hatte über Google-Maps für uns die grünen Flächen zwischen den eher dichtbebauten Bereichen der Küste herausgepickt. Wir würden mit dem Mittelmeer zu unserer Rechten von einem Naturschutzgebiet zum nächsten reisen.

Unser erstes Ziel war »cabo de gata«, ein Naturpark in der Nähe von Almería. Hier wurden früher etliche Westernfilme und Wüstenszenen gedreht. Für Hollywood war die Region das perfekte Arizona-Double. Clint Eastwood, Harrison Ford, Sean Connery, Penelopé Cruz und viele weitere bekannte Schauspieler waren früher zum Filmdreh in diese spanische »Wüste« am Mittelmeer gekommen. Wer einmal dort war, der weiß warum.

Verblüfft schauten wir auf die lange Straße vor uns. Rote Hügel in staubiger Wüstenlandschaft säumten die

Strecke, die uns von der Autobahn bis zum Campingplatz führte.

Ein Regenbogen neigte sich am Himmel aus dicken Wolken heraus. Es schien, als würde er den dunkeln Asphalt der breiten Straße am Horizont berühren. Wieder ein Postkartenmotiv, eine Überraschung, mit der wir nicht gerechnet hatten.

Es kam mir vor, als hätten wir unseren Trip auf die Road 66 quer durch die USA verlegt. Was auf meiner Karte grün als Naturschutzgebiet markiert war, zeigte sich hier als karge, rot-braune Landschaft mit dunkeln Felsen und viel Sand.

Als ich dann am nächsten Morgen mit Carlos im Sonnenaufgang spazieren ging, leuchteten die Berge neben uns blutrot und ich wäre nicht sonderlich überrascht gewesen, wenn ein paar Cowboys an uns vorbei geritten wären. Ohne Kulissen oder irgendwelche Special Effects fühlte ich mich wie in einem der Wild-West-Filme, die ich einmal gesehen hatte.

Trocken und heiß blies mir der Wind Staub ins Gesicht. Ich rieb mir die Augen und beobachtete verblüfft wie ein runder, trockener Busch vor mir über den Weg rollte, bevor er mit Tempo über die karge Landschaft weiter holperte. Ich wusste gar nicht, dass es solche Büsche wirklich gab.

Einige Minuten später war ich mit Carlos auch schon am Meer. Es wirkte anders als die spanische Küste, die ich bisher kennengelernt hatte. Heller Sand und dunkle Felsen erwarteten uns mit türkis-blauem, klarem Wasser. Von Sonnenliegen, Schirmen oder Strandbuden war weit und breit nichts zu sehen. Niemand war hier. Carlos und ich waren ganz allein an diesem einsamen Wüstenstrand.

Wir kletterten ein wenig über die Felsen, bevor wir

uns auf den Rückweg machten. Der Wind wurde nun deutlich stärker und ich hatte das Gefühl, dass er mich mit jeder Minute, die ich hier länger durch diese steppenartige Landschaft ging, mehr austrocknete.

Ich war froh, dass ich mich hier nicht wie in den Filmen tatsächlich stundenlang durch eine Steinwüste schleppen musste, sondern bereits in wenigen Minuten an unserem Wohnwagen angelangte, um mir dort den Staub aus dem Gesicht abzuwaschen und etwas zu trinken.

Nach vier Tagen ging es weiter. Wir hopsten von einem grünen Fleckchen auf der Karte zum nächsten, bis wir schließlich Spanien hinter uns ließen und fortan der französischen Mittelmeerküste folgten. Die Côte d'Azur empfing uns mit strahlendem Sonnenschein und türkisblauem Wasser.

Wir steuerten einen ruhigen Platz in der Nähe von Cannes an, um von dort aus der Filmstadt einen kurzen Besuch abzustatten. Das Auto sicher in einem der großen Parkhäuser verwahrt, machten wir uns zu Fuß auf den Weg zur berühmten »Promenade Croisette« und schlenderten diese gemütlich am Meer entlang.

Auf der Strandpromenade war es extrem ruhig. Nur wenige Touristen hatten sich um diese Jahreszeit schon bis hierher verirrt. Einige der Strandbars hatten bereits geöffnet, die meisten waren jedoch noch in den Vorbereitungen für die kommende Saison und schienen erst allmählich aus dem Winterschlaf zu erwachen. Wir drehten mit Carlos noch eine kleine Runde durch den Park und setzten uns danach gemütlich auf eine der vielen Bänke.

Als es Abend wurde, gingen wir durch die Innenstadt. Die Straßen füllten sich nun zunehmend und aus den zahlreichen Restaurants strömte der Duft von gegrilltem Fisch, Pizza und Crêpe.

Daniel und ich wählten eins der Restaurants aus und setzten uns dort an einen kleinen Metalltisch direkt an der Straße. Während der Kellner uns die Speisekarten reichte, machte Carlos es sich unter meinem Stuhl gemütlich. Es dauerte nicht lange und wir hatten ein köstliches Essen vor uns stehen.

Und dann war da wieder einer dieser einzigartig schönen Momente unserer Reise. Einer der mich fortan immer an die Filmstadt erinnern würde – so unwirklich und kitschig, dass er wie eine nachgestellte Szenerie aus einem französischen Liebesfilm wirkte.

Die Sonne war gerade untergegangen und die Kellner hatten kleine Kerzen angezündet und die Lichtdekorationen angeschaltet. In den Bars und Bistros um uns herum saßen viele Menschen und genossen ihr Essen bei einem guten Glas Wein. Auf der wenig befahrenen Straße spazierten einige Paare Arm in Arm an uns vorbei. Ein sanfter Wind brachte eine Brise vom Meer zu uns herüber.

Daniel saß mir lächelnd gegenüber und schaufelte sich cremige Sauce auf sein Kartoffelgratin. Zwischen uns leuchtete eine kleine Kerze auf der karierten Tischdecke und gleich neben uns schwor sich ein junges Paar seine Liebe. Händchen haltend flüsterten sie sich auf Französisch etwas zu und küssten sich immer wieder.

Und als wäre das alles noch nicht genug, erschien in diesem Augenblick eine Gruppe Straßenmusiker. Ganz gemächlich schritten die Männer über die Straße an uns vorbei. Mit einem breiten Lächeln blickte einer von ihnen zu uns und sang begleitet von einem Akkordeon

»La Vie en rose«. Ein älteres Paar tanzte sogar dazu mitten auf der Straße. Ich musste bei dem Anblick sofort lächeln.

»Ist das nicht romantisch hier?«, fragte ich Daniel.

Er lachte. »Oh ja, das ist es! Und wie!«

»Wie in einem Film, oder?«

Er grinste mich an. »Das gefällt dir!«

Ich nahm seine Hand und blickte ihm in die Augen. Ich vergaß, wie kitschig all das wirkte. Ich atmete die Atmosphäre ein und nahm sie mit all ihren Facetten intensiv auf. Ich ließ mich von der Lieblichkeit der Musik tragen und tauchte in diese Szene ein, als wäre es mein Film, meine Geschichte, mein Leben.

Denn so unwirklich das Ganze auch erschien, es war echt. Wir waren echt. Ich saß hier jetzt in diesem Moment tatsächlich mit meiner großen Liebe in dieser besonderen Stadt und erlebte die Reise meines Lebens.

»Küsst du mich jetzt?«, fragte ich Daniel mit einem breiten Grinsen, um dem Moment die Krone aufzusetzen.

Mit einem leichten Schmunzeln bückte er sich wortlos zu mir herüber, legte die Hand auf meine Schulter und küsste mich sanft. Als unsere Lippen sich berührten, spürte ich ein wohliges Kribbeln in meinem Körper. Ich wünschte mir, dieser Moment würde ewig dauern. Auch wenn ich wusste, dass er so wie die anderen vor ihm schon bald vorbei sein würde.

Noch lange summte ich an diesem Abend das französische Lied und spürte, wie mir dabei warm ums Herz wurde. Das war meine persönliche Filmszene in Cannes gewesen und ich fand, wir sollten doch alle einmal unsere Lieblingsszenen selbst erleben, oder?

Am nächsten Tag fuhren wir die Küste weiter entlang

und gelangten von Frankreich nach Italien. Uns kam die spontane Idee, unsere Reise auf den Mittelmeerinseln fortzuführen. Wir wollten zunächst nach Sardinien und danach nach Korsika. Wie lange wir dort bleiben wollten, war noch unklar.

Ich buchte uns übers Internet einen Platz auf der Fähre. Und nach einem kurzen Aufenthalt auf einem Platz in der Nähe von Pietrasanta steuerten wir wenige Tage später den Hafen von Livorno an.

SARDINIEN

Es war ein außergewöhnliches Gefühl, als die große Fähre am Abend mit uns drei an Bord ablegte und wir das Festland verließen. Unten im Frachtraum stand zwischen Autos und Kleinlastern unser Wohnwagen mit all unserem Hab und Gut. Daniel und ich lagen währenddessen zusammen mit Carlos auf den schmalen Betten in einer der Schlafkabinen.

Bei Sonnenaufgang würden wir Sardinien erreichen. Als ich durch das kleine Bullauge ein letztes Mal die Lichter im Hafen sah, hatte ich keine Ahnung, wie lange es dauern würde, bis wir wieder aufs Festland zurückkehren würden. Die Zeit auf den Inseln sollte für mich der schönste, aber auch der herausforderndste Abschnitt unserer Reise werden.

Die Fähre legte am frühen Morgen im Hafen von Olbia an und wir fuhren zu dem ersten Campingplatz, den ich für uns ausgesucht hatte. Er lag im Nord-Osten der Insel. Während wir mit unserem Gespann die Küstenstraße entlang holperten, fiel uns sogleich die besonders intensive Farbe des Meeres auf. In leuchtenden Blautönen schimmerte uns das Mittelmeer hier entgegen.

Wir erreichten nach einer Stunde den Campingplatz und waren überrascht, wie ruhig es hier noch war. Anfang Mai schien die Saison hier auf der Insel noch nicht wirklich begonnen zu haben.

Auf dem riesigen Gelände sahen wir nur hier und da ein paar andere Gäste. Ansonsten war alles ziemlich verlassen. Nachdem wir uns einen Überblick verschafft hatten, wählten wir einen der vielen freien Wiesenplätze auf einer Anhöhe am Meer aus. Hier waren wir nah am Wasser und hatten eine wunderbare Aussicht auf die Bucht.

Wir brauchten nicht lange, um alles aufzubauen. Kaum waren wir fertig, gingen wir auch schon zusammen ans Meer. Ein kleiner Weg führte vom Platz aus direkt zum Strand. Die Farbe des Wassers wirkte von Nahem noch intensiver. Von Saphirblau bis hin zu wunderschönen Türkistönen leuchtete das Meer im Sonnenlicht. Eingerahmt wurde der helle Sandstrand von rosa Granitfelsen und blumenbewachsenen Hängen.

Daniel und ich blieben erst einmal stehen und blickten uns staunend um. Jetzt waren wir schon an so vielen verschiedenen Küsten gewesen und doch überraschte uns das Meer immer wieder und wirkte so anders, je nachdem, wo es das Land berührte.

Daniel war sofort verliebt. »Das ist ja wohl echt mal schön hier!«, meinte er mit einem zufriedenen Lächeln, während sein Blick dabei in die Ferne schweifte.

»Ja, das finde ich auch. Die Farben sind so intensiv. Einfach herrlich!«, bestätigte ich Daniels Begeisterung.

Wir waren die einzigen Besucher am Strand und ignorierten daher erst einmal die Hundeverbots-Schilder, die hier am Rand aufgestellt waren. Ich dachte mir, falls noch mehr Leute kommen würden, könnten wir den Strand ja immer noch mit Carlos verlassen. Vielleicht galten die Schilder auch nur während der Saison und jetzt, wo hier fast nichts los war, hatte wahrscheinlich eh niemand etwas dagegen.

Daniel stellte jetzt die Tasche ab, die er mit dabei hatte und ich breitete eine große Decke aus. Wir hatten auf dem Weg zum Campingplatz an einem kleinen Laden gehalten. Eigentlich hatten wir dort nur ein paar Kleinigkeiten für heute einkaufen wollen. Aber dann hatten wir viel zu viel geholt, weil alles so lecker ausgesehen hatte. Der kleine Kühlschrank des Wohnwagens war nun brechend voll und das obwohl wir die Hälfte der Sachen für ein Picknick mit an den Strand genommen hatten.

Wir packten jetzt alles aus und setzten uns zusammen auf die Decke. Carlos, der beinahe mitten durch unser kleines Buffet gelaufen wäre, suchte sich schließlich einen gemütlichen Platz neben uns im Sand. Ich ließ mir die sanfte Brise um die Nase wehen, während ich genüsslich in die frisch gebackene Focaccia biss, ein saftiges, typisch italienisches Hefegebäck mit Olivenöl und Kräutern.

Auf unserer Picknickdecke standen verteilt weitere Leckereien: Tomaten-Mozzarella-Salat mit Basilikum, eingelegte Oliven, Antipasti, etwas Ricotta und natürlich auch Tiramisu. Ich spießte nun eine der Tomatenscheiben mit Mozzarella auf, tunkte sie großzügig in den Balsamicoessig und balancierte sie dann vorsichtig auf der Gabel bis zum Mund. Während ich kaute, schaute ich wieder aufs Meer.

»Daran könnte ich mich gewöhnen!«, sagte ich mit vollem Mund zu Daniel.

»Ich auch. Mann, das schmeckt aber auch so gut!«, antwortete er, während er sich noch etwas Antipasti nahm.

»Ja, oder? Ich glaube, jetzt geht das Schlemmen wieder los.«

Ich dachte daran, dass im Kühlschrank unter anderem noch frische Nudeln und Pesto fürs Abendessen auf uns warteten. Was hatte ich das italienische Essen vermisst!

Obwohl wir nun wieder offiziell in Italien waren, war es

hier auf der Insel doch nochmal ganz anders. Sardinien hatte seinen eigenen Charme. Man spürte sofort, dass man auf einer Insel war. Für mich war das wunderbar. Ich liebte es einfach, zu wissen, dass das Meer nie weit weg war, obwohl wir sowieso immer in Küstennähe bleiben wollten.

Wir hatten uns überlegt, in den nächsten Wochen die Insel einmal komplett zu umrunden. Vom Norden aus wollten wir zunächst die Ostküste hinunter bis ganz in den Süden fahren, um dann danach an der Westküste entlang wieder in Richtung Norden zu unserem Ausgangspunkt zurückzukehren. Dann hätten wir jede Region einmal gesehen.

Wie lange wir an den einzelnen Orten bleiben würden, wollten wir aber spontan entscheiden. Wenn uns ein Platz besonders gut gefallen sollte, würden wir auch ruhig mal ein bis zwei Wochen dort verweilen. Wir hatten es ja nicht eilig.

Am Abend stöberte ich im Internet und schaute mir die Campingplätze auf Sardinien an. Die meisten unterschieden sich kaum von dem Platz, auf dem wir jetzt gerade waren. Fast alle hatten eine traumhafte Lage direkt am Meer. Auf den Bildern sah ich malerische Buchten, Pinienwälder, lange Sandstränden mit blumenbewachsenen Dünen und Süßwasserlagunen. Ich hatte das Gefühl, als könnte man hier kaum etwas falsch machen. Das Einzige, was einige Camper bei ihren Erfahrungsberichten bemängelten, waren die Waschhäuser.

Und tatsächlich sahen einige Ferienanlagen auf den Fotos so aus, als wären sie schon in die Jahre gekommen. Ich musste doch schmunzeln, als ich bei den Bewertungen so etwas wie »sanitäre Camperhölle« und »Toiletten aus der Vorkriegszeit« las. Ich hoffte, dass wir von solchen Eindrücken verschont bleiben würden. Aber ich dachte mir auch, dass wir wahrscheinlich nicht so pingelig waren wie manch anderer. Ich machte es schließlich dann doch wie immer und entschied aus dem Bauch heraus, welche Plätze ich für unsere Rundtour vormerkte.

Wir blieben noch zwei Tage im Norden, bevor wir weiterzogen. Die nächsten zwei Campingplätze waren auch ziemlich groß, leer und direkt am Meer. Bei einem standen wir gerade mal fünfzig Meter vom Wasser entfernt. Wir blieben jeweils drei Tage, bevor es weiter Richtung Süden ging. Ungefähr in der Mitte der Ostküste erreichten wir dann einen sehr abgelegen Platz inmitten eines Naturschutzgebiets. Eine einsame Straße schlängelte sich an der Küste entlang.

Wir fuhren mit unserem Gespann fast eine halbe Stunde durch ein menschenleeres Gebiet, bis wir den Platz erreicht hatten. Es war ein idealer Ort, um eine ruhige Auszeit in der Natur zu verbringen. Ein langer Strand mit schwarzen, runden Steinen und glasklarem Wasser erstreckte sich hier. Die wenigen Gäste, die sich mit uns auf dem Platz befanden, verloren sich in der großen Bucht.

Wir waren gerade erst angekommen, da entschieden wir auch schon, dass wir erstmal zwei Wochen bleiben wollten. Und das war eine gute Wahl.

Ich badete hier fast jeden Morgen gemeinsam mit Carlos im Meer. Noch in der Dämmerung gingen wir los. Angekommen am Strand saß ich dann auf einem der abgerundeten Felsen und schaute zum Horizont. Der Himmel verfärbte sich langsam von zartrosa in ein kräftiges Orangerot, das sich auf den Wellen leuchtend widerspiegelte. Und dann in dem Moment, wenn sich die Sonne aus dem Meer empor hob und mich mit ihren ersten warmen Strahlen berührte, ging ich ins Wasser. Ich genoss es so sehr, wie die ersten Wellen meine Füße umspülten und ich dann ganz langsam weiterschritt, bevor ich zu schwimmen begann.

Über mir verblassten die letzten Sterne und es wurde nun schnell heller. Ich ließ mich noch eine Weile auf dem Rücken treiben, spürte die Wellen unter mir und die Weite des Himmels über mir. Es war eine wunderbare Art, um in den Tag zu starten. Ein tiefes Glücksgefühl durchflutete mich, wenn ich wieder zurück ans Ufer schwamm.

Ich liebte diesen salzigen Geschmack und die wunderbare Stille am Morgen. Carlos ging fast immer mit mir zusammen ins Wasser und schwamm auch eine Runde, bevor er sich dann genüsslich auf den Kieselsteinen wälzte und auf mich wartete.

Mit Daniel ging ich dann meist am späten Nachmittag entweder nochmal ans Meer oder eine Runde durch das Naturschutzgebiet spazieren. Er war so angetan von diesem Ort, dass er am liebsten den kompletten Sommer hier geblieben wäre. Aber wir waren auch neugierig auf die anderen Regionen und wollten gern noch mehr von der Insel sehen. Und so zogen wir schließlich nach zwei Wochen weiter.

Auf dem nächsten Platz gab es einen Bootsverleih am Strand. Daniel und ich hatten zwar beide keinen Bootsschein, aber das schien hier sowieso niemand zu interessieren. Nach einer kurzen Einführung kletterten wir zusammen mit Carlos an Bord und schipperten die Küste entlang.

Es gab auf der Insel viele Strände, die man nur vom Wasser aus erreichen konnte. Da war eine Bootstour wirklich eine tolle Sache. Das große, motorisierte Schlauchboot, mit dem wir unterwegs waren, hatte sogar ein ausklappbares Sonnendach und eine kleine Liegefläche.

Es war herrlich: Wir schipperten durch glasklares Wasser an einem riesigen Naturpark entlang. Es gab kaum Wellen. Der Himmel über uns war strahlend blau und spiegelte sich wunderschön im Wasser. Während Carlos und ich es uns auf der Lounge gemütlich gemacht hatten, stand Daniel am Steuer und lenkte unser Boot die Küste entlang.

Wir waren auf dem Weg zum Strand »Cala Goloritzé«. Dieser war bekannt für seine besondere Schönheit und nun hatten wir durch das Boot die Möglichkeit, ihn leicht zu erreichen. Während der Fahrt kamen wir an vielen kleinen Buchten vorbei. Eine war schöner als die andere.

Angekommen am Ziel musste ich zugeben, dass »Cala Goloritzé« alles bis dahin Gesehene noch übertraf. Eingebettet in skurrile Felsformationen lag die kleine Sandbucht direkt vor uns. Das Wasser war so leuchtend blau, dass ich mich kaum daran satt sehen konnte. Wir fuhren so nah wie möglich an die Bucht heran und setzten den Anker.

Die nächsten Stunden verbrachten wir damit, vom Boot aus ins Wasser zu springen, zu schwimmen und auf der kleinen Lounge faul in der Sonne zu liegen und »Focaccia« zu essen. Wir träumten schon davon, uns nun regelmäßig ein Boot zu mieten oder sogar ein eigenes Schlauchboot zu kaufen.

Irgendwann dachte ich schließlich, dass Carlos jetzt auch mal eine Runde Gassi gehen musste. Er hatte bisher bequem im Boot gelegen, etwas gefressen und uns beim Schwimmen zugeschaut. Am Strand »Cala

Goloritzé« war leider Hundeverbot. Doch ich entdeckte auf der Karte auf meinem Handy gleich am Ende des Naturparks einen Hundestrand. Hier könnte ich zusammen mit Carlos das Boot für einen kurzen Spaziergang verlassen.

Die Idee schien gut. Doch der Hundestrand war viel weiter weg, als ich gedacht hätte. Zudem versperrten uns spitze Felsen im Wasser den Zugang und wir mussten sehr weit draußen ankern und dann den Rest der Strecke bis zum Strand schwimmen. Ich zeigte Carlos, wo er am besten ins Wasser gelangte und ließ ihn vom Boot springen.

Kaum war er im Wasser, da schoss er auch schon wie eine Rakete los und paddelte schnurstracks in Richtung Ufer. Ich eilte hinter ihm her. Doch obwohl ich so zügig schwamm, wie ich nur konnte, erreichte der Hund lange vor mir den Strand.

Zum Glück war sonst niemand in dieser kleinen Bucht. Ich wartete noch auf Daniel und dann gingen wir eine kleine Runde mit Carlos über den Strand spazieren. Unser Boot, das da draußen auf uns wartete, behielten wir dabei immer gut im Blick. Wir setzten uns noch ein paar Minuten entspannt in den Sand und wollten dann mit dem Hund wieder zurück an Bord.

Das war der Moment, ab dem dann alles schief lief. Es begann damit, dass ich mühsam über die glitschigen Felsen im flachen Wasser kletterte und dabei immer wieder von heranrollenden Wellen umgeworfen wurde.

Ich hatte keine Ahnung, wie ich vorher so leicht an Land gekommen war. Entweder war der Weg aus dem Wasser heraus auf den Strand wesentlich einfacher gewesen oder aber das Meer hatte sich verändert und die Wellen waren nun größer geworden. Ich vermutete, es war eine Mischung aus beidem.

Ein weiteres Problem war, dass Carlos mir nun sehr widerwillig folgte. Kaum hatten wir es über die Steine geschafft und schwammen in Richtung Boot, da machte er plötzlich eine Kehrtwende und paddelte zurück zum Strand. Obwohl er vorhin so extrem entspannt auf der Lounge gelegen hatte, wollte er anscheinend nun nicht wieder zurück an Bord.

Mir blieb nichts anderes übrig, als dem Hund zu folgen und wieder zurück an den Strand zu kehren. Und auch Daniel drehte um, als er uns sah. So saßen wir eine Weile später alle drei wieder nebeneinander im Sand. Nur dass wir dieses Mal viel erschöpfter waren, weil wir uns über die kantigen Steine durch die Wellen gekämpft hatten.

»Was machen wir denn jetzt?«, fragte ich Daniel etwas ratlos. Ich wollte den Hund keinesfalls zwingen, aber ich sah auch keine andere Möglichkeit von hier wegzukommen. Der Strand lag zwischen schroffen Felsen und war nur vom Meer aus zu erreichen. Wir mussten alle wieder auf das Boot.

»Fakt ist, wir kommen hier nur mit dem Boot wieder weg und ich kann nicht näher heran, weil ich sonst Gefahr laufe, mit dem Schlauchboot irgendwo aufzusetzen«, bestätigte Daniel das, was mir gerade selbst durch den Kopf gegangen war.

Ich überlegte eine Weile. Dann kam mir eine Idee.

»Lass es uns doch so machen: Ich nehme den Hund an die Leine und schwimme mit ihm in Richtung Boot. Ich denke, wenn wir uns weit genug vom Strand entfernt haben und näher ans Boot kommen, dann wird er irgendwann nicht mehr umdrehen wollen und zum Schlauchboot paddeln. Du schwimmst vor und nimmst ihn dann von Bord aus entgegen«, schilderte ich Daniel meinen Plan.

»Schaffst du das denn allein mit dem Hund? Das sind bestimmt über hundert Meter bis da raus«, hakte Daniel nun etwas skeptisch nach.

»Klar! Ich bin doch voll die Wasserratte. Du weißt doch, wie gut ich schwimmen kann. Das geht«, antworte ich mit einer lässigen Handbewegung.

Daniel schien jedoch nicht sehr überzeugt. »Bist du sicher?«, fragte er nun noch einmal.

»Es ist wichtig, dass jemand Carlos bei unserer Ankunft am Boot entgegen nimmt. Das kannst nur du machen. Ich habe nicht genügend Kraft, um dem Hund nass aus dem Wasser heraus bis an Bord zu helfen. Das mit dem Schwimmen bekomme ich hin.«

Daniel sah immer noch besorgt aus, aber er machte sich jetzt zögerlich auf den Weg zurück zum Wasser. Ich befestigte in der Zeit die Leine an Carlos Geschirr und kletterte ein weiteres Mal über die Felsen ins Meer. Während ich damit beschäftigt war, Carlos zu motivieren, musste ich mich gleichzeitig konzentrieren, um bei den Wellen nicht das Gleichgewicht zu verlieren.

Ich hatte es fast geschafft, da rutschte ich doch noch auf einem der glitschigen Felsen aus und schlug mir mein Knie auf. Es brannte sofort im salzigen Wasser. Ich biss die Zähne zusammen und rappelte mich wieder auf. Der Hund stand unsicher neben mir. Das fängt ja gut an, dachte ich bei mir, als wir unseren Weg fortsetzten.

Ich war froh, als das Wasser endlich tief genug war und ich schwimmen konnte. Carlos hatte ich weiter an der Leine neben mir. Bis jetzt hatte er noch gut mitgemacht.

Doch als er erkannte, dass wir auf dem Weg zum Boot waren, drehte er plötzlich ab und versuchte wieder an Land zu kommen.

Ich fragte mich, was nur in ihn gefahren war. Heute

Morgen war er noch so freudig an Bord gegangen. Warum jetzt nicht mehr? Was war denn anders?

Eigentlich spürte ich, dass der Hund einen guten Grund hatte, an Land bleiben zu wollen. Und hätte ich in dem Moment mehr meiner Intuition gelauscht, wäre ich wohl auch nicht so unbedacht wieder an Bord gegangen. Doch ich war viel zu beschäftigt damit, einen Weg zu finden, wie wir wieder möglichst schnell zurück zum Campingplatz kamen. Und von diesem Strand kamen wir nun mal nicht anders weg.

Ich zog Carlos mühsam durchs Wasser hinter mir her und schwamm nur mit einem Arm. Der Hund zeigte mir seinen Unmut, indem er mit voller Kraft in Richtung Land paddelte. Seine vier Beine gegen meine zwei Beine und einen Arm – das war ein schwieriges Unterfangen. Wir kamen nur schleppend voran. All mein Flehen und Bitten zeigte keine Wirkung. Carlos wehrte sich bis zum letzten Meter.

Ich war so erleichtert, als Daniel den Hund schließlich aus dem Wasser fischte und aufs Boot zog. Wir hatten es tatsächlich geschafft! Erschöpft klammerte ich mich am Rand des Boots fest und versuchte wieder zu Atem zu kommen. Wäre der Hund noch einmal ans Ufer zurückgeschwommen, hätte ich nicht gewusst, was ich machen sollte.

Ein weiteres Mal hätte ich das sicher nicht geschafft. Ich dachte bei mir, das war definitiv die letzte Bootstour, die wir mit Carlos gemacht hatten. Nie wieder würde ich auf die Idee kommen, den Hund mit auf ein Boot zu nehmen.

Daniel eilte jetzt zu mir, nahm meine Hand und half mir wieder an Bord. Meine Beine zitterten, als ich über die schmalen Stufen die kleine Leiter hochkletterte. Schwankend ging ich bis zur Lounge und ließ mich mit einem Plumps neben Carlos auf das Polster fallen. Sein Herrchen hatte ihm bereits ein Handtuch unterlegt und der Pudel war damit beschäftigt, sich über die nassen Locken zu lecken.

Jetzt reichte Daniel auch mir ein Handtuch. Dankbar nahm ich es entgegen und wickelte mich darin ein. Der Wind war deutlich frischer geworden und einige Wolken verdeckten die Sonne. Ich bekam eine Gänsehaut.

Vielleicht lag es an meiner Erschöpfung, aber mir war jetzt richtig kalt. Mit lahmen Bewegungen rubbelte ich mich trocken. Daniel stand mir gegenüber und begutachtete mich sichtlich besorgt.

»Oh Mann! Ich war kurz davor ins Wasser zu springen. Ich hatte schon Angst, du ertrinkst«, meinte er nun in ernstem Tonfall.

»Es ging noch. So schnell ertrinke ich nicht«, sagte ich mit einem gepressten Lächeln. »Aber ich will jetzt einfach nur noch zurück auf unseren Platz.« Schnaufend atmete ich aus, während ich mich nach hinten lehnte und mein Knie betrachtete. Kleine Tropfen Blut liefen vermischt mit Salzwasser an meinem Bein herunter.

»Oh, du hast dich ja verletzt! Wann ist das denn passiert?«, meinte Daniel nun erschrocken und bückte sich zu mir herunter.

Ich tupfte vorsichtig mit dem Handtuch das Knie trocken. »Ach, ich bin auf den Felsen ausgerutscht. Ich habe mit der Leine und den Wellen das Gleichgewicht verloren. Die Steine waren einfach zu glitschig.«

»Was für eine Aktion! Tut es denn sehr weh?«, fragte Daniel.

Ich schaute mir die Wunde genauer an. Sie war zum Glück nur oberflächlich. Ich hatte mir anscheinend auf den rauen Steinen nur die Haut abgeschürft. »Nein, ist nur eine Schürfwunde. Aber das Salzwasser brennt ganz schön.«

»So etwas machen wir nie wieder!« Er betonte das Wort »nie« dabei nachdrücklich.

»Definitiv nicht!« Ich schnaufte. »Kannst du uns jetzt nach Hause bringen? Ich will einfach nur runter vom Boot.«

»Ja, das will ich auch.«

Daniel startete den Motor, zog den Anker wieder hoch, verstaute ihn in der Klappe und lenkte uns von den Felsen weg wieder weiter aufs Meer hinaus.

Wir fuhren mit Vollgas die Küste entlang, als sich der Himmel immer mehr verdunkelte. Es dauerte nicht lange und wir waren mitten in einem Gewitter. Regen peitschte uns entgegen und das kleine Boot kämpfte sich durch die hohen Wellen. Nichts erinnerte mehr an das idyllische Mittelmeer, auf dem wir heute Vormittag noch so gemütlich entlang geschippert waren.

Aufgebracht und schäumend warf uns das dunkle Wasser hin und her. Ich hielt mich krampfhaft mit einer Hand am Boot fest, mit der anderen umklammerte ich das Geschirr von Carlos. Wir hoben jedes Mal kurz ab, während das kleine Schlauchboot sich mit harten Schlägen seinen Weg durch die Wellen bahnte.

Besorgt blickte ich an die nackte Felswand, die sich zu unserer rechten Seite senkrecht emporhob. Dröhnend schlugen die Wellen dort gegen das Gestein. Wir versuchten weit genug von den Klippen wegzubleiben, aber auch gleichzeitig nicht zu weit hinauszufahren. Denn umso mehr wir uns vom Ufer entfernten, desto höher wurden die Wellen.

Mein Hintern und mein Rücken schmerzten von dem unsanften Auf und Ab. Carlos sah mich vorwurfsvoll an, während auch er immer wieder kurz den Kontakt zum

Boden verlor und dann auf seinem Hintern landete.

»Es tut mir echt leid! So war das nicht geplant«, sagte ich entschuldigend zu dem armen Pudel.

Wahrscheinlich hatte der Hund lange vor uns gespürt, dass ein Unwetter aufzog und sich deshalb so energisch dagegen gewehrt, wieder an Bord zu gehen. Ein greller Blitz zuckte nun über den Himmel und erschreckte mich. Der Donner ließ nicht lange auf sich warten und schallte grollend über das Meer bis gegen die steilen Klippen. Das war definitiv nicht die Tour, die wir uns vorgestellt hatten.

Nach einer Weile löste ich Daniel am Steuer ab. Ich wusste nicht, was anstrengender war. Das kleine Boot durch die Wellen zu manövrieren oder sich am Bug auf der Liegefläche festzukrallen, um nicht samt Polster ins Wasser geschleudert zu werden. Trotz Vollgas kamen wir kaum voran. Ich fragte mich, wie lange es wohl dauern würde, bis der Tank leer war.

Als ich in Daniels Gesicht schaute, hatte ich das Gefühl, dass er sich wohl ähnliche Gedanken machte. Aber keiner von uns sagte etwas. Der Sprit musste reichen. Ich wollte mir nicht ausmalen, was passieren würde, wenn wir ohne Motor bis an die Felswand treiben würden.

Wir gaben vermutlich ein ziemlich klägliches Bild ab, als wir schließlich den Bootsverleih erreichten. Vollkommen erschöpft und durchnässt krabbelten wir von Bord. Der Mann, der uns das Schlauchboot vermietet hatte, eilte uns sogleich entgegen und half Daniel dabei, das Boot ans Ufer zu ziehen und mit einem Seil zu vertäuen. Ich schleppte mich derweil mit einer Tasche auf dem Rücken und Carlos an der Leine an den Strand. Es war solch ein Segen, wieder festen Boden unter den Füßen zu haben.

Während Daniel noch die restlichen Sachen mit dem Mann vom Bootsverleih klärte, schlurfte ich mit Carlos schon mal zum Wohnwagen vor.

Etwas später lagen wir alle ziemlich erschöpft in unserem mobilen Zuhause. Carlos hatte ich ausgiebig trocken gerubbelt. Er schlief nun friedlich eingerollt in seinem Körbchen. Ich selbst hatte eine heiße Dusche hinter mir und lag in eine weiche Decke eingewickelt neben Daniel im Bett.

Es war erst vier Uhr nachmittags, aber keiner von uns wollte heute noch einmal aufstehen. Ich streckte mich und versuchte eine noch bequemere Lage zu finden. Mir taten von der holprigen Heimfahrt alle Knochen weh und ich hatte das Gefühl, der Boden unter mir würde immer noch schwanken. Mir wurde sofort schwindelig und übel als ich die Augen schloss.

Obwohl ich so müde war, konnte ich nicht schlafen. Ich starrte über mich an die Decke und dachte darüber nach, wie viel Glück wir gehabt hatten und wie dankbar ich dafür war, jetzt hier im weichen, warmen Bett zu sein.

Was den Tank des Boots anging, so war es tatsächlich mehr als knapp gewesen. Als Daniel das Benzin für die Tour bezahlte, stellte der Verleiher überrascht fest, dass er über vierundzwanzig Liter nachfüllen musste. Er hatte uns vorher gesagt, dass das Boot einen Zwanzig-Liter-Tank hätte. Die fünf Liter waren wohl die Reserve, die gewöhnlich niemand verbrauchte.

Der Mann versuchte sich zwar nichts anmerken zu lassen, doch ich konnte den Schrecken in seinen Augen deutlich erkennen. Wahrscheinlich würden wir das nächste Mal eine Sondereinweisung bekommen, falls wir jemals noch einmal bei ihm ein Boot ausleihen wollten.

Aber das würde so schnell sowieso nicht wieder passieren. Unser Bedarf an Bootsabenteuern war erst einmal gedeckt.

Am nächsten Morgen saß ich ziemlich zerknittert vor dem Wohnwagen und arbeitete am Laptop. Ich nahm gerade einen großen Schluck Kaffee, da hörte ich eine Stimme neben mir.

»Hallo! Entschuldigung, darf ich dich gerade mal was fragen?«

Ich drehte mich zur Seite und sah eine junge Frau auf unserem Nachbarplatz stehen. Sie war vielleicht Mitte zwanzig, hatte blond gelocktes, schulterlanges Haar und trug ein lockeres weißes Kleid mit Blümchen. Als ich jetzt zu ihr hinsah, kam sie ein paar Schritte auf mich zu.

Ich stand auf. »Ja klar! Was hast du denn für eine Frage?«

»Hi, ich bin Elly«, stellte sie sich jetzt vor. »Ich habe euer deutsches Kennzeichen gesehen und da habe ich gedacht, ich könnte dich gerade fragen, wie das hier mit der Waschmaschine funktioniert. Ich hoffe, ich habe dich da nicht gestört.« Sie zeigte auf meinen Laptop.

»Nein, alles gut, du hast mich nicht gestört. Ich bin übrigens Bianca. Ihr seid gestern spät angekommen, oder?« Ich erinnerte mich, dass da gestern noch kein Wohnmobil neben uns gestanden hatte, als ich vor dem Schlafengehen noch eine Minirunde mit Carlos gedreht hatte.

Die junge Frau stand mir nun direkt gegenüber. »Ja, wir waren auf einem Platz weiter südlich und haben gestern Abend noch spontan entschieden herzukommen, weil in dem kleinen Ort hier in der Nähe heute Frühlingsfest ist. Wir ...«

In dem Moment wurde sie von einem lauten Bellen

jäh unterbrochen. Carlos kam mit einem riesigen Satz aus der Wohnwagentür gesprungen und ich konnte ihn gerade noch rechtzeitig packen, bevor er Elly stürmisch begrüßt hätte. Jetzt wand er sich wedelnd in meinem Griff hin und her und sah freudig zu unserer Besucherin.

Elly, die sich im ersten Moment kurz erschrocken hatte, lächelte jetzt. »Der ist ja süß! Du kannst ihn ruhig loslassen. Ich habe keine Angst vor Hunden. Wir hatten in der Familie selbst immer Hunde.«

»Okay … Aber er ist ziemlich stürmisch«, warnte ich sie noch, bevor ich Carlos losließ.

Sofort sprang der Hund wild wedelnd um Elly herum und ließ sich dabei von ihr streicheln.

»Der mag dich aber sehr«, meinte ich grinsend.

»Er ist noch jung, oder?«, fragte sie, während sie Carlos den Rücken tätschelte.

»Naja, nicht ganz. Carlos, so heißt er, ist vor ein paar Wochen zehn geworden.«

»Oh krass, das hätte ich nicht gedacht.«

»Sorry, du wolltest eben gerade etwas erzählen, bevor Carlos kam«, erinnerte ich Elly jetzt wieder.

»Stimmt! Wegen dem Frühlingsfest und dann hatte ich ja ursprünglich noch die Frage wegen der Waschmaschine«, begann Elly. Sie erzählte mir, dass in dem Ort »Bari Sardo« heute ein Fest sei, wo man einen tollen Einblick in die sardische Kultur und Küche bekommen würde.

Was das Problem mit der Waschmaschine anging, so war ich selbst schon daran verzweifelt. Sie schien nur Zehn- oder Zwanzig-Cent Münzen anzunehmen, aber eine Wäsche kostete sechs Euro. Ich fragte mich, wer so viel Kleingeld beim Campen mit dabei hatte.

Ich verstand mich total gut mit Elly. Sie war echt nett.

Sie zeigte mir Bilder von dem Platz, auf dem sie vorher gestanden hatte. Er lag direkt an einem Salzsee am Meer. Und dort waren auch die Flamingos, nach denen ich schon so sehnsüchtig gesucht hatte, seit wir auf die Insel gekommen waren.

Wie sich herausstellte, war Elly zusammen mit ihrem Freund Paul auch schon länger unterwegs. Sie hatten vor einem halben Jahr ihre Wohnung gekündigt und reisten seitdem mit dem Wohnmobil. Sie freute sich total, jemanden kennenzulernen, der auch dauerhaft auf Reisen war.

Ich erzählte ihr gerade in welchen Ländern wir bisher waren, da kam ein junger Mann aus dem kleinen Wohnmobil neben uns gestiegen. Elly winkte ihn freudig zu uns. »Das ist mein Freund Paul«, stellte sie ihn vor. Ich schätzte ihn so wie Elly auch auf Mitte zwanzig. Er hatte kurze schwarze Haare, einen Dreitagebart und war ziemlich groß und schlaksig. Während Carlos erneut eine Willkommensarie vollführte, begrüßte mich Paul freundlich.

»Kannst du dir vorstellen, Bianca reist mit ihrem Mann Daniel auch dauerhaft herum. Sie haben den Winter in Spanien verbracht«, erzählte Elly begeistert.

»Das ist ja cool. Vielleicht habt ihr Lust, dass wir uns mal austauschen«, meinte Paul und sah mich dabei fragend an.

»Kommt doch mit uns zusammen aufs Frühlingsfest!«, schlug Elly jetzt vor.

»Das ist eine tolle Idee. Ich werde Daniel gleich mal fragen, wenn er vom Duschen zurückkommt«, antwortete ich mit einem breiten Lächeln.

»Ja, sag mir einfach Bescheid, falls ihr Lust habt. Wir wollten heute Abend dahin, vielleicht so gegen sechs Uhr«, meinte Elly. »Und wir lassen dich dann mal wieder in Ruhe arbeiten.« Sie streichelte Carlos noch einmal über den Kopf und wandte sich dann mit Paul zusammen zum Gehen.

»Super, das mache ich!«, antwortete ich ihr, während ich mich wieder an den Tisch setzte. »Ich denke, dass wir bestimmt mitkommen werden!«

Daniel brauchte ich nicht lange zu überreden. Spätestens als ich ihm sagte, dass es da überall leckeres Essen gab, war er mit dabei. Und so schlenderten wir am Abend zusammen mit Elly und Paul durch die urigen Gassen von Bari Sardo. Es war ganz schön was los in dem kleinen Ort. Überall roch es nach Essen und Leute gingen fröhlich schwatzend an uns vorbei. Carlos hatte ich an der Leine mit dabei. Auch er sah sich ziemlich neugierig um.

Die Stände waren nicht nur auf der Straße aufgebaut, sondern auch in den Innenhöfen der Wohnhäuser. Elly hatte nicht übertrieben: Vom traditionellen Handwerk, über Landwirtschaft bis zur sardischen Küche fand man hier wirklich alles.

Die Dorfbewohner hatten große Freude dabei, fremden Besuchern wie uns ihre Arbeitsweisen und Bräuche vorzustellen. Fröhlich winkten die Männer und Frauen uns zu sich und führten uns von einem Stand zum nächsten. Wir unterhielten uns dabei mit Händen und Füßen. Paul und Elly sprachen nämlich auch kein Italienisch.

Die meisten der Bewohner waren traditionell gekleidet. Während uns drei ältere Frauen zeigten, wie sie von Hand Weidenkörbe flochten, betrachtete ich ihre Kleider. Die Damen trugen weiße Blusen, darüber ein schwarz-rotes Mieder mit aufwändigen Stickereien, einen langen schwarzen Rock mit Schürze und dazu schneeweiße Kopftücher. Ein wenig erinnerte es mich an die deutschen Dirndl. Nur die Farben waren anders. Im ersten Moment hatte der schwarze Stoff eher schlicht gewirkt, aber von Nahem sah man, wie prächtig und kostbar die Kleider waren. Geübt bogen die drei Frauen mit ihren Fingern die schmalen Weideäste ineinander und lächelten uns dabei freundlich zu.

Nach einer Weile gingen wir weiter, um uns nun etwas zu Essen zu holen. Ich probierte mit Elly ein paar frittierte Zucchiniblüten, während Paul und Daniel die langen Fleischspieße kosteten.

»Was macht ihr eigentlich beruflich?«, fragte Daniel an Paul und Elly gerichtet, während wir gemütlich mit dem Essen in der Hand eine der schmalen Gassen durchquerten.

»Ich bin in der IT-Branche und arbeite für eine Firma im Bereich Softwareentwicklung und App-Programmierung«, antwortete Paul. »Also irgendwie der klassische digitale Nomade halt.«

»Das heißt, du arbeitest da als Angestellter oder als Freelancer?«, fragte Daniel neugierig nach.

»Nee nee, schon fest angestellt. Die haben Ende des Jahres fast alle Bereiche komplett auf Homeoffice umgestellt und dann haben wir uns gedacht, dann können wir dabei auch reisen. Ist ja dann egal, ob ich in der Wohnung in Berlin sitze oder hier auf Sardinien im Wohnmobil. Elly hat sowieso schon von zu Hause aus gearbeitet.«

»Was machst du denn?«, fragte ich jetzt Elly.

»Ich bin Grafikdesignerin bei einer Werbeagentur«, erklärte sie.

»Das heißt, du bist auch angestellt?«, hakte ich überrascht nach.

»Ja, genau, auch angestellt mit Homeoffice.«

»Das ist natürlich echt cool«, kommentierte Daniel mit einem Kopfnicken.

»Arbeitet ihr nicht als Angestellte oder was?« Paul sah uns interessiert an.

»Nein, wir sind beide selbständig. Ich habe einen Onlineshop und stelle Befestigungsmaterial her.«

»Und ich habe einen Onlinekurs. Und will wahrscheinlich demnächst noch freiberuflich als Texterin arbeiten«, fügte ich hinzu.

»Wow, das ist echt mutig! Wir hätten uns das mit dem Reisen vermutlich nicht getraut, wenn wir kein festes Gehalt bekämen. Klappt das denn gut?«, meinte Paul erstaunt.

»Naja, mal mehr, mal weniger. Wir hoffen es wird besser«, drückte es Daniel diplomatisch aus.

»Echt mutig! Ganz schön krass!« Paul nickte anerkennend mit dem Kopf.

Ich dachte bei mir, dass ich mich überhaupt nicht mutig fühlte. Ich hatte eher Angst, was dieses Thema anging. Seit wir Tarifa verlassen hatten, hatte ich keinen einzigen neuen Kunden mehr gewonnen. Deshalb hatte ich nach Jobs für Texter gesucht und mich bei einer Agentur angemeldet.

Vielleicht hätten wir es besser auch wie Paul und Elly machen sollen. Das war bestimmt entspannt, hier herumreisen zu können und sicher zu wissen, wie viel Geld man jeden Monat bekam.

Ich naschte die letzte Zucchiniblüte aus meiner Papiertüte und schaute währenddessen zu riesigen alten Webstühlen hinüber, die da in einem Innenhof standen. So etwas kannte ich bisher nur aus irgendwelchen alten Filmen oder Märchen.

»Wo wollt ihr denn als Nächstes hinreisen?«, fragte

ich Elly und wechselte unauffällig das Thema.

»Wir wissen es noch nicht genau. Wie hatten überlegt von hier aus nach Italien überzusetzen und dann runter bis nach Sizilien zu fahren. Vielleicht bleiben wir auch ein paar Tage in Rom«, antwortete Elly mit einem fragenden Blick an Paul. »Wir sind uns da noch nicht so einig.«

»Also falls ihr tatsächlich nach Italien fahrt, dann müsst ihr unbedingt mal in die Abruzzen«, schlug ich aufgeregt vor.

Daniel und ich erzählten von unserer Zeit dort und der Begegnung mit den Wildpferden und den Wölfen. Die beiden lauschten gespannt.

Wir blieben noch eine ganze Weile auf dem Fest. Es war total schön, mal etwas mit Gleichgesinnten zu unternehmen. Zudem waren die Sarden unglaublich nett und entspannt. Wir schauten uns noch an, wie hier Käse aus Schafsmilch hergestellt wurde und wie man mit uralten Geräten Heu zu kleinen Ballen presste.

Ich kostete die berühmten »Seadas«. Das waren Teigtaschen, die man zuerst mit Käse befüllte und dann mit Honig übergoss. Und Daniel probierte eher unfreiwillig den selbstgemachten Schafskäse. Der alte Schäfer steckte nämlich Daniel mit einem freundlichen Lächeln das Stück Käse einfach in den Mund.

Ich konnte mich kaum halten vor Lachen. Daniels Gesichtsausdruck war filmreif. Er hatte es ja sowieso nicht so mit dem Probieren von irgendwelchen fremden Speisen und Schafskäse mochte er eigentlich gar nicht. Er kaute das Stück trotzdem brav und schluckte es herunter.

Es war bereits tief in der Nacht, als wir schließlich wieder am Campingplatz ankamen und müde und zufrieden ins Bett sanken. Elly und Paul reisten leider schon am nächsten Tag ab. Sie hatten es definitiv etwas eiliger als wir und wollten die Insel in drei Wochen einmal umrundet haben. Wir tauschten aber noch unsere Nummern aus, um in Kontakt zu bleiben. Wann traf man schon mal andere digitale Nomaden, mit denen man sich auch noch so gut verstand.

Auch für uns ging es zwei Tage später wieder weiter. Unser Ziel war der Campingplatz am »Spiaggia di Piscina Rei«, dem Strand mit dem Salzsee, wo die Flamingos lebten. Paul und Elly waren auf diesem Platz gewesen, bevor wir sie getroffen hatten. Elly hatte mir erzählt, dass man hier die Flamingos ganz wunderbar beobachten könnte. Und damit hatte sie Recht.

Wir hatten gerade unseren Wohnwagen unter hohen Eukalyptusbäumen abgestellt, da hörte ich auch schon ein Schnattern. Neugierig ging ich in die Richtung, aus der das Geräusch kam. Und da gleich zwischen Campingplatz und Strand sah ich sie: eine riesige Gruppe von Flamingos in einem flachen Salzsee. Die großen Vögel waren nicht weit vom Ufer entfernt und ich konnte beobachten, wie sie grazil mit ihren langen Beinen durchs Wasser staksten.

Ich strahlte übers ganze Gesicht, als Daniel mit Carlos schließlich nachkam. »Schau dir das mal an, ist das nicht traumhaft schön?«, rief ich ihm gleich begeistert entgegen.

Daniel folgte meinem Blick. »Oh ja!«

Er stellte sich neben mich. Schweigend standen wir eine Weile dort und betrachteten das Schauspiel. Die Sonne stand mittlerweile schon tief am Himmel und färbte den See in einen zarten Orangeton.

Die Flamingos entfalteten nun immer wieder ihre

Flügel und es sah fast aus, als würden sie auf dem Wasser tanzen. Dort, wo sie sich bewegten, hinterließen sie an der Wasseroberfläche kleine Kreise, die sich funkelnd im Licht ausdehnten. Direkt hinter dem See sah man einen Strand und dunkle Silhouetten einer kleinen Bergkette.

Es wirkte fast wie eine Postkarte, hätten sich die Flamingos nicht durchs Bild bewegt. Anmutig schritten sie gemeinsam durchs Wasser in unsere Richtung. Sie waren nun sehr nah und ich betrachtete eines der Tiere genauer: der große, gebogene Schnabel, der lange, gewölbte Hals, das Zartrosa des Gefieders und die filigranen Beine. Es wirkte fast wie gemalt.

Der Flamingo breitete nun seine Flügel aus und offenbarte dabei orangerote und schwarze Federn, die im Licht der Sonne intensiv leuchteten. Fasziniert beobachtete ich, wie sich das Tier langsam auf der Stelle drehte, dann seine Flügel wieder einzog und die bunten Farben fast komplett im sonst hellen Federkleid verschwanden.

Wir wollten gerade gehen, als wir plötzlich am Himmel eine weitere Gruppe Flamingos entdeckten. Ihre grazilen Körper malten sich dunkel am Horizont ab, während sie direkt auf uns zu flogen. Sacht ließen sie sich die letzten Meter tragen, bevor sie im Wasser landeten. Ich habe danach noch oft Flamingos gesehen, doch dieser Augenblick blieb für mich einer der schönsten.

Unsere Reise ging nun rasch weiter. Von der Ostküste fuhren wir bis ganz hinunter in den Süden und von dort aus dann an die Westküste. Hier lernten wir noch einmal eine andere Seite von Sardinien kennen.

Diese Küste war viel grüner, die Felsen schroffer, die Landschaft weitläufiger. Auch die Campingplätze waren hier anders. In der Woche war es extrem ruhig und wir waren fast allein. Am Wochenende kamen dann die sardischen Familien.
Es wurde gekocht, gegrillt und frittiert. Meist saßen sie mit zehn oder zwölf Personen zusammen, von Kleinkindern bis zu den Großeltern.
Binnen eines Tages verwandelte sich der Platz von einem stillen Pinienhain in ein Gelage aus Wohnmobilen und Zelten, das eher einem Festival glich. Es wurde gelacht, gespielt und sehr viel gegessen. Die Lebensfreude und Gelassenheit der Sarden war dabei echt ansteckend.

An der Westküste entdeckten wir auch meinen persönlichen Lieblingsstrand der Insel, den »Is Arutas«. Mit seinen weißen, runden Sandkörnern und dem glasklaren, saphirblauen Wasser erinnerte er mich an Bilder aus der Karibik.

Eigentlich wollten wir noch eine Weile dort bleiben, hätte sich das Wetter nicht plötzlich so schlagartig verändert und mich mit einer vollkommen neuen Herausforderung konfrontiert.

Es begann damit, dass ich morgens schweißgebadet wach wurde. Das Thermometer im Wohnwagen zeigte einunddreißig Grad an. Die Anzeige auf meinem Handy sagte mir, dass wir gerade erst kurz nach sechs hatten. Müde schleppte ich mich aus dem Bett. Ich wollte einfach nur raus aus dem Wohnwagen und an die frische Luft.

Als Carlos sah, dass ich aufstand, sprang er sogleich auf und wartete an der Tür. Der arme Hund hechelte total. Anscheinend wollte er auch so schnell wie möglich hier aus dem stickigen Wohnwagen heraus.

Ich öffnete die Tür und ein brüllend heißer Wind schlug mir ins Gesicht. Es fühlte sich an, als hätte jemand einen Föhn auf die höchste Stufe gestellt und würde mich damit jetzt direkt anblasen. Was war das denn?

Ich ging mit dem Hund hinaus und versuchte irgendwie Schutz in den Bäumen zu finden, aber vor diesem Wind konnte man sich nirgends verstecken. Nach einer kleinen Runde kehrte ich wieder in den schwül warmen Wohnwagen zurück. Das war immer noch angenehmer, als da draußen in diesem unerträglich heißen Wind herumzulaufen.

Ich holte mein Handy aus der Tasche und recherchierte, was es mit dem Wetter auf sich hatte. Im Internet las ich, dass es sich um einen Südwind handelte, der gerade eine Hitzewelle über die Insel brachte. Man nannte diesen Wind anscheinend auch »Scirocco«.

Es war ein Wüstenwind, der von Afrika bis hierher hinauf strömte. Man erzählte sich, dass viele Leute verrückt werden würden, dass sie quasi vollkommen »durch den Wind seien«, wenn der »Scirocco« blies. Das konnte ich gut verstehen. Das Schlimme war, es sollte laut Wetterbericht noch mindestens drei oder vier Tage so weitergehen. Ich wusste nicht, wie ich das aushalten sollte.

Und ich schaffte es auch nicht. Mittags war ich vollkommen fertig, am nächsten Tag verzweifelt und am übernächsten wollte ich einfach nur noch weg. Überall war es heiß: im Wohnwagen, im Schatten der Bäume, ja sogar im Meer. Es gab kein Entkommen, kein Ort der Abkühlung. Selbst nach einer kalten Dusche wurde man in Minuten wieder trocken gepustet.

Ich dachte mir, es war jetzt gerade Anfang Juli. Das heißt, der Sommer fing erst an. Wenn es jetzt schon so heiß war, wie würde es dann im August sein? Wie sollte ich das überleben? Ich suchte nach Lösungen, aber mein Gehirn war wie Brei. Drei Tage durchgekocht konnte ich keinen klaren Gedanken mehr fassen.

Wir suchten uns tatsächlich ein günstiges Bed and Breakfast mit Klimaanlage – nur für eine Nacht, nur um einmal wieder schlafen zu können und eine Lösung für das Problem mit der Hitze zu finden.

Es war ein Uhr mittags, als wir die Pension erreichten. Wir checkten ein und kurz darauf saßen Daniel und ich nebeneinander auf dem Doppelbett des kleinen Zimmers. Der Hund lag langgestreckt neben dem Bett auf den Steinfliesen. Wir hatten die Fensterläden geschlossen und die Klimaanlage hoch gedreht. Es war eine Wohltat, die kühle Luft zu spüren. Schon nach einer halben Stunde fühlte ich mich wesentlich besser. Ich atmete tief durch und räkelte mich zufrieden auf dem kühlen Laken. Jetzt konnte ich auch wieder nachdenken.

Wir fanden schnell eine Lösung. Daniel war sofort für eine mobile Klimaanlage im Wohnwagen. Diese Geräte kosteten nicht so viel und waren für die vierzehn Quadratmeter, die wir hatten, mehr als ausreichend. Ich wollte nach Korsika übersetzen und dort dann hinauf in die Berge. Jeder Höhenmeter bedeutete weniger Hitze. Außerdem hatte ich im Internet Bilder von traumhaften Badestellen in Flüssen gesehen, die so erfrischend aussahen, dass ich mich am liebsten kopfüber in die Fotos gestürzt hätte.

Gesagt, getan. Am darauffolgenden Tag kauften wir eine Klimaanlage, die letzte, die es noch im Laden gab. Ich war so dankbar dafür. Und zwei Tage später machten wir uns mit der Fähre auf den Weg zur Nachbarinsel, nach Korsika.

Sardinien

KORSIKA

Die Überfahrt von einer Insel zur anderen dauerte nur eine Stunde. Daniel und ich saßen mit Carlos an Deck und beobachteten, wie Sardinien am Horizont immer kleiner wurde und vor uns die Küste Korsikas auftauchte. Es tat gut, sich dabei die frische Brise um die Nase wehen zu lassen.

Kurz darauf schlängelte sich die große Fähre zwischen hohen Klippen hindurch in einen schmalen Hafen hinein. Fasziniert standen wir an Deck und blickten uns um. Über uns thronte die kleine Stadt Bonifacio auf den hohen Felsen. Manche Häuser schienen so nah am Rand der Klippen zu stehen, dass es so wirkte, als würden sie in der Luft schweben. Eine wuchtige Stadtmauer umrahmte einen Teil der Altstadt zum Hafen hin.

Wir hatten herrliches Wetter und die Sonne ließ das Meer hier in den intensivsten Türkistönen leuchten. Der Kontrast zwischen den hellen Kalkfelsen und dem blauen Wasser war außergewöhnlich.

Im Hafen selbst herrschte reges Treiben. Schon an der Küste hatten wir etliche Sportboote und Segelschiffe gesehen. Hier im Inneren des kleinen Hafens ankerten riesige Yachten gleich neben Ausflugsschiffen und Fischerbooten.

Gemächlich tuckerte unsere Fähre weiter und mein Blick fiel auf die vielen Menschen, die über die Promenade am Hafenbecken spazierten oder auf einer der Terrassen gleich am Ufer saßen und etwas aßen. Der Geruch von gegrilltem Fisch und Pizza stieg mir sogleich in die Nase und ich bekam Hunger.

Die Fähre verlangsamte in diesem Moment noch einmal. Wir waren fast da. Aufgeregt schaute ich auf die Anlegestelle vor uns. Dort würden wir gleich mit unserem Gespann auf die Insel fahren.

Und obwohl wir in den vergangenen Monaten an so vielen Orten angekommen waren, fühlte es sich dieses Mal für mich vollkommen anders an. Als meine Füße den Boden der Insel berührten, war mein erster Gedanke, dass ich hier länger bleiben wollte.

Ich wusste nicht warum, aber ich fühlte mich vom ersten Augenblick an wohl. So, als wäre ich endlich dort angekommen, wo ich immer schon hinwollte. Ich hatte keine Ahnung, wie lange wir tatsächlich bleiben würden und außer einem Blick auf Bonifacio, hatte ich von der Insel noch nichts gesehen, aber dieses Gefühl war sehr klar und stark.

Ich grinste Daniel jetzt an und sagte zu ihm: »Hier auf der Insel möchte ich gern länger bleiben!«

»Ah ja«, meinte er schmunzelnd. »Wir sind noch nicht mal fünf Minuten hier und meine Frau hat sich schon verliebt. Du bist echt so süß, wenn du dich freust.« Zärtlich lächelte er mich an.

Und genauso war es. Ich hatte mich in die Insel verliebt und mit jedem Tag wurde diese Liebe nur noch stärker. Zugegeben, wenn mir jemand damals gesagt hätte, wie lange wir tatsächlich auf Korsika bleiben würden und dass aus den geplanten Wochen am Ende Jahre werden würden, dann hätte ich es ihm vermutlich nicht geglaubt.

Korsika rief in mir ein Gefühl von entspannter Freiheit wach, das ich sehr genoss. Noch wusste ich nicht, wie sehr mir dieser Ort dabei helfen würde, innerlich freier zu werden. Doch schon an diesem ersten Tag zeigte mir Korsika, wie sich echte Freiheit anfühlte.

Die Zeit hier würde mich spüren lassen, wo ich noch unfrei war. Und je länger ich auf dieser Insel bleiben würde, umso tiefer würde sie mich berühren. Ich fühlte zwar sofort, dass dieser Ort etwas mit mir machte, aber ich ahnte nicht, was mich erwartete.

Die Insel würde mir den Spiegel vorhalten und mir mit liebevoller und doch brutaler Ehrlichkeit zeigen, was ich bisher nicht hatte sehen wollen. Vielleicht hatte mich mein Weg gerade deshalb jetzt hierher geführt. Vielleicht war ich nun endlich bereit, mich dem zu stellen.

Wir hatten uns als ersten Ort einen Campingplatz in den Bergen an der Ostküste ausgesucht. Während wir die Küstenstraße entlang fuhren, blickte ich wie gebannt auf die vielen kleinen, malerischen Buchten. Daniel lachte, als ich zum zehnten Mal ausrief: »Schau mal, wie schön das aussieht!«

Ich war überrascht, wie grün die Insel jetzt im Sommer noch wirkte und wie natürlich die Strände und Felsbuchten aussahen, an denen wir vorbeirollten. Ich konnte kaum ruhig sitzen. Aufgeregt reckte ich den Hals, um ja nichts zu verpassen.

Wir verließen die Küste nun und folgten einer breiten Straße hinauf in die Berge. Die Landschaft veränderte sich. Hohe Nadelbäume ragten rechts und links empor. Ein Fluss schlängelte sich parallel zur Straße durch das grüne Tal hindurch. Teils war das Flussbett sehr breit und das Wasser sprudelte über runde Steine hinweg.

An anderen Stellen sammelte es sich in großen Wasserbecken. Dort saßen einige Leute auf den Felsen in der Sonne oder schwammen im Fluss. Im Hintergrund konnte man einen Blick auf die Silhouette des Bergmassivs erhaschen. Mit imposanten Zacken reichten dort die nackten Felsspitzen steil hinauf.

»Also, so habe ich mir irgendwie immer Kanada vorgestellt«, sagte ich überrascht zu Daniel. »Da glaubt man doch nicht, dass man gerade auf einer kleinen Mittelmeerinsel ist, oder? Das sieht so toll aus!«

»Ja, es ist echt schön hier!«, antwortete Daniel, bevor er sich wieder komplett auf die Straße konzentrierte.

Er war ein wenig angespannt, weil wir mit dem Gespann in die Berge fuhren und nicht sicher waren, was für Straßen uns hier noch erwarten würden. Doch wir erreichten den Campingplatz sehr entspannt. Er lag parallel zur Straße an einer Brücke und erstreckte sich direkt am Flussufer entlang. Wir fanden für uns einen idyllischen Platz inmitten der hohen Pinien. Man konnte sogar vom Wohnwagen aus auf den Fluss schauen.

Noch bevor wir alles fertig aufbauten, zogen wir unsere Schwimmsachen an und gingen ans Wasser, um uns eine kleine Erfrischung zu gönnen. Wir erreichten schnell eine der Badestellen. Ich hatte vorher gelesen, dass man diese Wasserbecken hier »Gumpen« nennen würde – einen Begriff, den ich vorher noch nie gehört hatte.

Daniel und ich standen mit Carlos zunächst erst einmal am Ufer und schauten auf den Fluss. Das Wasser war absolut klar, man konnte den kleinsten Stein am Grund erkennen. Im Sonnenlicht schimmerte es smaragdgrün. Ich war total fasziniert.

Carlos zögerte nicht lange, als ich ihn jetzt von der Leine abmachte und ging als Erster hinein. Gleichmäßig paddelnd schwamm er ein Stück flussaufwärts. Obwohl die Badestelle so einladend wirkte und ich mich während der Hitzewelle auf Sardinien so sehr nach dieser Art von Erfrischung gesehnt hatte, zögerte ich nun. Ich bückte mich hinunter und tauchte erst einmal meine Finger ins Wasser.

»Und?«, fragte Daniel, der sich ebenfalls noch mit dem Schwimmen zurückhielt.

»Echt angenehm!«, antwortete ich überrascht. Ich hatte erwartet, dass das Wasser hier in den Bergen eisig wäre, aber das war es ganz und gar nicht.

Es dauerte nicht lange und wir schwammen alle zusammen in dem Flussbecken. Es war herrlich. Ich ließ mich auf dem Rücken treiben, blickte zum blauen Himmel hinauf und genoss die Erfrischung und den Duft der Pinien. Auch Daniel strahlte übers ganze Gesicht. Er liebte diesen Ort so wie ich.

Carlos wollte gar nicht mehr aus dem Wasser heraus. Begeistert drehte er seine Runden und jagte kleinen Wasserläufern hinterher. Wir mussten den Hund schließlich nach einer Stunde aus dem Wasser fischen und wieder mit zurück zu unserem Platz nehmen, damit er sich dort in der Sonne trocknen lassen konnte. Sonst wäre er vermutlich noch ewig im Fluss geblieben.

Die darauffolgenden zwei Wochen waren traumhaft schön. Tag für Tag saß ich mit dem Laptop im Schatten der hohen Bäume und lauschte beim Arbeiten dem Plätschern des Flusses. Der Campingplatz war der ideale Ausgangspunkt für Touren. Mal fuhren wir hinunter zum Meer, mal machten wir kleine Wanderungen und erkundeten die Bergwelt.

Von dem Ort Bavella, der eine halbe Stunde weiter oben gleich neben den Bergwipfeln lag, konnte man bis aufs Meer blicken. Es war ein unbeschreibliches Gefühl, dort oben mitten in den Bergen zu stehen und auf das glitzernde Wasser des Ozeans zu schauen. Als würden zwei Welten hier miteinander verschmelzen.

Ich kann mich noch gut daran erinnern, wie fasziniert ich beim ersten Mal von diesem besonderen Ausblick war. Um mich herum waren karg bewachsene

Felsen und wuchtige Bäume, Wanderer mit großen Rucksäcken und Stöcken kamen vorbei und auf der Terrasse vor mir wurde korsischer Käse und Wildschweinsalami serviert.

Die Häuser des kleinen Dorfes waren rustikal aus groben Steinen gebaut und mit einfachen Blechdächern bedeckt. Aufgestapeltes Holz neben den kleinen Hütten erinnerte daran, dass es hier im Winter kalt werden würde.

Dort unten an der Küste, scheinbar nicht weit entfernt, lagen die Leute am Strand oder schipperten mit Yachten und Segelbooten durchs blaue Wasser. Gestern erst hatten wir selbst noch dort im warmen Sand gesessen, waren Schnorcheln gegangen und hatten den Kindern zugeschaut, wie sie Sandburgen bauten und im Wasser tollten.

Auf dieser kleinen Mittelmeerinsel schien alles so dicht beieinander zu sein. Man konnte morgens noch durch die urige Bergwelt wandern, um sich dann nachmittags entspannt am Strand zu räkeln und von der Tour auszuruhen. Diese Vielseitigkeit war genau nach meinem Geschmack.

Wir waren ungefähr seit einer Woche auf dem Campingplatz in den Bergen, als wir die Idee hatten, eine Flusswanderung zu machen. Und mal wieder sind Daniel und ich ohne Guide, ohne Verpflegung und ohne Plan losmarschiert. Außer unseren Badesachen und den Wasserschuhen hatten wir nur den Autoschlüssel in einer Schutzhülle und natürlich Carlos mit Geschirr und Leine dabei.

Daniel hatte über Google-Maps einen kleinen Parkplatz oberhalb einer Schlucht entdeckt und wir hofften, von dort aus bis zu dem Fluss zu gelangen, um unsere Tour zu starten.

Ein sehr schmaler Weg führte uns zunächst durch dichtes Gebüsch parallel der Straße den Hang entlang. Danach ging es steil hinunter zum Fluss. Wir kletterten über Wurzeln und Felsen, folgten einem verschlungenen Trampelpfad immer weiter nach unten, bis wir schließlich ein Becken mit einem wunderschönen Wasserfall erreichten.

Umgeben von Farn und kleinen Büschen lag das Wasserbecken dort unten wie ein kleines Paradies, verborgen zwischen den hohen Felsen. Freudig schwammen wir erst einmal durch das Becken und sprangen von den Felsen neben dem Wasserfall in das erfrischende Nass.

Dann begannen wir mit unserer Tour. Es ging über runde Steine flussabwärts. Teils war der Fluss komplett von Felsen bedeckt und man konnte trockenen Fußes über ihn hinweg steigen. Wir balancierten, kletterten und sprangen über die Steine, während es unter uns rauschte und gurgelte.

Carlos war übrigens darin wesentlich geschickter und auch schneller als Daniel und ich. Freudig ging er voran. Wir gelangten dabei immer wieder an kleinere und größere Becken mit Wasserfällen, die wir durchschwimmen mussten.

Ein Ort war schöner als der andere. Dichter Farn und wilde Blumen wuchsen das Ufer entlang und das Grün des Waldes spiegelte sich im glasklaren Wasser wieder. Manchmal gab es sogar kleine Sandstrände an den Flussbecken. Staunend blieb ich immer wieder stehen und versuchte mir alles im Detail einzuprägen.

Ich vermisste meinen Fotoapparat. So gern hätte ich diese einzigartige Schönheit auf einem Bild festgehalten.

Bald hatten wir einen Rhythmus gefunden: Über die Steine balancieren, am Wasserfall entlang nach unten klettern und dann ins erfrischende Wasser eintauchen und durch das nächste Becken schwimmen.

Ich fühlte mich wie im Paradies. Das war definitiv einer der schönsten Orte, die ich bisher in meinem Leben gesehen hatte. Hinter jeder Biegung wartete ein neues spektakuläres Bild. Und wir waren mittendrin in diesem Wunder aus Farben und wilder, purer Natur. Wir tauchten, schwammen und kletterten durch die üppige Schönheit hindurch.

Doch dann kam etwas, das wir nicht erwartet hatten. Plötzlich standen wir an einem Wasserfall, an dem wir nicht mehr so einfach nach unten gelangen konnten. Das Wasser schien zwar tief genug, um von oben in das Becken zu springen, aber es war auf jeden Fall zu hoch für Carlos. Da würde er niemals hinunter springen und das wollte ich auch nicht.

Wir waren mittlerweile schon viele Stunden unterwegs und rechneten damit, bald eine Brücke zu erreichen, wo wir den Fluss verlassen könnten. Einen anderen Weg aus dem Flussbett hatten wir bisher noch nicht gesehen. Das Wasser schlängelte sich durch die enge Schlucht und rechts und links reichten die Felsen steil nach oben. Es gab daher nur zwei Möglichkeiten. Entweder wir würden alles wieder zurückgehen oder wir mussten einen Weg finden, wie wir den Hund sicher nach unten brachten.

Nach langem Hin und Her entschieden wir, den Hund vorsichtig abzuseilen. Er trug ein sehr stabiles Geschirr und wir hatten zum Glück ja auch die Leine dabei. Eigentlich war sie mehr für den Fall gedacht gewesen, dass wir an der Straße zurückgehen mussten und weniger für irgendwelche Abseilaktionen, aber ich wusste, dass sie definitiv stabil genug war.

Ich sprang nun den Wasserfall hinunter, tauchte ins Wasser ein und schwamm an den Rand des Beckens. Von dort kletterte ich dann auf einen großen Felsen. Daniel ging in der Zeit mit Carlos an den Rand und seilte den Hund behutsam in meine Richtung ab.

Es funktionierte gut. Carlos war kaum eine Sekunde in der Luft, da konnte ich ihn auch schon mit gestreckten Armen entgegennehmen. Er war überraschend entspannt, ließ sich von mir auf den Arm nehmen und dann vorsichtig absetzen. Ich atmete erleichtert aus.

Doch mir wurde in dem Moment auch bewusst, dass wir hier nicht mehr so einfach zurückkommen würden. Was wäre, wenn es irgendwann nicht mehr weitergehen würde? Wir waren davon ausgegangen, dass man bis nach unten zur Brücke gelangte.

Aber das hier war Natur. Der Verlauf des Flusses, die Steine, die Felsen und Wasserfälle, das alles war natürlich entstanden und in ständiger Veränderung. Es war nicht dafür ausgelegt, dass zwei Touristen mit ihrem Hund ohne Guide und Ausrüstung einfach hier entlang marschierten und erwarteten, dass sie bis nach unten gelangten.

Ich war nun wesentlich aufgeregter, als wir weitergingen. Zudem wurde das Tal nun auch zunehmend schmaler und das Wasser strömte wie durch eine Klamm zwischen mehr als dreißig Meter hohen Felsen hindurch. Nachdenklich blickte ich die steile, nackte Felswand neben uns hoch. Während ich mich vom Wasser weitertragen ließ.

Als wollte uns das Leben ein Zeichen senden, kam uns eine Gruppe entgegen. Ich dachte mir sofort, dass wenn sie bis hierher hochgekommen waren, wir dann auch flussabwärts weiterkommen würden. Es waren zwei junge Männer mit ihren Freundinnen. Sie sprachen Englisch und erklärten uns, dass noch ein herausfordernder Abschnitt auf uns wartete und es danach dann sehr leicht weitergehen würde. Die Brücke wäre auch nicht mehr weit. Wir beschrieben ihnen daraufhin den oberen Teil des Flusses, bevor wir unseren Weg fortsetzten.

Tatsächlich war das Stück, vor dem sie uns gewarnt hatten, noch einmal verzwickt, aber wir mussten Carlos zum Glück kein weiteres Mal abseilen. Geschickt wie eine Bergziege kletterte er am Rand entlang und wartete danach geduldig auf sein Herrchen und Frauchen. Kaum waren wir bei ihm angelangt, da rannte er auch schon wedelnd zum nächsten Becken und schwamm hindurch. Es wirkte fast so, als würde er so etwas jeden Tag machen.

Es dauerte nicht mehr lange und wir erreichten die Brücke. Erschöpft kletterten wir aus dem Bachbett heraus. Erst jetzt merkte ich, wie schlapp meine Muskeln nach dieser Tour waren. Ich konnte mich kaum noch auf den Beinen halten. Trotzdem wollte ich keine Sekunde unseres Ausflugs missen. Das war eines der schönsten Erlebnisse unserer Reise gewesen.

Wir gingen von der Brücke aus über einen kleinen Parkplatz. Unsere Flusswanderung war zwar zu Ende, aber an unserem Ziel waren wir deshalb noch nicht angekommen. Wir mussten ja wieder über die Straße bis zu unserem Auto zurückgehen – und das Ganze in klitschnassen Badesachen und Schwimmschuhen. Das hatten wir irgendwie nicht bedacht. Wir hatten weder Handtücher, um uns abzutrocknen, noch irgendwelche Wechselkleidung oder sonst etwas dabei.

Wir wollten uns gerade auf den Weg machen, da kamen die vier jungen Leute auf den Parkplatz, die wir bei unserer Flusswanderung getroffen hatten. Sie hatten anscheinend kurz nach unserer Begegnung gedreht und waren jetzt auch wieder an der Brücke angekommen.

Bevor wir etwas sagen konnten, kam eine der beiden Frauen schon lächelnd auf uns zu und fragte auf Englisch, ob sie einen von uns mit nach oben nehmen könnte. Wir sagten natürlich freudig zu.

Die junge Frau legte extra eines ihrer Handtücher auf den Autositz, damit Daniel mit seiner nassen Badehose Platz nehmen konnte. Dankbar stieg er ein und sie fuhren los.

Ich ging zurück zum Flussufer und wartete dort mit Carlos. Der Hund wälzte sich genüsslich auf dem weichen Waldboden. Er schien äußerst zufrieden. Ich lehnte mich jetzt an einen Baum und schloss die Augen. Ich war müde, aber auch auf besondere Weise beseelt. Vor meinem inneren Auge tauchten noch einmal die Bilder der letzten Stunden auf. Das klare Wasser, die kleinen Buchten mit den Sandbänken, die runden Felsen, der Wald und der saftig grüne Farn.

Ich hoffte, dass ich mich noch lange daran erinnern könnte, auch ohne Fotos. Es war ein weiterer einzigartiger, schöner Tag unserer Reise, den ich fortan in meinem Herzen tragen würde. Ich lächelte glücklich.

Nach unserer Zeit in den Bergen ging es nun wieder ans Meer. Vom Süden der Insel aus reisten wir zunächst die Ostküste entlang. Wir zogen von Campingplatz zu Campingplatz. Oft standen wir mit unserem Wohnwagen direkt am Strand.

Es war ein tolles Gefühl, den kompletten Tag so nah am Meer zu sein. Ich konnte beim Arbeiten aufs Wasser schauen und hatte die Möglichkeit, mich jederzeit mal kurz abzukühlen oder eine Runde am Strand spazieren zu gehen. Und wenn ich dann abends im Bett lag, war das letzte, was ich hörte, das gleichmäßige Rauschen der Wellen.

Als Nachbarn hatten wir meist lebenslustige Italiener und Franzosen. Viele blieben den gesamten August auf der Insel. Die Meisten waren überaus freundlich und herzlich. Wir wurden sogar ein paar Mal zum Essen eingeladen. Da brachte jeder etwas mit und wir kosteten die italienisch-französische Küche und unterhielten uns dabei mit Händen und Füßen.

In Restaurants sind wir übrigens eher selten gegangen. Wir haben fast immer selbst gekocht und waren nur ein paar Mal in kleineren, versteckten Tavernen, wo hauptsächlich die Einheimischen speisten. Ich mochte die korsische Küche sehr. Von Muscheln aus den großen Salzseen der Insel, über Fischsuppe, gefüllte Auberginen, Wildschweingulasch, selbstgemachten Schafskäse bis hin zum typischen Maronenkuchen oder den Pizzen, die man hier in großen mit Holz befeuerten Steinöfen backte, habe ich so viel wie möglich probiert.

Manches haben wir an kleinen Straßenständen gekauft, anderes habe ich selbst in unserer kleinen Wohnwagenküche nachgekocht.

Besonders überrascht hat es mich, wie entspannt es war, hier mit dem Hund zu reisen. Er durfte mit uns zusammen fast überall an den Strand. Es gab zahlreiche Spazierwege direkt an der Küste entlang, bei denen man an den schönsten Buchten vorbeikam.

Wir hielten uns meist an kleineren und weniger bekannten Stränden auf. Sie waren sehr naturbelassen und auch in der Hauptsaison nicht überfüllt. Hier lagen auch mal angespülte Hölzer oder Seegras im Sand. Das Wasser war aber fast immer glasklar und leuchtete in den schönsten Blautönen.

Ich weiß noch, wie wir zu dritt in der Nähe der »Cala Stagnolu«, einer kleinen Bucht im Süden der Insel, einem Küstenpfad gefolgt sind und dann einen winzigen Strand nur für uns allein gefunden haben. Gemütlich haben wir den Nachmittag über dort gesessen, gelesen und aufs Meer geblickt. Erst am Abend, als die Sonne schon die Felsen rot färbte, sind wir zurückgegangen.

Ich hatte noch nie so viele Bilder an Kate geschickt wie in den vergangenen Wochen, seit wir auf der kleinen Insel waren. Ein Motiv war schöner als das andere. Kate hatte mir dafür Fotos von Mayatempeln, dichtem Dschungel, Affen und herrlich bunten Vögeln geschickt. Sie würde noch ein paar Wochen mit Ben in Belize bleiben.

Obwohl die Regenzeit dort längst begonnen hatte, war es im August wohl noch ziemlich trocken gewesen. Aber bald schon sollte es zu stärkeren Regenfällen kommen und dann könnte es auch einen heftigen Hurrikan geben. Ich war gespannt, ob Kate dann mit Ben wieder zurück nach London reiste oder nicht doch noch eine Möglichkeit fand, mit ihm weiter durch die Welt zu tingeln.

Es war bereits September, als Daniel und ich uns erneut in die Bergwelt Korsikas vorwagten. Wir befanden uns gerade mitten an der Ostküste, da sah ich im Supermarkt ein Prospekt für geführte Wanderungen.

Auf der Vorderseite war ein Bergsee abgebildet, an dem Pferde und Kühe standen. Darunter stand in grünen Buchstaben »Lac de Nino«. Das Bild zog mich sogleich in seinen Bann. Es sah einfach traumhaft schön aus – so ursprünglich und wild.

Kaum waren wir zurück am Wohnwagen, da googelte ich auch schon, was es mit diesem See auf sich hatte. Er lag inmitten der Bergwelt Korsikas und ich wusste sogleich, dass ich da unbedingt hinwollte.

Der See war jedoch nicht gerade leicht zu erreichen. Wir müssten erst einmal mit dem Auto über zwei Stunden hoch in die Berge fahren und uns dort eine Unterkunft suchen. Und dann wäre es noch eine größere Wanderung, bis wir den Ninosee schließlich erreichen würden.

Ich konnte Daniel zum Glück für die Tour begeistern und zwei Tage später waren wir auf dem Weg zu einer Frühstückspension in dem kleinen Ort Calacuccia. Während wir langsam mit unserem Auto über die schmale Bergstraße holperten, sahen wir am Straßenrand immer wieder Kühe, Ziegen oder auch Esel stehen. Gespannt schaute ich hinaus.

Wir fuhren jetzt eine langgezogene Kurve. Dahinter lag ein kleiner Waldparkplatz. Doch statt parkender Autos hatte es sich dort eine Gruppe von Schweinen gemütlich gemacht. Einige standen am Waldrand und wühlten in der Erde, die anderen lagen auf dem Parkplatz und dösten faul in der Sonne.

»Fahr mal langsamer, Schatz«, bat ich Daniel aufgeregt.

Er versicherte sich mit einem kurzen Blick, dass keiner hinter uns war und hielt am Straßenrand an. Carlos drückte begeistert die Nase gegen die Scheibe. Auch er hatte die Schweine gesehen und wedelte aufgeregt.

»Die sind ja süß!«, meinte ich zu Daniel, während ich die Tiere betrachtete. Sie waren sehr viel kleiner als unsere deutschen Hausschweine. Manche von ihnen waren braun oder schwarz, andere rosa. Viele hatten putzige Streifen oder Punkte auf dem Rücken. Und einige hatten so viele Borsten, dass sie fast aussahen wie kleine Wildschweine.

Ich stieg vorsichtig aus dem Auto und näherte mich den Schweinen. Sie schienen sich nicht sonderlich für mich zu interessieren. Eins der kleineren Schweine hob kurz den Kopf und schnüffelte, dann drehte es sich wieder weg und rieb seine Schnauze genüsslich im weichen Waldboden. Ich blieb dennoch mit viel Abstand stehen. Einige von ihnen hatten kleine Ferkel und ich wollte mein Glück nicht überstrapazieren.

Ich machte ein paar Fotos und beobachtete ein Schwein, das sich gerade an einem Baum kratzte. Es war dunkelbraun, hatte einen lustigen rosa Streifen und war vermutlich eine ganze Ecke kleiner als Carlos. Fröhlich grunzend ließ es sich jetzt auf die Seite fallen und räkelte sich genüsslich in der lockeren Erde. Als es danach neugierig zu mir sah, wäre ich am liebsten hingegangen und hätte es gestreichelt, aber ich war dann doch so vernünftig wieder zurück zum Auto zu gehen.

Wir drangen immer tiefer in die Bergwelt ein und bald schon war es schwer zu glauben, dass wir uns so nah am Meer befanden. Mir hatte jemand auf dem Campingplatz erzählt, dass Korsika wohl zu über achtzig Prozent aus Bergland bestand.

Über siebzig Bergspitzen gab es auf der Insel, die höher waren als zweitausend Meter. Der höchste Berg war der »Monte Cinto«. Der Mann, der mir das erzählt hatte, war den GR 20 gewandert, ein Fernwanderweg, der quer über die Insel führte und als einer von Europas eindrucksvollsten, aber auch härtesten Wanderwegen galt.

Das wunderte mich nicht. Ich fand die Bergtouren

auf der Insel immer ziemlich herausfordernd und war gespannt, was uns auf dem Weg zum »Lac de Nino« wohl erwartete.

Angekommen an der Pension brachten wir unsere Taschen aufs Zimmer und fuhren danach gleich weiter zum Wanderparkplatz »Maison Forestière de Poppaghia«. Dort war der Startpunkt für die Route bis zum Ninosee.

Für unsere Verhältnisse waren wir dieses Mal richtig gut ausgerüstet. Wir trugen Wanderschuhe und hatten sogar einen Rucksack mit Wasserflaschen und Proviant dabei. Ich hatte uns extra heute Morgen noch Baguettes belegt, bevor wir losgefahren waren. Wir fühlten uns für unser Abenteuer gewappnet.

Auf dem Parkplatz standen einige Autos und als wir ausstiegen, sah ich ein älteres Pärchen, das gerade von einer frühen Wandertour zurückkam. Sie gingen an uns vorbei und schauten dabei neugierig zu Carlos.

»Hallo! Ist das ein Königspudel?«, fragte die Frau und blieb stehen.

»Ja, das ist er«, antwortete ich überrascht darüber, dass sie deutsch sprach.

Die Frau ging nun in die Knie und streckte die Hand in Richtung Carlos aus. Sie hatte kurzes, graues Haar und trug Funktionskleidung. »Man sieht die großen Pudel gar nicht mehr so oft. Ich hatte früher selbst einen. Wie heißt ihrer?«

»Er heißt Carlos«, sagte ich und ließ den Hund jetzt los.

Sogleich begrüßte er die Frau stürmisch. »Jaja, die Pudel … immer agil und verspielt.«

»Wo wollen Sie denn hin?«, fragte jetzt der Mann, der neben seiner Frau stehen geblieben war. Ich schätzte ihn auf über sechzig. Auch er trug Funktionskleidung.

Die beiden sahen aus, als würden sie häufiger wandern gehen.

»Zum Ninosee«, antwortete ich jetzt.

»Oh, da haben Sie sich ja was vorgenommen. Man sagt, den Ninosee muss man sich verdienen«, meinte der Mann anerkennend.

»Ist die Route denn so anspruchsvoll?«, fragte ich unsicher.

»Naja, am Anfang geht es, aber das letzte Stück ist schon sehr steil. Und Sie müssen da über Felsen und Geröll. Aber ich sehe, Sie haben ja festes Schuhwerk an. Da müsste das gut gehen. Manchmal sehen wir ja Leute, die laufen hier in Sandalen durch die Berge.« Er schüttelte den Kopf.

Ich musste grinsen, weil ich an unsere vergangenen Wandertouren dachte und wir ja so oft schon mit Sandalen durch die Berge gelaufen waren.

»Haben Sie denn schon die wilden Hausschweine gesehen?«, fragte die Frau mich jetzt.

»Ja, eben erst. Am Straßenrand stand eine ganze Gruppe«, erklärte ich begeistert.

»Vielleicht begegnen Ihnen noch ein paar auf dem Weg zum See«, ergriff der Mann nun wieder das Wort. »Es gibt hier auf der Insel über dreißigtausend halbwilde Hausschweine, die meisten in den Bergen. Passen Sie gut auf ihren Proviant auf. Es ist schon öfter mal vorgekommen, dass die Leute ihre Rucksäcke abgestellt haben, um sich zum Beispiel im Bach abzukühlen. Und dann haben die Schweine ihre Brote gefressen. Die sind nämlich nicht dumm. Ich meine die Schweine, nicht die Leute…« Er lachte.

»So, dann wollen wir Sie auch nicht länger aufhalten«, unterbrach die Frau ihren Mann jetzt, während sie sich wieder aufrichtete und Carlos ein letztes Mal über den Rücken tätschelte. »Ich wünsche Ihnen beiden viel Spaß auf Ihrer Tour!«

»Danke!«, sagten Daniel und ich jetzt im Chor.

Wir verabschiedeten uns und verließen den Parkplatz. Ein schmaler Waldweg führte sanft den Berg hinauf. Wir folgten ihm eine lange Zeit. Er ließ sich gut gehen und im Schatten der hohen Schwarzkiefern war es weder zu heiß noch zu kalt. Ich hatte schon die Hoffnung, dass die Aussage des Mannes vielleicht doch etwas übertrieben war und die Tour zum Ninosee viel leichter werden würde als erwartet.

Wir erreichten kurz darauf die »Bergerie de Colga«, eine kleine Hütte aus groben Steinen, die ziemlich verlassen schien. Von dort aus führte uns der Weg nun über Felsen und Geröll sehr steil nach oben.

Es war mittlerweile Mittag und die Sonne heizte die Luft auf. Ich bemühte mich, auf den teils lose herumliegenden Steinen nicht den Halt zu verlieren und schleppte mich den langen Hang hinauf. Bei der Hitze so steil bergauf zu gehen, machte mir echt zu schaffen. Ich musste mich immer wieder setzen, weil ich so außer Atem war.

Ich ärgerte mich darüber, dass ich in den letzten Monaten so wenig Sport gemacht hatte. Jetzt spürte ich zum ersten Mal, dass mir die nötige Fitness zum Erkunden mancher Orte fehlte.

»Geht es?«, fragte Daniel mich besorgt, nachdem ich in den letzten zehn Minuten nun schon zum dritten Mal anhielt und nach Luft rang.

»Ja, es geht. Ich brauche nur eine kurze Pause«, keuchte ich.

»Bist du sicher? Wir müssen nicht da hoch.«

»Ich gebe doch jetzt so kurz vorm Ziel nicht auf. Ich brauche nur etwas länger. Vielleicht noch so hundert

Pausen.« Ich lachte schnaufend. Ich wollte unbedingt den »Lac de Nino« sehen. Ich würde mir diesen See verdienen. Aufgeben war keine Option.

Als wollte der Weg mich verhöhnen, sah ich plötzlich auf einem der Felsen einen Kuhfladen liegen. Ich fragte mich, wie um alles in der Welt der hier mitten auf diesen steilen Geröllweg gekommen war? Ich konnte kaum glauben, dass hier eine Kuh vorbeigekommen sein musste.

Ich dachte bei mir, wenn eine Kuh es hier hoch schaffen würde, dann musste mir das ja wohl auch gelingen. Ich könnte nicht damit leben, unsportlicher zu sein als eine Kuh. Ich sammelte meine letzten Kräfte und marschierte weiter.

Es dauerte über eine Stunde, aber nach etlichen Pausen kamen wir tatsächlich oben an und standen jetzt auf einer flachen Felskuppe. Dahinter musste der See liegen. Ich ging weiter und blickte gespannt vor mich. Und dann sah ich ihn: Dort unter uns in einer sanften Mulde umgeben von tiefgrünen Wiesen lag der Ninosee.

Mehrere Bachläufe verliefen vom See aus durch das Gras und teilten die Wiese mit schmalen Gräben in kleine Inseln. Von hier oben ergab das ein eigentümliches Muster aus blauem Wasser und grünen Wiesenflächen. Einige Pferde und Kühe standen entspannt am Seeufer und grasten. Im Hintergrund erstreckte sich eine mächtige Gebirgskette, umgeben von einer kargen Landschaft aus Stein und wuchtigen Felsenspitzen.

Die Stille war unbeschreiblich. Ich hörte nichts außer dem Wind, der leise durch die Berge strich. Am Himmel zogen einige große Greifvögel ihre Kreise und auf dem Pfad am Seeufer konnte ich ein paar Wanderer erkennen.

Wir blieben einen Moment stehen und bestaunten ehrfürchtig diesen besonderen Ausblick. Es war so ein tolles Gefühl nach all dieser Anstrengung nun hier oben zu stehen und über diese weite Ebene zu blicken. Ich fühlte mich wie die Königin der Berge. Ich hatte mir den Ninosee verdient.

Wir stiegen nun über einen Steinpfad nach unten und gingen die Wiese entlang bis zum See. Die dünnen Wassergräben, die die Graslandschaft durchzogen, waren überraschend tief und es machte den Anschein, als wären sogar Fische darin. Angekommen am See legten wir uns am Ufer ins weiche Gras und genossen die tiefe Ruhe und Harmonie hier. Dieser Ort wirkte wie eine grüne Oase inmitten der gewaltigen Berge – ursprünglich und still.

Die nackten Füße im Gras, lag ich entspannt auf dem Rücken und schaute hinauf zum Himmel. Ich lauschte dem Wind, dem leisen Surren der Insekten und dem mahlenden Kaugeräusch der schwarzen Rinder, die in einiger Entfernung grasten.

Bis auf einen zarten Kondensstreifen am Himmel gab es hier oben keinerlei Zeichen menschlicher Zivilisation. Der Ort wirkte auf besondere Weise geschützt und unberührt – pure, ursprüngliche Natur, scheinbar zeitlos und von einer Stille durchdrungen, wie ich sie noch nie zuvor gespürt hatte.

Ich drehte mich zur Seite und sah Carlos, wie er ebenfalls völlig relaxt auf dem Rücken lag und seine Beine seitlich in die Luft streckte. Ich kicherte leise. Ich fragte mich, wie das wohl für die Wanderer aussah, die an uns vorbeikamen – wir drei nebeneinander alle auf dem Rücken liegend.

Daniel schien zu schlafen. Er hatte die Augen geschlossen und atmete tief und gleichmäßig. Ich lehnte mich jetzt auch wieder nach hinten, spürte die dicke flaumweiche Grasschicht unter mir und schloss meine Augen.

Wir verweilten über drei Stunden dort. Ich hätte, ehrlich gesagt, ewig bleiben können. Dem anspruchsvollen Weg hatten wir es wahrscheinlich zu verdanken, dass hier keine Touristenmassen vorbeizogen. Nur ein paar einzelne Wanderer kamen von Zeit zu Zeit vorbei, rasteten kurz und marschierten dann weiter.

Nach einer Weile ging ich allein auf die andere Seite des Sees. Dort standen die Pferde und grasten. Neugierig kam mir eines der Tiere sofort entgegen. Es war relativ klein und zart und hatte schneeweißes Fell. Ich blieb stehen und wartete, bis das Pferd zu mir gekommen war.

Es stand nun ganz nah neben mir und berührte mich sanft mit seinen weichen Nüstern an der Wange. Ich streichelte ihm über den Hals, während mir das Pferd behutsam mit der Lippe durch meine Haare strich. Seine Nähe tat gut. Es strahlte ebenso eine tiefe Ruhe aus, wie der Ort, an dem es lebte.

Ich versuchte, dieses Gefühl mitzunehmen, als wir den Ninosee am späten Nachmittag schließlich wieder verließen. Oben auf dem Felsplateau angekommen, drehte ich mich noch einmal um und warf wehmütig einen letzten Blick auf den See, bevor wir mit dem Abstieg begannen und in die Zivilisation zurückkehrten.

Es ging nun mit dem Wohnwagen immer weiter die Küste hinauf, bis wir schließlich auf einem Campingplatz am Nordkap, der nördlichsten Spitze der Insel, angekommen waren. Hier wirkte das Wetter rauer als an der restlichen Ostküste. Die Landschaft war geprägt von dem Wind, der hier über den schmalen Streifen Korsikas hinwegfegte. Wir standen mit dem Wohnwagen auf einer Wiese, das Meer vor uns und die flachen Berge, die hier die zwei Küsten voneinander trennten, hinter uns.

Es war mittlerweile Anfang Oktober und die ersten Boten des Herbstes wurden sichtbar. Die Tage waren noch heiß, doch die Nächte wurden bereits kühler. Der Wind war deutlich frischer geworden und die Campingplätze leerer. Neben uns auf der großen Wiese standen nur noch vereinzelt andere Camper. Und auf dem Strand hielten sich neben einer Herde Kühe, die dort relaxt im weichen Sand lag, nur noch eine Handvoll Touristen auf.

Ich hatte für Daniel und mich gerade Mittagessen gemacht und hatte nun noch einen großen Strauß Basilikum übrig. Ich überlegte, was ich damit machen könnte, da sah ich durch unser kleines Küchenfenster eine junge Frau. Sie saß in einiger Entfernung vor ihrem Wohnmobil und war am Lesen.

Ich nahm das Basilikum und ging hinaus. Ein Blick auf das Kennzeichen ihres Wagens verriet mir, dass die Frau aus Hamburg kam. Sie hatte langes, blondes Haar und trug eine lockere Kapuzenjacke zu ihren kurzen Shorts. Die nackten Füße hatte sie bequem auf der Lehne eines zweiten Stuhls ausgestreckt.

Sie war so vertieft in ihre Lektüre, dass sie mich zunächst erst gar nicht bemerkte.

Ich räusperte mich kurz, als ich auf sie zuging. »Hallo!«, rief ich ihr knapp entgegen.

Sie hob jetzt den Kopf und schaute sich um. Als sie mich sah, lächelte sie freundlich, legte ihr Buch auf dem Tisch ab und stand auf.

»Hi, wir haben etwas Basilikum übrig, ganz frisch. Der schmeckt sehr lecker. Falls du magst ...« Ich hielt ihr das grüne Büschel in meiner Hand entgegen.

»Das ist ja nett! Danke. Ich liebe Basilikum. Das passt ja perfekt zu meinem Tomatensalat, den ich gleich machen wollte. Danke schön.«

»Total gern. Das ist jedes Mal so viel und ich freue mich, wenn ihn jemand genauso gern isst wie ich.«

Ich reichte ihr den kleinen Strauß und sie nahm ihn mit einem Lächeln entgegen.

»Ihr seid heute erst hier angekommen, oder?«, fragte sie mich jetzt mit einem Blick auf den Wohnwagen. »Seid ihr schon lange auf der Insel?«

»Ja, seit Juli…«

»Seit Juli?« Die Frau schaute mich überrascht an. »Da seid ihr aber lange unterwegs.«

»Eigentlich sind wir noch etwas länger unterwegs«, antwortete ich mit einem etwas verlegenen Grinsen.

»Jetzt bin ich aber neugierig. Was macht ihr denn, dass ihr so lange unterwegs sein könnt? Falls ich das fragen darf… Ich bin übrigens Linda«, fügte sie noch schnell hinzu.

»Ich bin Bianca«, stellte ich mich jetzt auch kurz vor.

Ich erzählte ihr kurz davon, wie wir in Deutschland alles aufgelöst hatten und seitdem unterwegs waren. Linda fragte gespannt nach, wollte wissen, wo wir waren und wie es uns dort gefallen hatte. Wir setzten uns sogar irgendwann auf die Campingstühle vor ihrem Wohnmobil und sie bot mir einen Tee an.

Als Linda schließlich erzählte, dass sie Autorin war und darüber nachdachte, im Winter auch mal für ein paar Monate in den Süden zu reisen, war ich es, die nun neugierig nachfragte.

»Wie lange arbeitest du denn schon als Autorin?«

»Im Dezember sind es vier Jahre.«

»Und hast du in der Zeit viele Bücher geschrieben?«

»Ja, vierzehn Stück sind es bisher. Und im Oktober erscheint das fünfzehnte.«

»Wow! So viele! Bist du bei einem Verlag oder machst du das über Selfpublishing?«

»Beides. Aber mittlerweile habe ich die meisten Bücher selbst verlegt.«

»Das ist ja cool. Und was sind das für Bücher?«, fragte ich total fasziniert. »Tut mir leid, wenn ich dich hier so ausfrage, aber ich habe selbst mal ein Buch veröffentlicht und würde gern in Zukunft wieder mehr schreiben«, fügte ich noch als kleine Entschuldigung hinzu, weil ich Linda derart mit meinen Fragen löcherte.

»Ach echt? Du schreibst auch? Das ist ja toll! Da musst du mir aber gleich auch mehr darüber erzählen«, meinte sie mit einem breiten Lächeln. »Also ich habe hauptsächlich Ratgeber veröffentlicht. Es geht um Mindset, alte Gedankenstrukturen und Muster auflösen, freier werden und neue Möglichkeiten sehen.«

»Das klingt ja spannend! Da habe ich auch schon einiges gemacht. Da würde ich gern mal in deine Bücher reinschauen. Unter welchem Namen finde ich dich? Unter Linda …«, ich sah sie fragend an.

»Belinda Morh«, half sie mir mit dem Namen weiter.

Wir unterhielten uns noch eine Weile. Ich erzählte ihr von meiner ersten Veröffentlichung und von dem Fantasyroman, den ich angefangen hatte. Erst als Daniel kam, um nachzuschauen, wo ich geblieben war, fiel mir ein, dass der Tomaten-Mozzarella-Salat mit dem Baguette ja noch fürs Mittagessen in der Küche stand.

Ich verabschiedete mich. Leider würde Linda heute Nachmittag schon weiter nach Bastia fahren, aber wir tauschten noch die Nummern aus. Ich sollte mich unbedingt bei ihr melden, wenn ich mein Buch veröffentlichen wollte.

Am Abend googelte ich erst einmal nach Belinda Morh. Ich fand eine tolle Website und wirklich zahlreiche Ratgeber. Ein Titel sprang mir sofort ins Auge. »Dein einzigartiger Blick auf die Welt – Wie das Leben mit dir spricht«. Das Buch stammte aus diesem Jahr. Ich zögerte nicht lange und bestellte es mir als E-Book.

Kurz darauf saß ich gemütlich mit meinem Kindle in der Hand und einer Tasse Kaffee neben mir auf der Eckbank im Wohnwagen und begann zu lesen. Linda erzählte etwas über ihren persönlichen Lebensweg.

Ich musste grinsen, als sie beschrieb, wie sie früher von einem Job zum nächsten gewechselt war, bevor sie mit dem Schreiben begonnen und sich ein Business als Autorin aufgebaut hatte. Sie erklärte, dass wir die Welt nicht so sehen würden, wie sie wirklich war, sondern nur einen Ausschnitt, der zu dem passte, was wir über das Leben glaubten.

Verblüfft las ich den Abschnitt darüber: »Das, was du glaubst ist wahr – zumindest für dich. Du wirst im Leben immer Beweise für deine Glaubenssätze finden. Schau dir dein Leben, deinen Alltag, deine Erfolge und auch deine Herausforderungen an und du kannst erkennen, was du glaubst.

Verstehe mich nicht falsch, es geht nicht darum, dich für alles und jeden verantwortlich zu machen. Ich möchte auch nicht sagen, dass es kein Schicksal gibt und wir alle mit den gleichen Voraussetzungen konfrontiert werden. Es geht vielmehr darum, den Blick dafür zu öffnen, welche Möglichkeiten du bisher noch nicht gesehen hast, weil sie dem widersprechen, was man dir vielleicht von Kind an beigebracht hat. Wenn du nicht glaubst, dass etwas möglich ist, wie soll es dann in dein

Leben kommen? ...«

Ich ließ den Reader sinken. Das war ganz schön anspruchsvoll. Einerseits faszinierten mich die Worte, andererseits spürte ich auch deutlich einen Widerstand. Ich dachte an unsere finanzielle Situation. Nach einem zähen Auf und Ab im Sommer, war der September bis jetzt mit Abstand der schlechteste Monat. Daniel und ich hatten kaum etwas eingenommen. Und die zusätzlichen Aufträge, die ich als Texterin angenommen hatte, waren in den letzten Wochen auch zurückgegangen.

War das mit dem Geld verdienen während dem Reisen so schwer, weil ich glaubte, dass es schwierig war? Oder sah ich durch das, was ich glaubte, die Möglichkeiten nicht, die es mir vielleicht viel leichter machen würden? Oder war es eine Mischung aus beidem? Ich hatte das Gefühl, ich bekam bei diesen Gedanken einen Knoten in den Kopf.

Ich dachte bei mir, dass das ja fast jeder schwierig fand, so ohne festen Wohnsitz herumzureisen, und dabei selbständig zu sein und Geld zu verdienen. Das ging ja nicht nur mir so. Oder sah ich nur die Leute, die es auch schwer fanden, weil das zu meinen Glaubenssätzen passte? Das war ganz schön kompliziert.

Ich klappte den Reader zu und nahm einen großen Schluck von meinem Kaffee. Da musste ich mich noch einmal in Ruhe damit beschäftigen. Vielleicht war es besser, wenn ich mir erst einmal ein älteres Buch von Linda holen würde und mit den Grundlagen begann.

Aber so ganz ließ mich das Gelesene an diesem Abend nicht los. Noch bis zum Einschlafen schwirrte der Satz »Das, was du glaubst, ist wahr« provokativ in meinem Kopf herum und verwirrte mich zunehmend.

Am nächsten Morgen standen wir früh auf. Wir wollten nun weiterziehen und von der Ostküste an die Westküste wechseln. Daniel war etwas aufgeregt, als wir mit dem langen Wohnwagen am Auto den Platz verließen und in Richtung Westen fuhren.

Einige Camper hatten uns von schmalen Sträßchen an hohen Klippen erzählt, die uns auf der Westseite der Insel erwarten würden. Daniel und ich hatten uns daraufhin gemeinsam die Route über Google-Maps angeschaut und waren zu dem Schluss gekommen, dass wir mit unserem Gespann bis zum Ort Galéria fahren könnten und es erst danach zu eng für den Wohnwagen werden würde.

Und so war es zum Glück auch. Wir machten zuerst einen Stopp in Calvi, der einzigen Touristenhochburg, die wir bis dahin auf Korsika gesehen hatten. Dass hier im Sommer so viel los war, bedeutete aber nicht, dass diese Gegend nicht trotzdem sehr natürlich und extrem schön war. Danach erreichten wir das »Vallée du Fango«, wo uns ein wunderbar klarer Fluss in einem breiten, üppig bewachsenen Tal erwartete. Hier ließen wir den Wohnwagen stehen. Von nun an ging es mit dem Auto und einem kleinen Zelt weiter.

Ursprünglich hatten wir uns einmal das Zelt für eine Wanderung durch die schottischen Highlands gekauft – eines unserer künftigen Wunschziele. Seitdem lag es verpackt im Stauraum des Wohnwagens. Jetzt wollten wir mit dem Zelt einen ersten Probelauf starten und es für unsere Entdeckertour an der Westküste nutzen.

Schon die Fahrt auf der Küstenstraße war abenteuerlich. Die Camper hatten nicht übertrieben. Hier wären wir tatsächlich mit dem Wohnwagen nicht weitergekommen. In engen Kurven schlängelte sich die Straße an steilen Felsen entlang. Ein paar Mal duckte ich mich im Auto sogar instinktiv, während wir unter niedrigen Felsvorsprüngen hindurchfuhren.

Der Ausblick zum Meer hin war atemberaubend. In wuchtigen Wellen schlug das Meer weit unter uns an die wilde Küste. Und am Himmel wechselten sich währenddessen dunkle Wolken mit hellem Sonnenschein ab. Ich hoffte, dass das Wetter sich für unsere Übernachtung im Zelt noch halten würde.

Unser erstes Ziel waren die »Calanche«. Das waren außergewöhnliche Felsenformationen, durch die man auf der Küstenstraße von Porto nach Piana hindurchfuhr. Als eine der besonderen Sehenswürdigkeiten der Insel wollten wir uns die »Calanche« auch einmal angesehen haben.

Die Straße wurde extrem schmal und schlängelte sich an steilen, roten Felsen entlang. Wir fuhren besonders langsam, damit wir uns alles in Ruhe ansehen konnten. Zur einen Seite versperrte eine nackte Felswand die Sicht, zur anderen bot sich einem ein weiter Blick bis aufs Meer. Man schaute über gezackte, rote Felsenspitzen und hohe Pinien auf das wilde Wasser des Ozeans.

Jetzt im Herbst war hier nicht viel Betrieb und wir konnten in einer kleinen Haltebucht parken. Ich stieg aus, ging über die Straße und kletterte auf die kleine Mauer am Straßenrand. Vorsichtig lugte ich den Abgrund vor mir hinunter, um dann über die Felsenlandschaft aufs Meer zu blicken.

Wild zerklüftet und bizarr erhoben sich die Felsen hier hunderte Meter hinauf. Die Sonne schob sich währenddessen langsam hinter einer Wolke hervor. Und als würde jemand den Farbfilter bei einem Bild aufdrehen, wurden die Kontraste allmählich intensiver. Staunend beobachtete ich, wie das Rot der Felsen im

Licht der Sonne wie Glut in einem Feuer aufleuchtete.

Das Gestein malte sich nun feurig vor dem tiefen Blau des Meeres und den üppig grünen Pinien ab. Ich wartete, bis die Farben besonders kräftig waren, bevor ich ein Foto machte, um dann anschließend wieder das Mäuerchen hinunterzuklettern und zum Auto zurückzugehen.

Wir fuhren weiter Richtung Süden, verbrachten den Mittag an einem kleinen einsamen Strand, um danach dann auf dem Rückweg nach Porto ein zweites Mal an den roten Felsen vorbeizufahren.

Die Wolken hatten sich mittlerweile am Himmel aufgetürmt und ließen die Felsen nun wesentlich düsterer und bedrohlicher wirken, als auf unserer Hinfahrt. Es schien fast, als wären wir an einem anderen Ort. Ich war überrascht, wie viel das Licht hier ausmachte.

Unser nächstes Ziel waren die »Gorges de la Spelunca«, eine Schlucht in der Nähe von Porto. Hier führte ein Wanderweg direkt an einem Bach entlang. Zwischen steilen Felsen und wilder Natur konnte man über einen schmalen Pfad dem Verlauf des Wassers folgen.

Doch noch bevor wir aussteigen konnten, klatschten die ersten dicken Tropfen auf die Windschutzscheibe. Es war soweit: Die massigen, schwarzen Wolken am Himmel entluden sich nun und es regnete in Strömen. Kurz darauf hörten wir wie der Donner durchs Tal schallte. Wir waren heilfroh, dass uns das Gewitter im Auto erwischte und nicht während wir gerade draußen durch die Schlucht wanderten.

So saßen wir gemütlich im Trockenen und beobachteten, wie die Wassermassen sich über die Straße ergossen. So plötzlich wie das Gewitter begonnen hatte, so schnell war es auch wieder vorbei. Gerade mal zehn Minuten später ließ der Regen bereits nach und die ersten Sonnenstrahlen bahnten sich zwischen dunklen Wolkenfetzen hindurch.

Die Erde dampfte und Nebel stieg wallend aus dem Tal empor. Weiter oben stürzte sich das angesammelte Regenwasser in zahlreichen Wasserfällen von den Felsen hinab in die Tiefe. Es sah atemberaubend aus: mystisch, pur und ungestüm. Nach wenigen Minuten war auch dieses Schauspiel vorbei. Aus den Wasserfällen wurden kleine Rinnsale, die das Gestein hinabflossen und der Himmel klarte nun deutlich auf.

Wir verließen den Wagen und machten uns auf den Weg. Die Sonne schien nun wieder hell und warm ins Tal. Nur die Pfützen und der aufgewühlte Bach, der neben uns das Tal entlang rauschte, erinnerten noch an das Gewitter. Ich dachte mir, was für ein Glück wir gehabt hatten, dass dieser Regen jetzt schon heruntergekommen war und nicht später, wenn wir im Zelt lagen.

Doch das Wetter blieb unbeständig. Als wir von unserer kleinen Wanderung zurückkamen, hatten sich längst schon wieder tiefschwarze Wolkenmassen am Himmel gebildet. Und während wir zu dem Campingplatz fuhren, den wir in Porto ausgesucht hatten, zog ein böiger Wind auf. Dieser rauschte laut in den Baumwipfeln, als Daniel und ich uns an der Rezeption anmeldeten und dann über den Platz gingen.

Es gab hier zahlreiche kleine Zeltplätze. Sie lagen unter hohen Bäumen und waren teils von Felsen und übergroßen Steinen eingerahmt. Manche lagen oberhalb auf einem Hügel, andere waren versteckt zwischen Büschen und riesigen Findlingen. Eins hatten sie jedoch alle gemeinsam: Sie waren verlassen. Der riesige

Campingplatz wirkte wie ausgestorben. Es hatte etwas Gespenstisches bei diesem Wetter über die leeren Zeltplätze zu gehen.

Wir suchten uns eine besonders gut geschützte Stelle aus und holten unsere Sachen aus dem Auto. Kaum hatten wir unseren neuen Schlafplatz aufgebaut, da fielen auch schon die ersten Tropfen vom Himmel. Schnell krabbelten Daniel und ich zusammen mit Carlos in das winzige Zelt und zogen den Reißverschluss zu.

Ich musste grinsen. Wir lagen jetzt ein bisschen wie die Sardinen in der Dose eng nebeneinander gequetscht in der winzigen Schlafkabine. Da das Zelt hauptsächlich fürs Wandern sein sollte, hatten wir ein besonders kleines und leichtes gekauft, in das wir gerade so eben zusammen reinpassten.

Wir waren jedoch von dem langen Tag so müde, dass wir trotz der extrem beengten Liegefläche sofort einschliefen.

Ein lautes Grollen riss mich aus dem Schlaf. Ich war klitschnass geschwitzt. Im Zelt war eine drückende Hitze. Ich raffte meine Decke zur Seite und setzte mich auf. Carlos saß hechelnd neben mir. Daniel war gerade damit beschäftigt, den Reißverschluss zu öffnen, um frische Luft hereinzulassen, als ein Blitz das Zelt grell erleuchtete.

Für einen Moment war es taghell, danach saßen wir wieder im Dunklen. Es dauerte nicht lange und ein ohrenbetäubender Donner folgte dem Blitz. In diesem Augenblick begann es zu regnen. Sintflutartig ergoss sich der Regen über unser Zelt und Daniel schloss rasch wieder den Reißverschluss.

»Na klasse! Entweder wir ersticken hier drin oder wir werden nass«, murrte er.

»Warum ist es denn so abartig heiß hier drin?«, fragte ich jetzt. Ich musste fast brüllen, um das laute Prasseln des Regens zu übertönen.

»Weil das Zelt so extrem klein und dicht ist. Und wir wie drei Heizungen hier drin liegen«, erklärte Daniel gefrustet.

Ich wischte mir den Schweiß von der Stirn und legte mich wieder hin, als gleich mehrere Blitze auf einmal über mir den Himmel durchzogen und die Nacht erhellten. Ich zuckte zusammen. Der Donner kam nun dicht gefolgt mit einem solch düsteren Grollen, als hätte jemand das Tor zur Hölle geöffnet.

Ich starrte nach oben in die Schwärze. Vor meinen Augen flimmerte es noch, weil das Licht der Blitze so hell gewesen war. Das Unwetter wurde nun deutlich stärker. Der Wind zerrte mit gewaltigen Böen an unserem kleinen Zelt. Es bog und wölbte sich, während der Regen weiter auf die dünnen Wände einprasselte.

Ich hörte, wie die Bäume über uns bedrohlich knarrten und Äste gegeneinanderschlugen. Ich betete, dass nichts auf uns hinab fallen würde. Da spürte ich plötzlich unter mir am Rücken die Bewegung von Wasser.

»Daniel! Ich glaube, hier läuft Wasser herein!«, rief ich erschrocken aus. Ich tastete mit der Hand den Boden ab. Er war eiskalt, aber trocken. Ich konnte deutlich fühlen, wie sich das Wasser in Wellen unter dem Kunststoff seinen Weg bahnte. »Das Zelt ist doch dicht«, verbesserte ich mich. »Aber da ist ein Bach unter unserem Zelt! Unglaublich!«

Um abzubrechen war es jetzt zu spät. Keiner von uns wollte bei diesem Wetter aus dem Zelt heraus und durch den Regen bis zum Parkplatz laufen, wo unser Auto stand. Die Beleuchtung des Campingplatzes war zudem auch längst ausgefallen. Anscheinend war der Blitz irgendwo eingeschlagen und es gab keinen Strom mehr.

Die beste Option war, hier im Zelt liegen zu bleiben, das erstaunliche Lichtspiel der gezackten Blitze zu beobachten und darauf zu warten, dass das Wetter sich wieder beruhigte.

Ich war mir nicht sicher, ob ich jemals so ein heftiges Gewitter erlebt hatte oder ob es mir nur so gewaltig vorkam, weil wir hier mitten im Wald in diesem winzigen Zelt lagen. Ein Blitz folgte dem anderen. Der Wind rüttelte an den Zeltstangen, das Wasser rauschte unter uns hinweg und der Regen wurde jetzt so stark, dass ich befürchtete, der hauchdünne Zeltstoff würde ihm nicht länger standhalten können.

Ich war froh, dass wir ein extrem robustes, irisches Zelt gewählt hatten. Ausdauernd stemmte es sich Wind und Wasser entgegen.

Trotz allem spürte ich aber auch eine tiefe Ruhe in mir. Ich war aufgeregt, doch ich hatte nicht wirklich Angst, dass uns etwas passieren könnte. Ich wusste schon, dass es gefährlich war, bei solch einem Unwetter mit dem Zelt unter Bäumen zu stehen. Aber ich fühlte mich absolut sicher.

Es erinnerte mich an die Situation mit dem Hurrikan in Portugal. Theoretisch war es riskant, die Nacht hier zu verbringen, aber aus irgendeinem Grund wusste ich, dass uns nichts passieren würde. Ich war eher fasziniert von dieser Naturgewalt, die da um uns herum tobte, statt verängstigt zu sein.

Auch Daniel hatte sich mittlerweile wieder hingelegt und Carlos kuschelte sich zusammengerollt eng an mein Bein. Ich schloss die Augen und lauschte dem tosenden Rauschen des Wassers. Sogar hinter den geschlossenen Lidern bemerkte ich noch das grelle Licht der Blitze, die immer wieder über den Himmel zuckten. Noch während das Unwetter sich seinem Höhepunkt näherte, übermannte mich eine tiefe Müdigkeit und ich schlief ein.

Als ich am nächsten Morgen aufwachte, schien die Sonne durch den dünnen, grünen Stoff des Zelts. Ihre warmen Strahlen fielen mir direkt ins Gesicht. Ich hob den Kopf und öffnete die Augen. Daniel schlief noch und Carlos lag ausgestreckt auf meinen Füßen. Wir hatten das Gewitter gut überstanden.

Als ich mit dem Hund kurz darauf für unseren morgendlichen Spaziergang aus dem Zelt kletterte, erwartete mich fröhliches Vogelgezwitscher und blauer Himmel. Die vielen Pfützen und Äste am Boden erinnerte jedoch an das Unwetter in der Nacht. Hier und da hatte das Wasser auch Erde und Steine hinfort gespült.

Der angelegte Fußweg des Campingplatzes wirkte heute eher wie ein ausgetrocknetes Bachbett und die unteren Plätze am Hang standen voll Wasser. Zum Glück hatten wir uns einen Zeltplatz weiter oben auf dem Hügel ausgesucht.

Ich schickte Kate ein Foto von unserem winzigen Zelt und schrieb etwas über unsere aufregende Nacht. Sie antwortete lachend mit einer Sprachnachricht und erzählte mir von dem verregneten Wetter in England. Kate war tatsächlich wieder mit Ben zurück nach London gereist. Sie musste wirklich sehr verliebt sein, wenn sie den Winter dort verbringen wollte. Seit ich sie kannte, hatte sie sich während der dunkeln Jahreszeit stets in den warmen Süden geflüchtet.

Kate erzählte mir, dass sie jetzt sogar einen Job im Kongresszentrum angenommen hatte und sich ein paar Kisten aus ihrer Wohnung in Deutschland zu Ben hatte schicken lassen. Es schien ihr wirklich ernst zu sein.

Ich freute mich für sie und hoffte, dass ich Ben irgendwann auch einmal persönlich kennenlernen würde. Zu unserem nächsten Deutschlandbesuch, wann auch immer dieser sein würde, wollte Kate auf jeden Fall auch in die Heimat kommen, damit wir uns sehen könnten. Vielleicht klappte es ja, dass sie da Ben mitbringen konnte.

Wir blieben noch zwei Wochen an der Westküste, bevor wir wieder auf die Ostseite der Insel zurückkehrten. Es war mittlerweile Ende Oktober und Zeit, um nach einem geeigneten Winterquartier zu schauen. Wir hatten spontan entschieden, den Winter auf der Insel zu verbringen und suchten nach einem Ferienhaus.

Wir fanden sehr schnell ein gemütliches Haus mit großem Garten mitten in grünen Schafweiden, idyllisch zwischen Bergen und Meer gelegen. Es kostete kaum mehr, als wir für unseren Stellplatz auf den Campingplätzen bezahlt hatten. Und den Wohnwagen konnten wir bequem im Garten abstellen. Der Vermieter war extrem freundlich und freute sich sehr über unser Kommen, da das Ferienhaus ansonsten wohl den gesamten Winter leer gestanden hätte. Er versicherte uns, dass wir auf jeden Fall bis April bleiben könnten.

Es war seltsam, nach den vielen Monaten im Wohnwagen nun wieder in einem Haus mit großer Küche, eigenem Badezimmer und einem riesigen Grundstück zu wohnen. Von der Terrasse aus konnte man wunderbar auf die Berge schauen und das Meer war auch nur einen Kilometer entfernt. Ich freute mich schon auf eine großartige Zeit hier.

Doch es sollte anders kommen, als ich erwartete. Wir

waren gerade erst einige Wochen im Haus, da verletzte sich Carlos beim Spazierengehen am Auge. Scheinbar war er auf der Wiese in irgendetwas hineingelaufen. Wir fuhren mehrmals zum Tierarzt und er bekam alle möglichen Salben und Tropfen, doch es wurde nicht besser.

Es tat mir unendlich weh, den Hund so leiden zu sehen und ihm nicht helfen zu können. Er trug mittlerweile eine Halskrause, damit er mit den Pfoten nicht ans Auge kam. Das Auge tränte dauerhaft und er sah einfach furchtbar aus.

Ich machte mir Sorgen, dass er auf dem Auge blind werden oder es sogar komplett verlieren könnte. Ich suchte verzweifelt nach einem Augenspezialisten für Tiere und überlegte schon, wie wir die Insel mit Carlos für einen Tierarztbesuch auf dem Festland am besten verlassen könnten.

Da rief mich die Tierärztin, bei der wir waren, an und teilte mir mit, dass es einen Tierarzt im Norden der Insel gab, der sich auf Augenheilkunde spezialisiert hatte.

Wir fuhren sofort dorthin und Carlos wurde noch am gleichen Tag operiert. Man nähte ihm die Augenlider danach zusammen. Ein Anblick, den ich so schnell nicht wieder vergessen würde. Ob alles gut verheilt war, würden wir erst nach vierzehn Tagen erfahren. Bis dahin würde ich mich so gut ich konnte, um ihn kümmern.

Carlos OP war gerade zehn Tage her und wir waren für eine Nachuntersuchung beim Tierarzt gewesen, als wir noch für unseren wöchentlichen Einkauf beim Supermarkt anhielten. Daniel blieb mit dem Hund im Auto, während ich in den Laden ging. Obwohl es draußen noch ziemlich warm war, herrschte in dem Laden eine winterliche Weihnachtsstimmung.

Es war Anfang Dezember und auch wenn das Wetter hier mehr an Frühling erinnerte, befanden wir uns mitten in der Adventszeit.

Ich ging an Tannenbäumen mit Kunstschnee, an lachenden Plastikweihnachtsmännern und übervollen Regalen mit allerlei Schokolade und Gebäck vorbei. Meine persönliche Weihnachtsstimmung hielt sich eher in Grenzen. Die letzten Wochen mit Carlos hatten mir sehr zugesetzt. Zudem würden wir Weihnachten doch wieder ohne Familie und Freunde verbringen. Zielstrebig ging ich die Gänge ab und füllte den Einkaufswagen.

Als ich kurz darauf an der Kasse die Lebensmittel vom Band wieder in den Wagen stapelte, unterbrach mich die Kassiererin dabei. Sie sagte in ziemlich schnellem Französisch etwas und zeigte dabei auf das kleine Gerät, in dem meine Bankkarte steckte. Ich verstand nur so etwas wie »problème« und »avec le carte«.

Ich dachte, dass ich vermutlich den Pin falsch eingegeben hatte. Ich steckte die Karte erneut in den Schlitz und tippte konzentriert auf der Tastatur die Zahlen ein. Es dauerte einen Moment, dann kam ein lautes »Non!« von der Frau an der Kasse. Sie schüttelte den Kopf und zeigte mir einen Bon. Darauf stand »Carte non acceptée«.

Ich schaute in mein Portemonnaie. Ich hatte nicht genug Bargeld dabei. Mir wurde plötzlich heiß. Ich schaute auf die Kassiererin und die lange Schlange an Menschen, die ungeduldig hinter mir warteten. Dann blickte ich auf den vollen Einkaufswagen. Meine Gedanken kreisten wie wild in meinem Kopf. Warum funktionierte die Karte nicht? Was war das Problem? Und was sollte ich jetzt machen?

Ich holte mein Handy heraus und rief Daniel an. Ich betete, dass er sein Telefon laut gestellt hatte und meinen Anruf mitbekommen würde.

»Ja?«, hörte ich seine überraschte Stimme. »Was ist los? Warum rufst du an?«

»Kannst du bitte sofort in den Laden kommen. Ich stehe an der Kasse und meine Karte funktioniert nicht.« Meine Stimme klang viel panischer, als ich es wollte.

»Ich bin gleich da«, antwortete Daniel eilig.

Ich legte auf und wartete. Die Zeit kam mir endlos vor. Ich blickte starr auf den kleinen Monitor meines Handys, um nicht in die Gesichter der wartenden Leute schauen zu müssen. Ich merkte, wie ich zu schwitzen begann und nervös von einem Bein auf das andere wechselte.

Erleichtert atmete ich aus, als ich Daniel sah, wie er mit zügigen Schritten auf mich zukam. Er hatte seine Brieftasche bereits in der Hand. Jetzt zog er die Bankkarte heraus, steckte sie in das Lesegerät und gab seinen Pin ein. Wir warteten. Da ertönte ein kurzes Piepen und die Kassiererin schüttelte wieder den Kopf. »Non, la carte n'est pas acceptée«.

»Warum funktionieren die Karten nicht?«, fragte ich Daniel bestürzt.

Er wirkte jetzt sehr ernst. »Weil das Konto wahrscheinlich nicht gedeckt ist. Normalerweise hätte ich gestern oder heute wieder eine Zahlung bekommen müssen. Irgendetwas hat da nicht geklappt.«

»O Gott. Warum hast du vorher nicht auf den Kontostand geguckt?«

»Weil ich dachte, es passt. Das war jetzt einfach zu knapp mit den vielen Tierarztrechnungen. Außerdem hättest du genauso gucken können. Es ist auch dein Konto.«

Da hatte er Recht. Ich hatte auch nicht nachgeschaut. Wahrscheinlich weil ich Angst gehabt hatte, dass wir unser Dispo mal wieder so weit ausgeschöpft hatten.

»Und deine Kreditkarte?«, fragte ich Daniel jetzt mit einem gehetzten Blick zu der Kassiererin und der mittlerweile extrem unruhigen Warteschlange.

»Das brauche ich erst gar nicht zu probieren. Die ist am Limit.« Er starrte auf den vollen Einkaufswagen neben uns.

Ein unangenehmer Druck breitete sich in meinem Magen aus und mir wurde übel. Für einen Augenblick sagte niemand etwas. Das war so ein Moment, an dem ich mich am liebsten unsichtbar gemacht und einfach weggebeamt hätte. Aber das konnte ich leider nicht.

Ich atmete tief ein und ließ die Luft dann schnaufend aus der Nase strömen. »Ich glaube, es bleibt uns nichts anderes übrig, als den Wagen hierzulassen, nach Hause zu fahren, dort meine Kreditkarte zu holen und dann wieder herzukommen und zu bezahlen ...«

Und genauso machten wir es. Es war mir extrem unangenehm, erst der Kassiererin in gebrochenem Französisch die Situation zu erklären und dann an all den Leuten vorbei den Wagen wieder zurück ins Geschäft zu schieben. Ein Verkäufer nahm ihn entgegen und brachte ihn ins Lager. Währenddessen machten wir uns auf den Weg, um meine Karte zu holen.

Das unangenehme Gefühl im Magen ging auch nicht weg, nachdem wir die Lebensmittel schließlich doch noch bezahlt und abgeholt hatten und sie jetzt bei uns im Kühlschrank verstaut waren.

Daniel erzählte mir, dass das Konto nur so überzogen

war, weil es im September und Oktober in seinem Onlinehandel so schlecht gelaufen war und dann die vielen Tierarztrechnungen gekommen waren. Momentan wäre er mitten im Weihnachtsgeschäft und es würde so gut laufen wie noch nie. Er war sich sicher, dass wir die Krise überwunden hatten.

Aber ich hatte das Gefühl, meine Krise begann jetzt gerade erst. Irgendwie hatte die Situation etwas in mir ausgelöst. Ich war zutiefst verunsichert und hatte Angst. Das Vertrauen, das ich sonst immer gespürt hatte, war plötzlich nicht mehr greifbar. Mein ganzes System war in Alarmbereitschaft und ich konnte weder meinen Körper beruhigen, noch meine sorgenvollen Gedanken abschalten.

Ich hatte seit über drei Monaten keinen einzigen Kurs mehr verkauft und jetzt vor Weihnachten war das Interesse an meinen Beiträgen nochmal gesunken. Mit meinen Textaufträgen verdiente ich gerade mal einen Bruchteil von dem, was wir eigentlich zum Leben brauchten. Den Großteil erbrachte momentan Daniel allein.

Als ich am Abend im Bett lag und schlafen wollte, fühlte ich, wie mein Herz kräftig schlug. Dumpf pochte es in meiner Brust. Ich atmete bewusst ganz langsam und tief ein. Doch so sehr ich mich auch bemühte, mich zu beruhigen, mein Herz schlug nur noch stärker. Wie in Wellen durchströmte Adrenalin meinen Körper und versetzte mich in Panik.

Ich stand schließlich auf und wanderte im Haus herum, in der Hoffnung, das würde meinem System helfen, wieder herunterzufahren. Am Ende lag ich über viele Stunden hinweg wach im Bett und ertrug das unangenehme Panikgefühl gezwungenermaßen.

Das Herzklopfen verfolgte mich noch über den nächsten Tag hinweg und ließ mich auch in der kommenden Nacht kaum zur Ruhe kommen. Während ich wach lag, kreisten die Gedanken in meinem Kopf und quälten mich.

Wie sollte das mit meinem Kurs weitergehen? Was wenn ihn auch in den nächsten Monaten keiner mehr buchen würde? Und was wenn es auch bei Daniel wieder schlechter laufen würde? Wie sollten wir dann die Miete für das Haus bezahlen? Oder einen Campingplatz?

Wir konnten nicht einmal zurück. Dafür bräuchten wir ja auch Geld. Wir müssten die Fähre bezahlen und hätten in Deutschland weder eine Wohnung noch Möbel noch sonst irgendetwas. Außerdem wollte ich gar nicht zurück. Ich wollte dieses Leben nicht aufgeben. Aber was sollte ich tun, wenn es am Ende doch nicht funktionierte?

Ich wusste, dass ich im Notfall meine Eltern um Hilfe bitten könnte, aber das wollte ich unbedingt vermeiden. Es war meine eigene Entscheidung gewesen, auf diese Reise zu gehen und darauf zu vertrauen, dass das mit dem Geldverdienen auch funktionieren würde.

Ich hatte mir schon einmal Geld von ihnen für meine Selbständigkeit geliehen und es bis jetzt noch nicht zurückzahlen können. Damit fühlte ich mich schon schlecht genug. Außerdem wäre es ja sowieso nur eine kurzfristige Lösung. Was wäre danach? Was würde passieren, wenn in den nächsten Monaten nicht genug Geld reinkäme?

All die Sorgen und Zweifel brachen über mir zusammen und obwohl ich wusste, dass es mich kein Stück weiterbrachte und ich mich dadurch nur noch schlechter fühlte, gelang es mir nicht, sie zu stoppen.

Jedes Mal wenn ich versuchte an etwas Schönes zu denken, verfolgten mich die Sorgen wieder. Gequält wälzte ich mich hin und her, als könnte ich diese nagenden Zweifel dadurch abschütteln. Ich war todmüde und sehnte mich so sehr nach ein wenig Schlaf, doch die Gedanken ließen mir einfach keine Ruhe …

Ich erinnerte mich, wie mich früher diese Ängste und Zweifel um das Thema Geld heruntergezogen hatten, wenn ich wieder einmal in der Situation gewesen war, dass ich es in einem meiner Jobs nicht länger ausgehalten hatte. Jetzt war ich selbständig und auf dieser wundervollen Reise und fiel dennoch in ein solches Loch. Das konnte doch unmöglich wahr sein.

Einige Tage später waren wir zur Abschluss-Untersuchung mit Carlos beim Tierarzt. Die Operation hatte geholfen und das Auge war vollständig abgeheilt. Ich war erleichtert und unendlich dankbar darüber.

Aber als wir wieder zurück im Haus waren, merkte ich, dass ich trotzdem nicht mehr aus meinem Loch herauskam. Ich war unglaublich müde und konnte mich zu nichts motivieren. Ich hockte mich aufs Sofa, schaute eine meiner Lieblingskomödien und aß dabei Plätzchen und Schokolade. Darauf folgte ein Liebesfilm und Vanilleeis mit Erdnüssen. Und am Nachmittag stieg ich dann auf eine Fantasyserie und Chips um.

Ich wusste, dass Fernsehen und Essen nur Ablenkung waren, aber das war mir egal. Mir war gerade alles egal. Zumindest bis zu dem Moment, wo sich Daniel neben mich setzte und mich mitleidig ansah.

»Kann ich dir irgendwie helfen?«, fragte er mich, nachdem wir eine Weile schweigend nebeneinander dagesessen hatten.

»Es tut mir leid«, sagte ich niedergeschlagen.

»Was tut dir leid?«

»Ich habe es echt vergeigt. Ich habe voll versagt. Ich habe gedacht, ich würde das mit dem Kurs hinbekommen, aber es funktioniert einfach nicht.«

»Aber du hast doch nicht versagt. Du siehst gerade einfach nur das Negative. Vor ein paar Monaten hast du mir noch stolz erzählt, wie gut es deinen Teilnehmern nach dem Kurs ging und wie viel Spaß sie mit dir hatten.«

»Ja, ich weiß. Aber es ist so anstrengend, neue Teilnehmer zu finden. Jeden Monat diese Panik wegen dem Geld. Ich kann einfach nicht mehr. Und so wenig verdient, wie in den letzten Monaten habe ich noch nie.« Meine Augen füllten sich jetzt mit Tränen.

»Es kommen jetzt bessere Zeiten, glaub mir«, sagte Daniel aufmunternd. »Ich habe da ein richtig gutes Gefühl. Ich habe eben erst wieder eine große Bestellung reinbekommen. Du siehst das noch nicht, aber mein Business geht gerade richtig ab. Ich bin mir sicher, das nächste Jahr wird super. Und bei dir ändert sich das auch. Erinnere dich mal: Immer wenn du so eine Krise hattest, dann ging es danach plötzlich viel besser weiter. Ich kenne niemand, der so oft wieder aufgestanden ist wie du. Du gibst einfach nicht auf. Dafür bist du viel zu stur.«

Ich lachte mit Tränen in den Augen. »Ich bin nicht stur!«

»Oh doch, das bist du!«, entgegnete Daniel lachend. »Du bist die sturste Person, die ich kenne – außer mir. Und jetzt im Moment denkst du, es wäre gerade alles furchtbar. Aber ich bin mir sicher, morgen sieht die Welt schon anders aus und dann kommt dir eine tolle neue Idee.«

Ich rückte zu ihm und lehnte mich an seine Brust. Ich schloss die Augen und atmete tief durch. Er legte jetzt liebevoll den Arm um mich. Ich war froh, dass Daniel gerade so positiv war. Ich spürte, wie ich mich wieder beruhigte.

Eigentlich war ja alles gut. Das Einzige, was mir Sorgen machte, war das Geld. Wir waren gesund und verliebt ineinander, Carlos ging es wieder besser und wir waren hier auf dieser wunderschönen Insel. Jetzt musste ich nur noch einen Weg finden, wie ich mehr Geld verdienen konnte.

Ich weiß nicht warum, aber am nächsten Morgen nahm ich meinen Reader zur Hand und las in dem E-Book von Linda weiter. Es fiel mir zwar nicht unbedingt leicht, mich zu motivieren, aber Daniel hatte Recht: Ich fühlte mich heute wirklich schon etwas anders und ich würde nicht aufgeben.

Ich las fast den gesamten Vormittag in dem Buch und kam an ein Kapitel über Geldglaubenssätze. Und da stand eine Frage, die ich nicht zum ersten Mal hörte. Ich selbst hatte sie sogar schon oft meinen Kursteilnehmerinnen bei der Suche nach ihrer Berufung gestellt.

»Wenn du eine Million Euro auf dem Konto hättest, würdest du dann weiterhin die Arbeit machen, die du aktuell hast oder würdest du etwas anderes machen, und falls es etwas anderes ist, was wäre es?«

Und obwohl ich diese Frage so gut kannte, wirkte sie an diesem Morgen vollkommen anders und neu auf mich. Ich weiß nicht, ob es an der langen Zeit unserer Reise lag – daran wie sehr mich das Herumreisen und all die Erfahrungen verändert hatten. Oder ob es die Einsicht war, dass ich mich jetzt schon so lange mit meinem Kurs abmühte und es trotz aller Anstrengung nicht wirklich leichter wurde. Aber plötzlich wusste ich, dass ich schreiben wollte. Die Wahrheit war so schlicht und doch auch so tiefgreifend.

Wenn ich wirklich eine Million auf dem Konto hätte, dann würde ich sofort damit beginnen, Bücher zu schreiben. Ich würde nichts anderes tun wollen. Das war das, was ich schon immer gewollt hatte. Das wurde mir in diesem Moment schlagartig bewusst.

Ich war mir nur so sicher gewesen, dass ich damit nicht genug Geld verdienen konnte, dass ich es nie als echten Beruf angesehen hatte. Die ganze Zeit über hatte ich versucht, etwas zu machen, womit ich Geld verdiente, um dann in meiner Freizeit schreiben zu können. Ob bei all meinen Jobs oder auch jetzt mit dem Onlinekurs.

Und ironischerweise war ich dann so beschäftigt damit gewesen, dass ich doch nichts geschrieben hatte. Es war einerseits bitter, mir das endlich einzugestehen, andererseits fühlte es sich auch unglaublich befreiend an.

Ich dachte an mein erstes Buch und meine Erfahrung beim Verlag. Es war mittlerweile Jahre her, aber wahrscheinlich war ich nie wirklich über diesen Misserfolg hinweg gekommen. Es hatte genau das bestätigt, was ich immer geglaubt hatte: Schreiben ist ein Hobby und man braucht noch einen richtigen Job, von dem man leben kann.

Nachdem ich es tatsächlich geschafft hatte, einen Verlagsvertrag zu bekommen und trotzdem fast nichts damit verdient hatte, hatte ich irgendwie aufgegeben. Ich hatte es nie wieder wirklich versucht. All die Jahre war ich damit beschäftigt gewesen, etwas anderes für mich zu finden, um genug Geld zu verdienen. Aber was wäre gewesen, wenn ich einfach weiter geschrieben hätte? Und was würde passieren, wenn ich jetzt wieder mit dem Schreiben anfing?

So oft hatte mir das Leben geholfen, wenn ich nur den Mut gehabt hatte, den ersten Schritt zu machen. All die Monate über hatte ich mich immer wieder gefragt, warum das mit den Bestellungen beim Universum auf unserer Reise so gut klappte und bei meiner Selbständigkeit und dem Thema Geld nicht. Ich hatte nicht verstanden, warum ich mich da so abmühen und anstrengen musste.

Aber was war, wenn das Leben mir die ganze Zeit nur sagen wollte, dass das eben nicht der richtige Weg für mich war? Was war, wenn das Leben die ganze Zeit darauf wartete, dass ich auch in diesem Bereich vollkommen meinem Herzen folgte und das tat, was ich am meisten liebte?

Ich wusste, es würde mich all meinen Mut kosten. Zudem hatte ich keine Ahnung, wie ich das machen sollte, aber ich wusste, dass ich es versuchen musste.

Ich dachte an Linda und ihr Angebot, dass ich mich melden sollte, wenn ich mein Buch schreiben würde. Sie konnte vom Schreiben leben. Sie war der Beweis, dass es möglich war.

Ohne viel darüber nachzudenken, was ich tat, schrieb ich ihr eine Nachricht und fragte, ob sie mal Zeit hätte mit mir zu reden. Allein die Vorstellung, dass ich hauptberuflich Autorin sein könnte, löste derart Euphorie in mir aus, dass ich am liebsten heute noch damit gestartet hätte.

Ich hatte die Nachricht gerade erst abgeschickt, da erhielt ich auch schon eine Antwort.

»Hi Bianca, ich habe gerade im Moment Zeit. Also falls du so spontan bist und es jetzt gerade bei dir passt, ruf mich gern an.«

Mein Herz begann schneller zu klopfen, als ich die Anruftaste drückte und das Handy ans Ohr legte.

»Linda Morh«, ertönte Lindas zarte Stimme.

»Hi, hier ist Bianca. Du hast gemeint, ich kann dich anrufen«, begann ich nun doch etwas unsicher.

»Hallo Bianca! Wie schön, das freut mich, dass es direkt geklappt hat. Du hast geschrieben, dass du dich gern wieder dem Bücherschreiben widmen willst und Fragen hast. Das ist so toll! Dann leg mal los, was willst du wissen?«

Ich erzählte Linda meine Situation und war dabei ganz offen und ehrlich zu ihr. Ich fragte sie, welche Möglichkeiten es für mich gab, jetzt sofort mit so wenig Startkapital wie möglich, Bücher zu veröffentlichen.

Linda lauschte mir gespannt.

Als ich schließlich alles erklärt hatte, sagte sie in liebevollem Ton: »Als Erstes danke ich dir, dass du so offen zu mir bist. Und dann möchte ich dir sagen, dass man mit dem Schreiben auf jeden Fall auch gut Geld verdienen kann. Es ist vielleicht kein Schnell-Reich-Programm, aber es ist im Prinzip ein Business wie jedes andere. Du kannst es dir aufbauen. Du hast den Vorteil, dass du das Schreiben liebst, dann fällt es dir leicht dranzubleiben. Ich kenne mittlerweile sehr viele Autoren, die komplett vom Schreiben leben können.«

Sie machte eine kurze Pause, bevor sie weitersprach. »Und dann hast du ja auch schon ein Buch. Also ich würde an deiner Stelle als Erstes das Buch, das du damals beim Verlag veröffentlicht hast, jetzt noch einmal selbst veröffentlichen. Am besten mit neuem Titel und neuem Cover. Wenn ich es richtig verstanden habe, dann hast du doch die Rechte vom Verlag wieder zurückbekommen, oder?«

»Ja, genau. Der Verlagsvertrag wurde aufgelöst und

ich habe wieder alle Rechte an meinem Text«, bestätigte ich.

»Dann hast du ja schon ein fertig lektoriertes Buch, das du gleich veröffentlichen kannst. Und danach kannst du dann an deinem anderen Buch weiterschreiben.«

»Das klingt gut. Und wo würdest du es veröffentlichen?«, fragte ich jetzt.

»Weißt du, ich habe seit einem Jahr einen großen Kurs. Da erkläre ich Schritt für Schritt alles, was du als Selfpublisher wissen musst. Ich schenke dir den Zugang gern. Wenn du magst, schick ich dir gleich heute noch die Daten, um dich in den Mitgliederbereich einzuloggen.«

»Das kann ich auf keinen Fall annehmen!«, erwiderte ich überrascht.

»Doch das kannst du!«, meinte Linda nun sehr bestimmt. »Mir hat damals auch jemand geholfen, als ich angefangen habe. Und wenn dir das Leben etwas schenkt, dann solltest du es annehmen! Okay?«

Bei ihren Worten stiegen mir die Tränen in die Augen. Hatte sie gerade tatsächlich gesagt, »wenn das Leben dir etwas schenkt«? Konnte das sein? War es wirklich so, dass das Leben mir jetzt half, weil ich endlich den Mut hatte, diesem tiefen Herzenswunsch zu folgen? Dieser Gedanke berührte mich zutiefst.

Mir lief tatsächlich eine Träne über die Wange, als ich Linda antwortete: »Danke! Ich weiß gar nicht, was ich sagen soll. Wie kann ich das nur wieder gut machen?«

»Schick mir einfach dein erstes Buch, wenn du es veröffentlicht hast, ja?« Sie lachte.

Als ich etwas später auflegte, saß ich noch eine Weile da und dachte über das nach, was gerade passiert war.

Es war verrückt. So viele Jahre war ich so überzeugt davon gewesen, dass man nicht vom Schreiben leben könnte, dass ich es erst gar nicht wirklich versucht hatte.

Und ausgerechnet jetzt, wo ich in den letzten Monaten so wenig verdient hatte, wie noch nie und nachts nicht mehr schlafen konnte, weil mir das solche Angst machte, da wollte ich diesen Schritt tatsächlich wagen. Ich dachte an all die Arbeit, die Zeit und auch die Liebe, die ich in meinen Kurs gesteckt hatte. War es richtig, das jetzt alles einfach loszulassen?

Mir stiegen wieder die Tränen in die Augen. Ich hatte darauf gehofft, dass das Leben mir half und einen Weg zeigte und das hatte es getan. Und zwar viel schneller und klarer, als ich es jemals erwartet hätte.

Ich wusste, wenn ich diesen Schritt jetzt ging, dann würde sich mein gesamtes Leben noch einmal verändern. Ich hatte die Möglichkeit, meinen Traum vom Schreiben zu verwirklichen und das auch noch auf Reisen.

Dieses Geschenk von Linda war das Zeichen, um das ich gebeten hatte. Das war der Weg, den ich noch gesucht hatte. Ich wusste, dass ich diese Chance jetzt ergreifen musste. Es war, als hätte ich mein Leben lang darauf gewartet.

Eine Stunde später erhielt ich die Zugangsdaten von Linda. Ohne zu zögern legte ich sogleich los. In den nächsten Tagen saß ich von morgens bis abends an dem Kurs und lernte und lernte. Ich machte kaum eine Pause. Fasziniert saß ich vor dem Laptop, schaute die Videos und machte mir Unmengen an Notizen.

Ich verschlang die Inhalte regelrecht und konnte gar nicht genug davon bekommen. Die Müdigkeit, die Angst, all die Zweifel und Sorgen der letzten Tage waren einer Entschlossenheit gewichen, die ich mir schon lange gewünscht hatte. Ich wusste, was auch immer passieren würde, ich würde niemals aufgeben. Das war die Chance, auf die ich so lange gewartet hatte.

Daniel hatte sich unglaublich gefreut, als ich ihm von meinem Gespräch mit Linda erzählt hatte. Er stand komplett hinter mir und würde mich unterstützen, wie er nur konnte. Es war, als hätte er nur darauf gewartet, dass ich endlich diese Entscheidung treffen würde.

Und dann, gerade mal zwei Wochen später, veröffentlichte ich mein erstes Buch. Es war, wie ich mit Linda besprochen hatte, der Fantasyroman, der damals bei dem Verlag erschienen war. Das Buch hatte jetzt einen neuen Titel, ein wunderschönes, neues Cover und einen anderen Klappentext. Ich war so aufgeregt, als das Buch tatsächlich bestellbar war.

Bereits am nächsten Tag war das E-Book in den Top Einhundert. Ich konnte es kaum glauben. Ich drehte die Musik auf und tanzte vor Freude gemeinsam mit Daniel und Carlos durchs Wohnzimmer. Das E-Book war zwar nur für wenige Stunden so weit vorn in der Rangliste, aber das spielte keine Rolle. Das Gefühl war einfach unbeschreiblich gewesen. Ich wusste, dass ich auf dem richtigen Weg war.

Ich wartete auch nicht lange und setzte mich ein paar Tage später direkt ans nächste Buch. Ich hatte eine gute Lösung für meinen Onlinekurs gefunden. Ich schrieb alle Inhalte des Kurses neu und verfasste sie als Buch. Ich saß von früh bis spät daran.

Es floss nur so aus mir heraus. Mit einem breiten Lächeln im Gesicht ließ ich meine Finger über die Tastatur des Laptops gleiten.

Es war, all hätte ich all das Wissen nur gesammelt, um jetzt dieses Buch zu schreiben.

Aus zwölf Lektionen wurden nun zwölf Kapitel. Ich hatte das Gefühl mit jeder Seite, die ich schrieb, ließ ich den Kurs ein Stück mehr los. Nun, da ich einen neuen Weg gefunden hatte, fiel es mir viel leichter, das Alte endgültig hinter mir zu lassen. Der Kurs wandelte nur seine Form. Das Wissen ging nicht verloren. Das war mir total wichtig.

Als ich fertig war, gab ich den Text sofort ins Korrektorat und bereitete alles für das Selfpublishing vor. Und so kam es, dass nur vier Wochen nach der Neuveröffentlichung meines ersten Romans auch schon mein zweites Buch erschien.

Daraufhin erhielt ich Anfragen, ob ich nicht einen Workshop über kreatives Schreiben und Flow machen wollte. Und ich tat es. Er war sofort ausgebucht, ohne dass ich viel dafür machen musste. Es war echt verrückt. Plötzlich ging alles so viel leichter.

Ich arbeitete zudem bereits an meinem dritten Buch. Endlich war der Moment gekommen, an dem ich das Manuskript meines zweiten Fantasyromans wieder hervorholte.

Es war mittlerweile Jahre her, dass ich angefangen hatte, die Geschichte zu schreiben. So vieles war seitdem geschehen. Geduldig hatte das Buch darauf gewartet, dass ich mich ihm endlich widmen würde.

Ich dachte daran, wie lange ich nun schon die ersten Seiten des Buchs mit mir herum schleppte. Was wenn ich nicht wieder in die Geschichte hinein kam? Was wenn die Pause einfach zu lang war?

Ich war aufgeregt, als ich anfing, das Geschriebene zu lesen. Doch es dauerte nicht lange und ich tauchte in die Erzählung ein. Die Figuren erwachten zum Leben. Es erschien mir, als würde ich alte Freunde wiedersehen. Schnell fand ich mich in der Fantasywelt wieder, die ich damals beschrieben hatte. Ich wusste schon, wie die Geschichte weitergehen würde, bevor ich den ersten Abschnitt zu Ende gelesen hatte.

Ich lächelte zufrieden, als ich eine Weile später mit dem Laptop auf der Terrasse saß. Carlos lag dicht neben mir. Die Sonne schien am wolkenlosen Himmel und die blühenden Rosen im Garten ließen nicht vermuten, dass es noch Winter war.
Ich blickte noch einen Moment lang in die Ferne, auf die hohen Berge vor mir, dann atmete ich tief durch und begann, zu schreiben …

Korsika

EIN NEUER ANFANG

Ein Jahr später

Ich ging unter hohen Bäumen hindurch. Der frische Schnee knirschte unter meinen Schuhen. Carlos lief übermütig an mir vorbei und sprang freudig durch die weiße Pracht. Als ich stehen blieb, stellte sich Daniel neben mich und nahm meine Hand. Gemeinsam blickten wir zwischen den Bäumen hindurch das Tal hinunter. Dort vor uns erstreckte sich hinter den grünen Hügeln der Küste das weite Meer.

Wir waren auf Korsika geblieben und ein wundervolles und aufregendes Jahr lag hinter uns. Ich hatte insgesamt sechs Bücher veröffentlicht und schrieb bereits am siebten.

Daniels Unternehmen war gewachsen und es hatten sich viele neue Möglichkeiten aufgetan. Ich will nicht sagen, dass alles nur leicht war und wir jetzt keine Probleme mehr hatten, aber wir lebten das Leben, von dem wir immer geträumt hatten. Und das war für uns wie ein Wunder.

Es war gerade Januar. Ein neues Jahr hatte begonnen – ein neuer Anfang. Das hier war mein neues Leben: Ich war Autorin. Ich stand hier mit meiner großen Liebe im Schnee und blickte auf das leuchtend blaue Wasser des Ozeans. Es hatte eine Zeit gegeben, da hätte ich das alles niemals für möglich gehalten. Und doch war ich jetzt hier und es war real.

Ich wusste, es würden auch immer wieder Herausforderungen kommen, aber ich war bereit mich ihnen zu stellen. Und jetzt, genau in diesem Moment war ich einfach rundum glücklich.

Ich war dankbar dafür, dass das Leben mein Bitten erhört hatte und ich würde alles dafür tun, um meinen Traum weiterhin leben zu können.

Es war mittlerweile über tausend Tage her, dass wir in Deutschland alles aufgelöst hatten und mit dem Wohnwagen losgezogen waren. Tausend Tage voller Lebendigkeit, voller Abenteuer, purer Freiheit und einzigartiger Momente.

Ich hatte noch nie so tiefe Angst verspürt wie in den letzten drei Jahren. Es hatte mich manchmal all meinen Mut gekostet, die Sicherheit loszulassen und weiterzugehen. Aber es war es wert gewesen.

Denn ich hatte auch noch nie so tiefe Freude, so viel Dankbarkeit und ein so starkes Glücksgefühl empfunden wie auf dieser Reise. Da war eine tiefe Liebe zum Leben, nach der ich mich immer gesehnt hatte.

Manche belächelten mich immer noch als Träumerin und sagten, ich wäre naiv. Doch das war mir egal. Das hier war meine Geschichte, mein Leben, mein Traum und ich war so froh darüber, dass ich auf mein Herz gehört hatte und nicht auf meine Angst.

In den nächsten Wochen würden wir die Insel verlassen. Wir wussten noch nicht, wohin uns unser Weg führen würde. Aber wir freuten uns auf neue Erfahrungen und neue Abenteuer.

Denn eines war sicher, unsere Reise hatte gerade erst begonnen …

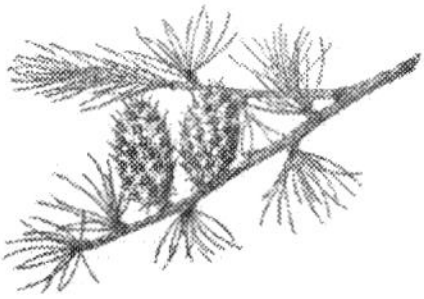

Korsika

NACHWORT

Lieber Leser, liebe Leserin,

vielleicht hast du dir beim Lesen die folgende Frage gestellt:

Ist dieses Buch autobiographisch?

Und ja, die Geschichte basiert auf meinen eigenen Erfahrungen. Es hat mich, ehrlich gesagt, mehr Mut gekostet, sie hier mit dir zu teilen, als damals in dieses Abenteuer zu ziehen und die Reise zu beginnen.
Aber dennoch ist manches Fiktion. So sind alle Personen, abgesehen von Daniel und mir, frei erfunden. Das habe ich zum Schutz der Privatsphäre bewusst so gewählt. Ähnlichkeiten mit lebenden oder bereits verstorbenen Personen sind zufällig und nicht beabsichtigt. Und auch manche Situationen und zeitlichen Abläufe habe ich an die Geschichte angepasst, damit es gut lesbar ist.
Was wahr ist, sind die Erlebnisse der Reise, meine Gefühle und Gedanken sowie die vielen besonderen Augenblicke, die ich mit dir geteilt habe. Ich hoffe, sie haben dich inspiriert.

Zum Abschluss habe ich noch ein Geschenk für dich!

Ich habe eine kleine Sammlung an Rezepten unserer Lieblingsgerichte aus den verschiedenen Ländern gemacht und nochmal die schönsten Fotos der Reise in Farbe zusammengestellt. Falls du selbst campen willst, habe ich auch eine Liste der Campingplätze, auf denen wir waren. Zudem habe ich mir eine persönliche Geschichte noch aufgehoben, die ich nicht im Buch veröffentlichen wollte.

Wenn das für dich interessant ist und du mehr erfahren möchtest, dann lade ich dich herzlich ein, dich hier bei meinem Newsletter anzumelden:

https://www.subscribepage.com/tausendtagereisen

Ich habe drei Emails für dich vorbereitet. Sie haben den Betreff: *"**Bonus zu Tausend Tage auf Reisen**"*.
Ich hoffe, ich kann dir auf diese Weise noch etwas Reisegefühl mitgeben.

Ich danke dir von Herzen, dass du dieses Buch gelesen und mich so ein Stück auf meinem Weg begleitet hast!

Wenn dir das Buch gefallen hat und du mich unterstützen möchtest, freue ich mich sehr über eine Bewertung auf Amazon oder einer anderen Plattform, wo man Bücher bewerten kann. Da ich Selfpublisherin bin, sind Rezensionen für mich besonders wichtig.

Alles Liebe, Selina Ritter

ÜBER DIE AUTORIN

Selina Ritter ist Autorin und Bloggerin. Seit 2018 reist sie mit Mann und Hund mit dem Wohnwagen quer durch Europa. Sie schreibt Fantasy-Liebesromane und spirituelle Ratgeber.
Zudem unterstützt sie Menschen in Onlinekursen dabei, in den kreativen Flow zu kommen und ihr eigenes Buch zu schreiben.
Auf ihrem Blog "Inspiration Reiseleben" lässt sie ihre Leser an ihrem Reisealltag und am Autorenleben teilhaben. Dort geht es um Themen wie Freiheit, Kreativität, Inspiration, Naturverbundenheit und Lebensträume.
Hier gibt es auch immer wieder Informationen zu den Hintergründen ihrer Veröffentlichungen sowie Einblicke in aktuelle Buchprojekte.

Webseite: https://www.autorinselinaritter.de/
Instagram: selina.ritter.autorin
Facebook: Autorin Selina Ritter – Inspiration Reiseleben

Im Newsletter bekommst du regelmäßig Mutmach-Impulse und persönliche Erfahrungen aus Selinas Reise- und Autorenleben.

Bonus zum Buch:
https://www.subscribepage.com/tausendtagereisen

WEITERE BÜCHER

»Samara und die Legende der Lichtträger«
(spiritueller Fantasyroman)

Als Laura von ihrer Mutter ein geheimnisvolles Buch erhält, ahnt sie noch nicht, dass die uralte Legende darin, ihr Leben für immer verändern wird.
Gespannt liest sie die Erzählungen von Darius, der nach einem Schiffbruch an die Küste einer Insel gespült wird und dadurch in sein größtes Abenteuer gerät. Als erster Fremder in dem Land gilt er als Teil einer alten Prophezeiung und wird schnell zum Gejagten. Gemeinsam mit der Heilerin Samara und dem Krieger Elias versucht er sich zur Stätte der Lichtträger und zu Ava, der Hüterin der Quelle, zu retten. Doch auch dieser heilige Ort ist nicht mehr lange sicher und es beginnt ein Wettlauf mit der Zeit. Darius muss sich entscheiden, ob er der Weisheit und Magie der Lichtträger vertraut und sich seiner Aufgabe als Auserwählter stellt.

Laura begreift indessen, dass ihr eigenes Schicksal mit der Legende verwoben ist und die Ankunft des Buches in ihrem Leben einen Wandel angestoßen hat, den sie nicht mehr aufzuhalten vermag.

Es handelt sich bei diesem Roman um die 2. überarbeitete Auflage von »Das Erbe von Alchatar«-Bianca Ritter.

»Die Hüterin der Sonne: Das erste Buch der Gabe« (Fantasyroman)

Als die 22-jährige Lynn nach dem Tod ihrer Eltern erfährt, dass sie ein Findelkind war, ahnt sie nicht, wohin sie die Suche nach ihrer Herkunft führen wird. Sie findet ein Amulett, das ihrer leiblichen Mutter gehörte.

Ohne sich dessen bewusst zu sein, aktiviert sie dieses und findet sich plötzlich in einer magischen Welt wieder. Getrieben von dem Wunsch, herauszufinden, wer sie wirklich ist, erkundet Lynn die fremde Welt. Der junge Wandler Nio begleitet sie dabei und Lynn verliebt sich in ihn.

Doch es gab einen Grund, warum man Lynn einst fortbrachte. Als Teil einer Prophezeiung hat ihre Rückkehr dunkle Mächte geweckt und Lynn schwebt in großer Gefahr. Schnell wird sie zur Gejagten. Als Lynn dann erfährt, dass Nio nicht der ist, für den er sich ausgegeben hat, wird ihre Liebe auf eine harte Probe gestellt.

Nichts ist, wie es scheint. Lynn muss herausfinden, wem sie trauen kann und wem nicht. Denn es steht weit mehr auf dem Spiel als nur ihr eigenes Schicksal.

»Berufung finden durch Krafttiere« (Bianca S. Ritter)

Mit Vertrauen und Selbstliebe deine Fähigkeiten erkennen und den Seelenplan entschlüsseln

Bist du auf der Suche nach deiner Berufung? Hast du das Gefühl, in einem Leben festzustecken, das nicht wirklich zu dir passt? Spürst du diese Sehnsucht in dir? Wünschst du dir endlich zu wissen, warum du hier bist und was noch in dir verborgen liegt?

Dieses Buch hilft dir dabei, eine tiefe Klarheit über deine Fähigkeiten und deine ureigene Kraft zu finden. Du wirst dich mit deinen Wünschen und Talenten viel besser kennenlernen und deine Einzigartigkeit neu entdecken. Es ist eine Reise zu dir selbst. Denn tief in dir, weißt du klar, wer du bist und was du willst. Mithilfe dieses Buches hast du die Möglichkeit, dich aus alten Verstrickungen und Mustern zu befreien. Damit du frei und unbeschwert deinen Weg gehen kannst, und das machst, womit du wirklich glücklich bist.

Du hast dabei die Unterstützung von Krafttieren. Sie erinnern dich an deine wahre Natur. Krafttiere sind machtvolle Helfer, die dich liebevoll begleiten und immer für dich da sind, wenn du sie brauchst. Sie sind wundervolle Lehrer auf dem Weg zu dir selbst, denn sie sind auf natürliche Art mit der Weisheit des Lebens verbunden.

Bonus: Als Geschenk erhältst du zu diesem Buch elf geführte Meditationen als Download dazu.

»Das Buch der Krafttiere – Botschaften für die Seele«

In diesem Buch befinden sich fünfzig einzigartige Krafttierbotschaften, die dich mit einer uralten Weisheit verbinden. Die Krafttiere sprechen voller Liebe zu deiner Seele. Sie schenken dir Kraft und Vertrauen, machen dir Mut, spenden Trost und öffnen deine Augen für neue Wege.
Die Botschaften helfen dir, Antworten zu finden. Sie lassen dich die Wahrheit hinter den Dingen erkennen und geben dir ein Gespür dafür, was du wirklich brauchst. Vielleicht wünschst du dir, dich aus alten Verstrickungen zu befreien und den roten Faden in deinem Leben zu erkennen. Vielleicht fühlst du dich einsam und dein Herz sehnt sich nach Verbundenheit.

Jedes Tier unterstützt dich mit einer besonderen Kraft. So zeigt der Wolf dir, wie du dich gesund abgrenzen kannst, der Delfin bringt Leichtigkeit und Freude in dein Leben, die Muschel hilft dir, alte Wunden zu heilen und Frieden zu finden. Krafttiere sind weise Ratgeber für jene, die ihnen lauschen. Nutze ihre Kraft für dich.

Extra: Zu jeder Botschaft gehört auch ein energetisches Krafttierbild zum Ausmalen. So kannst du beim Malen ganz entspannt in die besondere Energie der Krafttiere eintauchen.

»Malbuch für Erwachsene – Tiere und Fantasy«

50 Krafttiere mit detailliertem Hintergrund zum Ausmalen: Für Entspannung, Kreativität und eine magische Zeit

Lass den Alltag hinter dir, tauche beim Malen in die Welt der Tiere ein und spüre die heilsame Kraft der Natur. Dies ist ein besonderes Malbuch mit energetischen Krafttierbildern. Die Bilder helfen dir, dich leicht zu entspannen, bei dir anzukommen und Kraft zu tanken.

Mit viel Liebe zum Detail spiegeln die Bilder die einzigartigen Energien der einzelnen Tiere wider. Du kannst durchatmen und dich beim Ausmalen von der besonderen Kraft der Bilder innerlich stärken lassen. Wähle einfach die Tiere, die dich im jeweiligen Moment besonders ansprechen. Du findest eine große Auswahl an Motiven und jedes Tier ist in eine fantasievolle Landschaft eingebettet. Das Buch eignet sich auch hervorragend als Geschenk, wenn du jemandem eine Freude machen möchtest.

- 50 einzigartige Tierbilder mit Krafttierenergie
- Besonders feine Details und Hintergründe
- DIN A4 Format und extra dickes Papier

Extra: Zu jedem Buch bekommst du die Bilder auch digital (als pdf) zum Download. So kannst du dir deine Lieblingsbilder ausdrucken und so oft ausmalen, wie du Lust hast.

»Geführte Meditation:
Traumreisen mit Krafttieren«
(Bianca S. Ritter)

Sehnst du dich danach, den Alltag hinter dir zu lassen und entspannt abzuschalten? Wünschst du dir auf eine einfache Weise, in eine wohlige Entspannung zu kommen und die Stille und Schönheit der Natur zu genießen?
Wie mag es wohl sein, die Freiheit eines Wildpferdes zu spüren, den Wald mit den Sinnen eines Wolfes zu erleben oder als Delfin durch glasklares Wasser zu schwimmen? Die elf Fantasiereisen in diesem Buch laden dich ein, den Alltag loszulassen und die heilende Kraft der Natur zu erfahren.

In den geführten Meditationen kannst du die Welt als Tier erleben – beeindruckend, intensiv und wundersam. Du kannst als Schmetterling durch ein Meer von Blumen fliegen oder als Bussard sanft über den Wolken gleiten, je nachdem, was dir gerade guttut. Die Reisen helfen dir dabei, dich zu entspannen und in Kontakt mit deiner inneren Stimme zu kommen.

Bonus: Als Geschenk erhältst du zu diesem Buch die geführten Meditationen als mp3 zum Download dazu.

Printed in Poland
by Amazon Fulfillment
Poland Sp. z o.o., Wrocław

93078628R00226